A Escritura na Era da Indeterminação

Coleção Estudos
Dirigida por J. Guinsburg

Equipe de realização – Coordenação de edição: Luiz Henrique Soares, Elen Durando; Preparação: Marcio Honorio de Godoy; Revisão: Geisa Mathias de Oliveira; ; Sobrecapa: Sergio Kon; Produção: Ricardo W. Neves, Sergio Kon e Lia N. Marques.

Philippe Willemart

A ESCRITURA NA ERA DA INDETERMINAÇÃO
ESTUDOS SOBRE CRÍTICA GENÉTICA,
PSICANÁLISE E LITERATURA

Esta publicação contou com o apoio da Fapesp (processo n. 2017/21190-3), por meio do programa "Auxílio à Pesquisa - Publicações".

As opiniões, hipóteses e conclusões ou recomendações aqui expressas são de responsabilidade do autor e não necessariamente refletem a visão da Fapesp.

Dados Internacionais de Catalogação na Publicação (CIP)
(Câmara Brasileira do Livro, SP, Brasil)

Willemart, Phillipe
    A escritura na era da indeterminação : estudos sobre crítica genética, psicanálise e literatura / Phillipe Willemart. -- São Paulo : Perspectiva : Fapesp, 2019. -- (Coleção estudos ; 365 / dirigida por J. Guinsburg)

    Bibliografia.
    ISBN 978-85-273-1147-2
    1. Criação (Literária, artística, etc.) 2. Crítica textual 3. Literatura 4. Psicanálise I. Guinsburg, J. II. Título. III. Série.

19-23728   CDD-801.92

Índices para catálogo sistemático:

1. Crítica genética : Psicanálise : Literatura 801.92
Cibele Maria Dias - Bibliotecária - CRB-8/9427

1ª edição

Direitos reservados em língua portuguesa à
EDITORA PERSPECTIVA LTDA.

Av. Brigadeiro Luís Antônio, 3025
01401-000 São Paulo SP Brasil
Telefax: (011) 3885-8388
www.editoraperspectiva.com.br

2019

Sumário

Apresentação – *Roberto Zular* ix
Introdução xv

Parte I
ESTUDOS PROUSTIANOS

1. Por Que Substituir "As Intermitências do Coração" Por "Em Busca do Tempo Perdido"? 3
2. "Em Busca do Tempo Perdido" Não É um Romance (Determinismo e Imprevisibilidade nos Cadernos de Rascunho) 13
3. O Sistema Caótico e o Manuscrito (Texto Móvel, Condições Iniciais e Atrator no Manuscrito) 27
4. O Atrator "Em Busca do Tempo Perdido" no Caderno 8 37

Parte II
QUESTÕES DE CRÍTICA GENÉTICA

1. Por Que Estudar o Manuscrito? 53

2. A Luta de Jacó com o Anjo: O Crítico Entre o Gozo e o Texto Móvel do Manuscrito 65
3. Como Escutar o Manuscrito? 77
4. Criação, Crítica Genética e Autoria 91

Parte III
MENTE E FÍSICA

1. A Falha Como Acerto na Física, no Manuscrito e na Pintura 105
2. Tempo e Memória 117

Parte IV
O ESTRANHO EM BAUCHAU E MURAKAMI

1. O Divino e o Inconsciente em "Édipo na Estrada", de Henry Bauchau 133
2. Os Estranhos Processos de Criação em "Édipo na Estrada" (1990) e em "1Q84" (2009) 153

Parte V
O EFEITO DA LEITURA

1. Do Texto Móvel ao Gozo do Leitor, em "A Carta Roubada" 167
2. O Que a Escritura Joyciana Pode Trazer à Prática Psicanalítica 179

AO LEITOR 195

Bibliografia 197
Índice Onomástico 205
Nota Biobibliográfica 207

Apresentação

A Escritura na Era da Indeterminação é um livro corajoso, que aposta na experiência da literatura como forma de lidar com as questões mais complexas apresentadas pelo mundo contemporâneo. Como em outros livros de Willemart, que trouxeram para o Brasil e o mundo a importância da crítica genética e os aportes teóricos da psicanálise lacaniana para os estudos literários, agora somos levados a mais um giro na roda dessa obra, que, pelas mãos de Flaubert e Proust, leva-nos até Bauchau e Murakami, Poe e Joyce. Formando uma espiral que a cada giro se transforma, sempre sensível às suas condições iniciais, chegamos aqui a um modo de leitura que permite lidar com a complexidade da vida em sua dobra literária por um passeio aos seus mais finos e relevantes meandros, que chegam à teoria do caos determinístico e aos estudos sobre o cérebro.

Mas não se assuste o leitor com essa pretensão, nem com a complexidade e a beleza dos conceitos, eles são apenas chaves para lidar com a complexidade e a beleza que atravessam as práticas de escrita e de leitura. Na contramão de um mundo que se especializa e se banaliza, este livro propõe a prática literária como um acontecimento complexo, entremeado por muitos planos e relações entre eles. A literatura é um lugar em que a prática da escrita se cruza com outras práticas, levando ao limite aquilo que chamamos de experiência.

A crítica literária do século XX também foi marcada por aquela especialização crescente a que nos referimos, por meio da qual cada corrente se especializava em um aspecto da miríade de determinações que estão em jogo no ato literário: o estilo, a sociedade, a psicologia, a história, a escrita, a leitura etc. E cada tipo de crítica entronizava os autores que melhor respondiam à presença de um ou outro desses parâmetros compositivos. A crítica do século XXI, como proposta neste livro, mantém certo campo de especialidade – inevitável pelas forças do campo – para, a partir dele, buscar entender como se relacionam os vários parâmetros que constituem a experiência da literatura. Isto é, não se trata de construir um sistema interpretativo, mas de relacionar os diversos sistemas que operam nas rodas da leitura e da escrita.

Basta atentar para alguns dos parâmetros em torno daquelas primeiras páginas que abrem *Em Busca do Tempo Perdido*, de Proust. Como sustenta Willemart, ele não é um romance, mas uma tensão constante entre a forma romance e a forma ensaio, portanto, uma relação entre gêneros, mais do que um gênero. No cruzamento dessas instâncias, produz-se uma forte instabilidade que conduz a escrita a caminhos inesperados, ao mesmo tempo que a busca da frase instaura zonas de estabilidade (na língua, na página, no universo imaginário do romance) que, no caso da abertura magnífica da *Recherche*, sustentam-se sobretudo pelo ritmo, sim, a estrutura quase métrica de constituição do fluxo enunciativo. Veja-se que nessa simples descrição de uma das partes deste livro e de apenas um dos autores por ele visitados, passamos por: 1. uma questão de gênero (que implica toda a história da escrita do próprio livro, que começou como um ensaio chamado *Contra Sainte-Beuve*); 2. uma prática de escrita; 3. a construção frasal; 4. a estrutura rítmica; 5. o universo imaginário que se produz, a partir da escritura; 6. a relação entre a oralidade (ritmo) e o gesto de escrever. Ora, a questão deste livro, como uma espécie de ponta do iceberg da obra de Willemart, é partir em busca de um modo de inteligibilidade que nos permita habitar a complexa relação entre esses elementos heterogêneos.

Contudo, a questão não para aí. Imaginemos que em um conjunto de parâmetros estáveis algum elemento se torne radicalmente instável e force a transformação dos outros. Agora imaginemos que esse elemento é o tempo, ou mais, o espaço-tempo e, então, entramos no universo da criação literária de Willemart via Proust. A escrita é um espaço heterotópico atravessado por diversas temporalidades. Os tempos são heterogêneos: Proust escreve o primeiro e o último livros de sua saga ao mesmo tempo, enquanto o leitor do texto publicado será levado a ler o último apenas depois de percorrer todos os volumes intermediários. A escritura instaura uma tensão entre a produção e a recepção, dando a elas uma singularidade: um espaço-tempo a ser preenchido entre o "já não mais" e o "ainda não", algo próximo do "futuro anterior do que terá sido para o que está se tornando" de Lacan.

Nesse sentido, a beleza dos manuscritos é evidenciar tais temporalidades. Cada rasura, acréscimo ou sobreposição cria uma zona de instabilidade, um espaço de reinvenção que atualiza de diferentes formas essa heterogeneidade temporal. Tempos que atravessam tanto o processo de escrita quanto os espaços ficcionais e seus caminhos, que se bifurcam continuamente.

Há, portanto, um tempo lógico atravessando esses tempos. Não só porque o momento seguinte determina o anterior, como uma causa que vem do futuro – o "só depois" em que se constitui o sentido –, mas porque ele é atravessado por sua vez pelas temporalidades das pulsões. Elas são o eco no corpo do fato de que há um dizer, segundo Lacan. Isto é, o modo como habitamos a linguagem produz corpos, do mesmo modo como o ritmo é o eco no dizer do fato de que há um corpo. As pulsões são esse limiar corpo/linguagem que a sociedade controla e estabiliza em fronteiras, mas que a todo tempo a literatura transforma em litoral, letra, resto, espaço de ressignificação contínua.

A roda da escritura se faz pelo cruzamento das pulsões do olhar, do gesto da mão, da retenção dos orifícios, da boca, da escuta… que se desdobram na página ou na tela, na caligrafia, na digitação ou na fala, nos espaços de retenção e controle dos processos escriturais, no ritmo, no desejo de ouvir o inusitado ao qual somos puxados pela orelha. Como o leitor verá detalhadamente ao longo do livro, essas instâncias se cruzam tanto nas práticas de escrita quanto na leitura, ambas atravessadas por uma virtualidade, o texto móvel – objeto a – que se mantém como espaço de variação contínua ao longo dos movimentos de estabilização e instabilização.

Entre as pulsões, a invocante, aquela ligada à escuta, ganha especial atenção de Willemart, não só por estarmos no campo da linguagem verbal que liga fortemente as estruturas bucais às auditivas, mas porque, por mais que atravessada pela mão e pelo olhar nas práticas de escrita, ela marca a virtualidade de uma procura, um espaço de diferença entre aquilo que é produzido e a busca de outras possibilidades. Como diz Valéry, no cruzamento entre os eixos "bucorelha" e "mãolho", a escrita nos coloca em uma diferença intensiva entre o que se diz e o que se escuta: "eu é aquele que escuta" e, mais, é aquele que é produzido pela escritura e não anterior a ela. E, mais uma vez, com Lacan: "o que quer que se diga fica escondido por trás do que se diz naquilo que se escuta"[1].

Trata-se de uma "escuta escrevente" que dobra as pulsões ao objeto transicional da escrita e procura os rearranjos infinitos do espaço da experiência (a escultura da memória entre retenção e esquecimento) e do espaço escritural (a memória da escrita que se produz como um atravessamento de espaços-tempos). Desse modo, leva-se ao limite o descontínuo entre a memória e as impressões, o qual busca uma percepção mais fina, intervalar, "entre duas ideias, duas impressões", como se habitássemos o próprio tempo em que essas experiências se ligam.

Escritura, temporalidades, pulsões. Embora isso já fosse muito, não é tudo, pois ainda resta entender como se produz a inter-relação entre as instâncias que, afinal, chamamos de criação. No entanto, essa criação é menos uma determinação de um sujeito sobre a matéria e o mundo do que uma auto-organização da matéria na qual o sujeito é apenas uma parte do complexo de relações que a constitui (mais submetido à linguagem do que a controlando, mais *scriptor* do que escritor, mais narrador ficcional do que autor). Este livro opera em uma forma-sentido, outra camada da existência onde o corpo, o mundo, a consciência, o pensamento, os meios materiais são colocados em correlação contínua. A forma nada mais é que uma estabilização desse reiterado jogo de forças heterogêneas: a luta de Jacó com o Anjo, do corpo com o espírito, dos críticos com a escritura.

---

1   O Aturdito, *Outros Escritos*, p. 448.

Para o crítico genético que tem o texto publicado como apenas um dos espaços constitutivos do processo de escrita, ainda que decisivo pela lógica do "só depois", a rasura se torna o espaço privilegiado que dá a ver essas camadas de reenvios, o modo como um elemento visual instaura uma instabilidade no fluxo de escuta, como mais de um universo ficcional é colocado em tensão, como o pensamento atravessa a materialidade dos espaços físicos e ficcionais da escrita. Na rasura, delineia-se o espaço de tensão entre o imprevisível do que virá e o determinismo do efeito retroativo. Em uma "multifurcação" (mais do que bifurcação), ela guarda algo do que veio antes na transformação contínua do que virá. A rasura é uma síncopa no fluxo do texto, um espaço de viração, de devir, de variação. Um rastro do texto móvel que move a escritura.

Entramos aqui em um complexo de relações que tem forte proximidade com os mapas de neurônios identificados por Edelman. Somos um feixe de conexões que se dobram na escrita e fazem dela um espaço privilegiado para que possamos viver a complexidade de nossas infinitas camadas de determinação sempre abertas a zonas de imprevisibilidade. Este livro propõe uma analogia inspiradora entre a escrita e a ficcionalidade que se desdobra na relação entre o cérebro e o psíquico (sobretudo se levarmos em conta a psicologia no espaço, proposta por Proust). Se a escrita guarda os registros mais precisos e a possibilidade de compartilhar nossos sonhos mais íntimos, o corpo (e o cérebro é uma parte do corpo) guarda a história do mundo na sua forma de constituição. A consciência é só um pedaço desse fluxo de reenvios entre o corpo e o mundo, o pensamento e a escritura. Ao se deixar escrever para além da consciência é que um escritor se faz escritor. A escrita, como também a linguagem, produz sentido com coisas que em si mesmas não têm sentido algum. O sentido é às vezes apenas uma direção (que pode buscar um sentido contrário) ou um fluxo de sentidos percebidos (que se diferenciam e se conectam), um feixe de afetos em luta com os sentidos já dados. Aqui, o sim e o não convivem, o tempo é não linear, o que vem depois determina o que vem antes, as multifurcações não são a angústia do ato de decidir, mas a própria indecidibilidade. A matéria é pensamento e o pensamento, matéria do processo de escrita onde saltam ao primeiro plano para depois se imiscuir nas redes de associações e outros parâmetros constitutivos que atravessam a escrita e o mundo. Como afirma Willemart, entramos aqui em um mundo de miríades de variáveis entre o pensamento, a linguagem, a escritura, o antes e o depois.

Os fatores dependem uns dos outros, atravessando espaços-tempos e suas interações. Não há um demiurgo, mas uma infinita negociação com os deuses (como em Bauchau, dando uma dimensão coletiva para o imaginário), as pulsões, a auto-organização da matéria em forma-sentido, presença e ausência, tempo perdido e tempo redescoberto, o passado da tradição e o próprio projeto, a plasticidade da memória e o devir.

Como há mais de um "eu", que se diferencia de si mesmo, atravessado por muitas experiências e cadeias de significação, há mais de um escritor, que se transforma em leitor, em narrador, em autor, enfim, que ocupa o lugar paratópico da enunciação literária. E, mais do que isso, aqui, essa enunciação, ligada ao fluxo das pulsões, reativa os afetos, mesmo aqueles mais difíceis de reconhecer em nossa "humanidade", como também nossa ligação com a terra e os contextos que produzimos.

Neste livro, não se trata de defender a ordem, nem de cultuar a desordem (a ordem e a desordem são os grandes inimigos da humanidade, diria Valéry). Trata-se, sim, de entender como a ordem produz imprevisibilidade; como há normatividades heterogêneas e complexas no que costumamos chamar de desordem; e, também, a importância de encontrar zonas de estabilização, novas ordens e novos rearranjos capazes de "incorporar" – dar corpo – a instabilidade e a imprevisibilidade.

Todos aceitamos que o mundo ficou complexo, difícil, perigoso, mas poucos, como Philippe Willemart, procuraram encontrar não apenas críticas e postulações identitárias e autoritárias, mas modos de habitar mundos atravessados por feixes de determinações e indeterminações, zonas de estabilidade e instabilidade, entre a ordem e o caos, o caos e a ordem, mundos nos quais nossas formas de inteligibilidade enriquecem e dinamizam a experiência, tornando a literatura um dos poucos lugares em que essa complexidade pode ser vivida intensamente.

Roberto Zular

Introdução

O ensaio que segue reflete as pesquisas dos últimos anos, que giram principalmente em torno dos manuscritos "Hérodias", de Flaubert, *Em Busca do Tempo Perdido*, de Proust e *Édipo na Estrada*, de Bauchau. As três obras são analisadas nos dois primeiros capítulos da primeira parte, mas muitas das reflexões, fiéis a um projeto inicial de construção de uma teoria da escritura, colocam como pressupostos certos parâmetros oriundos dos estudos dos manuscritos, tais como a diferença entre o escritor e o autor, a leitura *só depois* de Freud, a influência da lógica fixada pelo texto editado sobre o manuscrito, o valor de qualquer fragmento de manuscrito independentemente do texto editado, a força da pulsão invocante agindo no escritor e no leitor, a procura dos processos de criação etc.

Este livro vai além dos outros já publicados nas editoras Perspectiva e Ateliê, e inova com a contribuição das abordagens de Gerald Edelman, sobre o cérebro, de Thibault Damour, sobre o espaço-tempo, e de François Ansermet, acerca das relações cérebro e mente. Essas três visões do homem e do universo me obrigaram a rever e melhorar as máquinas imaginadas antes, as rodas da escritura e da leitura.

Devo agradecer especialmente aos encorajamentos vindos do convite em participar do projeto elaborado por Daniela Tononi, da Universidade de Palermo, financiado pelo Ministero dell'Istruzione dell'Università e della Ricerca, que trata das relações entre a crítica genética e os sistemas caóticos. Já tinha sublinhado em *Universo da Criação Literária*, e em ensaios posteriores, as relações entre literatura e ciências. O projeto da professora Tononi me obrigou a repensar e a melhorar essas articulações, concentradas na primeira parte do livro, sobre a imprevisibilidade, o caos determinístico e o atrator estranho.

Nesta mesma primeira parte, o leitor verá como e por que o autor Marcel Proust chega ao título de sua obra *Em Busca do Tempo Perdido*, em 1913. A segunda parte enquadra os atores que intervêm no manuscrito: o escritor, o autor e o crítico e suas relações com o gozo ouvido e sentido. A terceira salienta as interferências do cérebro e da quarta dimensão nas pesquisas em crítica genética. A quarta parte aproxima dois autores contemporâneos, Bauchau e Murakami, a partir da estranheza. A quinta parte analisa os textos de Edgar Allan Poe e de James Joyce, segundo seus efeitos na leitura.

Sejam bem-vindos, cara leitora e caro leitor, e não hesitem em mandar seus comentários para a editora.

PARTE I
ESTUDOS PROUSTIANOS

1. Por Que Substituir "As Intermitências do Coração" Por "Em Busca do Tempo Perdido"?

Recebendo da editora Grasset as primeiras provas de *Swann*, em 1913, Proust opera nelas mudanças significativas, que afetarão a obra. O título geral da obra, *As Intermitências do Coração*, que em 1912 tinha substituído *O Tempo Perdido*, cede lugar a *Em Busca do Tempo Perdido*; o título da primeira parte, *O Tempo Perdido*, cede a *Swann* e, em seguida, ao título publicado, *No Caminho de Swann*.

Não sabemos se essas substituições são concomitantes ou foram feitas aos poucos, mas é claro que uma leva à outra. A repetição ou a perda de um elemento parece inadmissível, já que *O Tempo Perdido* é retomado no título geral da obra e o intitulado *As Intermitências do Coração* continuará no segundo volume. A pergunta que coloco, e nisso me distancio de Yo Yoshida, que já tinha descrito essas permutações[1] sem preocupar-se com o motivo do acréscimo de *Em Busca* ao título *O Tempo Perdido*, é sobre o título geral da obra, que surge sem

---

1 Após descrição exaustiva dos Cadernos Bodmer, Yo Yoshida constata que as provas são "um verdadeiro ateliê de escritura" que "revelam a potencialidade textual através de suas rasuras e acréscimos, e testemunham a reestruturação da obra". Y. Yoshida, Ce que nous apprennent les épreuves "Du côté de chez Swann" de la collection Bodmer, *Bulletin d'Informations Proustiennes*, p. 31.

avisar. Mas, retomando a frase do jovem herói, que esperava com o mal humor do pai na escada de Combray, "não foi bem assim".

Embora a única alusão explícita à "busca do tempo perdido" se encontre na passagem de *A Prisioneira*, quando o herói define suas relações com Albertine, "convidando-me de maneira instante, cruel e delusória a explorar o passado, ela era para mim antes uma grande deusa do Tempo"[2], é somente no começo de 1914 que o narrador escreve essa frase impossível de ser pensada em abril de 1913, quando rasurava as provas da Grasset, não tendo ainda estruturado a Albertine que conhecemos.

Vamos percorrer brevemente a distância considerável entre essa citação e os primeiros cadernos de 1909 a 1910 e, provavelmente, suspeitar do motivo da mudança de título na primeira página das provas de seu primeiro editor.

Lembramos, no entanto, que o estudo dos cadernos chamados por Bernard Brun "Swann Primitivos" mostra que a busca do tempo perdido e a descoberta do tempo redescoberto fazem parte dos primeiros cadernos de rascunhos e vão até aos fólios reunidos no *Contre Sainte-Beuve*, escritos entre 1908 e 1909. A personagem Albertine não estava ainda no centro da obra nesses cadernos.

No Caderno 25 de 1910, quando redigia *Swann*, a descrição da *madeleine* já atingia o alvo que será proposto ao leitor apenas em *O Tempo Redescoberto*, e levava o herói ao fundo dele mesmo para criar sem sofrimentos demais:

Em nós, há um ser que só pode viver daquilo que nas coisas não é submetido ao tempo. Lá existe somente a sua subsistência, suas delícias, sua poesia. [...] Mas um barulho, um odor, o gosto percebido idêntico ao que foi produzido em nós em um instante algo de permanente, que é percebido ao mesmo tempo no passado e no presente, libera a essência das coisas da mutilação do tempo, da observação imperfeita ou de sua lembrança, logo o homem eterno em nós desperta recriado pelo alimento que lhe é oferecido. [...] Que o gosto de um biscoito mergulhado no chá nos faça sobressair, sentimos ao prazer que nos invade como o passado real, o que está enterrado numa sensação idêntica àquela que tivemos então. [...] E é este prazer que nos sopra a coragem de resistir às sugestões da fadiga, do prazer, da mediocridade [...] fazer um esforço ainda para tentar criar.[3]

2 *A Prisioneira*, p. 448.
3 *Cahier 25*, p. 9-10. As traduções dos trechos dos Cadernos são de nossa autoria; as de *Em Busca do Tempo Perdido* são da edição brasileira.

O fora-tempo do homem eterno, que permitirá a criação, já é sugerido a partir da experiência da *madeleine*, mas escreve Brun:

A partir de certo momento, Proust toma a decisão de repor, no final do livro, na última parte, a maioria das reminiscências, símbolos e experiências estéticas, assim como a exposição da significação geral, conclusão que irá substituir definitivamente a conversação (com a mãe) e explicar a Abertura. Ele desloca então essas reminiscências, esses símbolos e signos e os prototextos para manter apenas um índice material, ou, quando ele os mantém *in situ*, como no caso da *madeleine*, ele adia a explicação. Desse momento data a firme concepção de *O Tempo Redescoberto*: fim da narrativa do herói dormindo e da aprendizagem.[4]

E, logicamente, fim da nítida separação entre a busca do tempo perdido e o tempo redescoberto.

Desde então, a busca do tempo perdido persegue o escritor durante todos esses anos de redação, e aglutinará vários episódios do romance para fazer dele um dos eixos centrais da obra, que justifica o título definitivo que levará o escritor até *O Tempo Redescoberto* e incorporado.

Nas provas de 1913, Proust sabia e não sabia o que ia acontecer. Sabia que os "Swann Primitivos" já apontavam o alvo – reencontrar o tempo perdido –, mas ignorava as circunstâncias e os desvios que iriam modificar a sua procura, como a morte do seu secretário Agostinelli e a Primeira Guerra Mundial, acontecimentos que o forçarão a enriquecer a ideia inicial e lhe darão outro contexto, diferente daquele do Caderno 25.

No Caminho de Swann, o narrador associava ainda a procura do tempo perdido à igreja de Combray, o que fazia o herói ressentir a quarta dimensão do Tempo:

Tudo aquilo e mais ainda os objetos preciosos, oriundos de personagens que, para mim, eram quase personagens de lenda [...] e por causa das quais eu avançava pela igreja [...], como por um vale visitado pelas fadas, [...] tudo aquilo fazia da igreja, para mim, alguma coisa de inteiramente diverso do resto da cidade: um edifício que ocupava, por assim dizer, *um espaço de quatro dimensões* – a quarta era a do Tempo –, e impelia através dos séculos sua nave que, de abóbada em abóbada, de capela

---

[4] *Matinée chez la Princesse de Guermantes, Cahiers du "Le Temps retrouvé"*, p. 13.

em capela, parecia vencer e transpor não simplesmente alguns metros, mas épocas sucessivas das quais saía triunfante.[5]

A igreja assinala um espaço que parece sair da teoria da relatividade[6], um tempo imemorial e uma procura que levarão o herói além das três dimensões. A psicologia no espaço não está longe.

A partir desse momento, a busca entrará nas personagens. Em *O Caminho de Guermantes*, escrito desde o *Cahier 46* de 1915, o narrador liga o desejo espiritual por Albertine à

posse de toda uma região de recordações [...], todas as impressões de uma série marítima [...], toda a praia de Balbec [...]. Desejaria, antes de beijá-la, enchê-la novamente com o mistério que tinha para mim na praia antes de conhecê-la, reencontrar nela a região onde vivia antes e insinuar todas as recordações de nossa vida em Balbec, o ruído da vaga a quebrar-se sob a minha janela, os gritos das crianças[7].

No beijo que o herói tenta, em seguida, sem conseguir, o narrador percebe mil coisas iguais àquelas que estavam enclausuradas na xícara de chá. Mas enquanto as coisas se amplificavam a partir do sabor do chá, aqui elas surgiam segundo os momentos passados com Albertine. A busca do tempo perdido franqueia um patamar, não está mais ligada a sensações, mas a instantes vividos com a personagem.

Enfim, em *A Prisioneira*, e retomando a frase do início, o narrador concentra sua busca em Albertine e diz que é forçado a buscar o passado:

(pois se o corpo de Albertine estava em poder do meu, o seu pensamento escapava ao domínio do meu). E eu via que Albertine não era para mim nem mesmo a maravilhosa cativa com que pensara enriquecer a minha morada, embora escondendo-a tão completamente (até aos que me vinham visitar e que não lhe suspeitavam a presença no fim do corredor, no quarto vizinho) como aquela personagem que mantinha

---

5 *No Caminho de Swann*, p. 90. Encontramos as mesmas frases, embora deslocadas, na prova 16 da edição Bodmer de 14 de abril de 1913. (Ver C. Mela, Placard I, 31 mars 1913, em M. Proust, *Du côté de chez Swann, Combray, Premières épreuves corrigées 1913*.)
6 Cf. J.-C. Valtat, *Culture et figures de la relativité*; H. Karam, *Espaço-Tempo e Memória: A Subjetividade em "Le Temps retrouvé", de M. Proust*.
7 *O Caminho de Guermantes*, p. 395-397.

encerrada numa garrafa, a princesa de China, sem que ninguém soubesse; convidando-me de maneira instante, cruel e delusória a explorar o passado, ela era para mim a grande deusa do Tempo[8].

Frase complexa sublinhando a oposição entre uma Albertine, princesa da China, da qual o herói possuía apenas o corpo, e outra, grande divindade do Tempo que, sádica, obrigava-o, sem poupá-lo, a buscar o passado, busca que passa pelo sofrimento, como sublinha o narrador, no último volume:

Cada criatura que nos faz sofrer pode representar para nós uma divindade da qual é apenas um reflexo fragmentário e a derradeira manifestação, divindade que, contemplada tão somente como ideia, para logo transmuda em alegria a dor que experimentávamos. A arte de viver consiste em nos sabermos servir de quem nos atormenta como de degraus de acesso à sua forma divina, povoando assim diariamente de deuses a nossa vida.[9]

Todas as personagens encontradas pelo herói, da avó até à duquesa de Guermantes, e não somente Albertine, servirão assim à arte de viver ou ao gozo do herói. Reencontrar partes de divindade em cada uma delas, ou "a realidade profunda sob as aparências"[10], remete-nos ao algoritmo de Lacan a/A, no qual o "a" minúsculo representa a fachada da pessoa desejada, e o "A" maiúsculo, a entidade que ela representa, a masculinidade ou a feminidade, por exemplo, para ficar com as grandes referências.

Será apenas por esse viés que o herói acederá à criação. Assim, conclui:

Então, menos brilhante sem dúvida do que a que me fizera vislumbrar na obra de arte o único meio de reaver o Tempo perdido, nova luz se fez em mim. E compreendi que a matéria da obra literária era, afinal, minha vida passada; [...] eu acumulara como a semente os alimentos de que se nutrirá a planta, sem adivinhar-lhe o destino nem a sobrevivência. [...] Assim, minha existência até este dia poderia e não poderia resumir-se neste título: uma vocação.[11]

---

8   *A Prisioneira*, p. 447-448.
9   *O Tempo Redescoberto*, p. 243.
10 *Le Temps retrouvé*, p. 823.
11 *O Tempo Redescoberto*, p. 245.

A busca do tempo perdido na narrativa percorrerá um trajeto que será iniciado pelas obras de arte, seguirá depois pelas personagens amadas, a avó, Gilberte e a duquesa de Guermantes, irá se direcionar para Albertine e desembocará na vida passada do herói.

Pergunto, em segundo lugar, como uma personagem, que no início era apenas uma das raparigas em flor, recebe título de nobreza, passando a ser chamada a "grande deusa do Tempo" e, a partir daí, acaba sendo definida como um dos meios essenciais para redescobrir o tempo perdido?

Um mergulho nos manuscritos nos ajudará a, pelo menos, esboçar uma resposta.

No fólio 92 do *Cahier 71*, nomeado "Dux", escrito de 1913 a 1914, o narrador compara Albertine a outras personagens e liga o sentir ao Tempo, Tempo escrito com maiúscula: "esta vida não me aparecia como a dos outros, eu a sentia cheia do Tempo e era, por isso, uma beleza".

Nos fólios 93 e 94, do mesmo caderno, o narrador envolve Albertine um pouco mais no seu conceito de Tempo, distingue-a dos outros seres e a prefere à igreja de Combray:

esta quarta dimensão, a do Tempo, que outrora encontrei na igreja de Combray, encontrei tanto mais em Albertine, enquanto os outros seres se destacavam para mim como se fossem planos, projetando na minha frente um feixe do que eles representavam na vida atual, e ela se modelava com ternura, para mim, no tempo, o que lhe fornecia uma espécie de volume, dando profundidade às sombras em torno dela, e reservando o intervalo de anos em que permaneci sem vê-la e após a diáfana espessura das quais ela ressurgira de repente[12].

Não somente Albertine se desenhava com as três dimensões do espaço para o herói, como as outras pessoas, mas ela se projetava na história e a refazia de modo bem diferente do que o herói ressentia quando entrava na igreja de Combray.

Enquanto, no primeiro volume, a igreja de Combray tomava um aspecto quase mitológico, em *A Prisioneira*, Albertine condensa de outra maneira as quatro dimensões do Tempo. A dimensão histórica que cobria séculos foi substituída por um tempo psicológico que inclui o mitológico, como se uma

12 *Le Temps retrouvé*, p. 1119.

personagem pudesse conter sua história e a dos tempos passados, o que Proust confirma, numa nota na margem do fólio 96vo do *Cahier 71*:

Concluindo a respeito deste signo +, acredito que seria melhor colocar o trecho que termina com o signo +, isto é, *o mistério do tempo cavado no fundo de um ser*, após o que vem abaixo, de maneira que depois de ter dito "como no espelho de um carro, inumeráveis e refletidos", poderei colocar esse trecho (sobre o Tempo) na conclusão, ligado por algo como o que segue: "com efeito, quando este sofrimento não era muito vivo, era a beleza de minhas relações com Albertine [...]".

Embora esse trecho tenha desparecido por completo do texto publicado, a nota é esclarecedora e traduz não a preponderância do escritor Marcel Proust em seu narrador, mas a reflexão que acompanha e suscita a escritura. Trata-se da busca do tempo perdido num ser vivo, e não num monumento que o narrador persegue, o que Proust confirma numa carta à editora Gallimard: "por toda a história de minha colagem com ela e de sua morte, história que faz a matéria do quarto volume, (Albertine) se tornou precisamente um princípio de ação e o centro da obra"[13] e, particularmente, desse volume.

O *Cahier 53* de 1914 prepara e explicita a frase-chave "o mistério do tempo cavado no fundo de um ser", e os fólios 39 e 40 mostram a vantagem do manuscrito que desdobra o pensamento do narrador, frequentemente condensado no texto editado.

Então, entendia o quanto me enganava nas noites felizes quando brincava perto dela, acreditando que ela era, no meu quarto, somente um ornamento múltiplo, um belo vestido espumante com numerosas pregas, uma bela obra de arte, um anjo músico da creche [do menino Jesus], atenta e carinhosa com bochechas redobradas, com cabelos crespos, ao colocar o melhor, uma maravilha princesa da China, cativa possuída sem ninguém saber, e que aqueles que vinham me ver não suspeitavam mais enriquecer minha morada de sua presença misteriosa do que esta personagem da qual ninguém adivinhava que tinha enclausurada numa garrafa, a princesa da China. Ela podia ser tudo isso, nos momentos em que justamente a amava menos, porque era feliz de possuí-la como uma flor, como um anjo de creche, como a princesa da China, e a gente não gosta daquilo que possui.

13 *Matinée chez la Princesse de Guermantes, Cahiers du Le Temps retrouvé*, p. 765; N.M. Dyer, *Proust inachevé*, p. 37.

Em outros momentos mais dolorosos, ela era quase uma grande deusa, quando a amava mais, pois a gente ama verdadeiramente apenas as coisas sob a aparência das quais se persegue como uma realidade inacessível; sentia cavar nela onde se juntava, sem que fosse possível percebê-lo, a torrente dos dias passados. Podia tocar suas mãos, suas bochechas, mas como se manipula a casca das conchas, pedras no fundo das quais habita o rumor ou o raio originário do oceano imemorial de um ser desconhecido, podia acariciar o envoltório deste ser que sentia, por outro lado, dar num infinito.

O narrador acrescenta ao texto publicado a dimensão do amor que, presente ou não, encara Albertine seja como uma grande deusa, um ser desconhecido, seja como um bibelô, a princesa de China. O amor se concebe apenas se é sustentado pela busca de uma realidade inacessível, na qual a terceira dimensão, a profundidade, aliada à quarta, o Tempo, é infinita, e cuja memória está perdida no tempo.

A busca do tempo perdido se fará por meio de uma personagem, e não mais através dos lugares frequentados, como a igreja de Combray, o quarto de tia Léonie ou Balbec. Exercício cruel, porque faz sofrer, ele não será a última etapa, como Proust tinha sublinhado no *Cahier 25*, em 1909, frase que repete na margem do fólio 40 do *Cahier 53*: "Será preciso mostrar que isto não é ainda o Tempo Redescoberto, pois o Tempo que eu sinto nela posso alcançá-lo – ainda não é o Eternal que encontrei na xícara de chá."

Proust já tinha desenvolvido os reencontros de Combray na xícara de chá pelo menos no Caderno 8 de 1909, em seguida no Caderno 25[14] que o segue, sob forma diferente do texto publicado. O texto sobre a *madeleine* da prova 8 de 7 de abril de 1913, que lemos no começo do capítulo, é quase idêntico ao texto publicado, mas tinha também reservado a interpretação para mais tarde, como lembrou Bernard Brun.

Mas não é por isso que Albertine, que substituiu a *madeleine*, leva ao Eterno. Ela leva ao infinito ou ao imemorial, porém não mais. É o que o narrador confirma no último volume:

Impressões como as que procurava fixar só se poderiam evanescer ao contato do gozo direto, que fora impotente para suscitá-las. O único

---

[14] *Cahier 25*, p. 9-11.

modo de apreciá-las melhor seria tentar conhecê-las mais completamente lá onde se achavam, isto é, em mim mesmo, torná-las claras até em suas profundezas. Não conhecera o prazer em Balbec, como não conhecera o de viver com Albertine, que só posteriormente se me tornara perceptível.[15]

Albertine, como as outras personagens, é somente uma etapa necessária na busca do tempo passado que, embora ou porque ligada ou não ao amor, levará o herói ao fundo de seu ser, à "sua vida passada".

Como isso foi muitas vezes sublinhado pela crítica[16], é somente mais tarde, no episódio Agostinelli, em maio de 1914, que Albertine tomará o lugar central na busca do tempo passado e perturbará a estrutura do romance. Sem esse episódio, teria ela permanecido uma rapariga em flor visitando o herói, em *O Caminho de Guermantes*? Provavelmente ela não teria sido introduzida no terceiro volume, que data dos cadernos escritos em 1915.

Mesmo se "Albertine prisioneira se apresenta como a única heroína proustiana [...], que faz dela uma personagem fora do comum, distinguindo-se entre as outras heroínas proustianas"[17], ela é uma etapa essencial, sem nenhuma dúvida, mas não significa o fim da busca. Como todas as personagens do romance, "Todos os que me haviam revelado verdades, e já não existiam, apareciam-me como se tivessem vivido uma vida só a mim proveitosa, como se tivessem morrido por mim."[18]

No *Cahier 54*, fólio 61, Proust encolhe um pouco mais a importância da personagem, quando escrevia mais tarde, no mesmo ano:

não vemos nossa amante em si mesma, mas tal como ela aparece em determinado dia. E, na verdade, ela está em nós menos como uma

---

15 *O Tempo Redescoberto*, p. 219.
16 "Essa sequência de uma estrutura vertical fundadora e de um desenrolar narrativo que o resolve aparece em Proust como o signo de um começo. Não estranhamos ver se desdobrar no momento em que o escritor transtorna o plano dos últimos tomos de sua obra, ao mesmo tempo que instaura uma relação imediata e, deste fato, sem precedente com a biografia da escritura" (F. Goujon, Écriture réflexive et genèse d'Albertine dans le "Cahier 54", *Bulletin des Études Proustiennes*, n. 35, p. 85).
17 S. Nakano, Le Cahier 54, *Bulletin des Études Proustiennes*, n. 35, p. 95.
18 *O Tempo Redescoberto*, p. 247.

pessoa existente do que como uma fração de tempo. Ela não é um ser completo, mas tal ou tal momento de nossa vida. Seu renascimento não depende de leis físicas que regem a vida orgânica do ser situado fora de nós. No momento em que ele vive melhor, estes momentos podem ser apagados em nós: ele pode estar morto e estes momentos revivem[19].

Portanto, não será jamais a personagem que fará encontrar o tempo perdido, mas sim os instantes vividos com ela. Essa precisão útil reenvia o herói a ele mesmo e tem a ver tanto com a igreja de Combray e os campanários de Martinville quanto com as personagens que cruzam com o herói.

Mudando de título, em 1913, Proust não suspeitava das consequências de sua busca, que terminariam por envolver literalmente Albertine, mas que conduziriam o herói, tornado narrador, ao alvo designado, ao tempo enfim redescoberto no fundo dele mesmo por imensos desvios descritos nos volumes redigidos durante a guerra, que trabalharão por incorporar as impressões ressentidas.

---

19 *Cahier 54*, v. 2, p. 133.

2. "Em Busca do Tempo Perdido" Não É um Romance
(determinismo e imprevisibilidade nos cadernos de rascunho)

O projeto elaborado por Daniela Tononi[1] quer tornar visível e inteligível uma relação entre o estudo da gênese dos textos literários e a teoria do caos determinístico, relação pouco elucidada até hoje e que, vista por alto, toca as relações entre as ciências humanas e as ciências ditas exatas, relação difícil em decorrência da incompreensão das duas partes: por um lado, muitas vezes ligadas à subjetividade que reina, por outro, à objetividade defendida. É a respeito dessa relação global entre dois campos de pesquisa que gostaria de comentar.

Em primeiro lugar, refiro-me às pesquisas de dois matemáticos sobre a morfodinâmica: René Thom, autor da teoria das catástrofes, e Jean Petitot, diretor da Escola de Altos Estudos em Ciências Sociais (EHESS).

Não vou resumir a morfodinâmica, mas sublinhar apenas a precedência do estudo das formas sobre o sentido, acompanhando Petitot que, contra os filósofos Schleiermacher e

---

1   Daniela Tononi é pesquisadora da Universidade de Palermo (Itália) e autora do projeto "Crítica Genética e Sistemas Caóticos", aprovado pelo Ministero dell'Instruzione, dell'Univesità e della Ricerca, para o qual foi convidado o autor deste ensaio. Esta é a conferência pronunciada por mim no dia 29 de abril de 2016, em Palermo, no primeiro encontro programado do projeto.

Gadamer[2], ousa afirmar que "a morfodinâmica quebra o círculo hermenêutico baseando as estruturas de sentido na objetividade da forma"[3], ou ainda que "o sentido é uma camada de ser que se edifica sobre a camada de ser da forma. A semiótica se constrói sobre a morfologia"[4].

O fundador da crítica genética, Louis Hay, ia mais longe, afirmando que "as formas de uma escritura, de um desenho, podem proceder dos mesmos objetivos que o texto [...]. É por isso que o estudo das formas nos permite aceder a outra verdade da página de outra natureza"[5].

Em outras palavras, a inteligibilidade do mundo ou seu sentido depende do estudo objetivo das formas; traduzindo em termos de crítica genética, o sentido que tiraremos de nossos estudos sobre o manuscrito não decorrerá necessariamente de nossas interpretações subjetivas a partir de critérios exteriores (a psicanálise, a temática, o estudo dos gêneros etc.), nem somente do estudo da sintaxe das frases, dos parágrafos, dos capítulos que se esboçam no manuscrito, fruto da relação entre invariantes[6] e "variante" que se escalona nas diferentes versões[7].

O sentido dependerá também, na obra de Proust, do agenciamento da nova forma entre o romance e o ensaio. O crítico genético apanhará o impacto do ensaio sobre o romance em todos os níveis, da frase ao capítulo, passando pelo parágrafo; em outras palavras, detectará as passagens no manuscrito em que se constata uma rasura, um reenvio ou uma bifurcação que gera uma passagem da linearidade à não linearidade (René Thom), ou do determinismo ao indeterminismo concreto, voltando ao caos ou ao aleatório[8].

---

2   H.-G. Gadamer, *Vérité et méthode*, p. 104.
3   J. Petitot, *Physique du sens*, p. 34.
4   Idem, La Généalogie morphologique du structuralisme, *Crítica (Claude Lévi--Strauss)*, p. 114.
5   L. Hay, *A Literatura dos Escritores*, p. 184.
6   J. Petitot, *Physique du sens*, p. 3.
7   O que sublinha a importância do trabalho imenso e muitas vezes cansativo exigido pela transcrição de todos os fólios de uma obra.
8   "A eventualidade de sistemas estruturalmente estáveis com movimentos complicados dos quais um é exponencialmente instável em si é uma das descobertas mais importantes dos últimos anos na teoria das equações diferenciais" (V.I. Arnold, *Le Méthodes mathématiques de la Mécanique classique*, p. 314-315). Como observa René Thom, "o que se chama leis do acaso são de fato propriedades do sistema determinístico o mais geral" (Halte au hasard, silence au bruit, *Le Débat*, n. 3, p. 124).

Neste capítulo, distinguirei o determinismo e a imprevisibilidade da escritura nos 75 cadernos proustianos, isto é, se, por um lado, a escritura proustiana já é determinada nas condições iniciais, por pertencer a uma tradição de gênero romanesca – há uma história e personagens, como em qualquer romance –, por outro lado, ela se distancia em numerosas passagens, por tocar no ensaio e na crítica. Imprevisível em sua complexidade, porque, a cada causa, a cada intervenção reflexiva do escritor, por um acréscimo ou supressão, decorrem efeitos que provocam o afastamento ou a aproximação considerável dessa tradição romanesca.

Não será, portanto, ao nível da história submetida ao tempo cronológico, nem das personagens que estruturam uma sociedade na qual se disputam aristocracia, alta burguesia e domesticidade, além daqueles que querem entrar nela, que trabalharemos, mas ao nível da fabricação da obra que se sustém de uma tensão contínua entre o romance e a reflexão crítica e estética.

Por isso, lembrando a famosa frase de Magritte, "Isto não é um cachimbo", na qual o surrealista belga abole o referente, sustento que *Em Busca do Tempo Perdido* não é um romance.

Sua imprevisibilidade em relação aos romancistas que o antecederam decorre da mistura da ficção e das teorias literária e estética. "Partindo de um romance no estado de rascunho e abandonado, *Jean Santeuil*, de numerosos artigos de crítica literária e de estética, de pastiches e de um ensaio crítico, *Contre Sainte-Beuve*, abandonado também, Proust se empenha na obra *Em Busca do Tempo Perdido* desde 1909."[9] É uma nova forma que surge aos poucos através dos cem cadernos, forma absolutamente imprevisível para um leitor como André Gide, que procuraria um romance adaptado ao projeto de *La Nouvelle Revue Française*[10], ou para um filósofo que gostaria de ter na obra proustiana um modo de vida e de conduta.

A evolução da escritura, embora determinada pelas condições iniciais, um querer escrever um romance-ensaio, é praticamente imprevisível, porque, a cada rasura, estas condições se modificam segundo a intervenção do desejo do escritor, o que caracteriza paradoxalmente o caos determinístico.

Juntando a dependência das condições iniciais com a previsão impossível dos resultados, os rascunhos de *Em Busca do Tempo Perdido* confirmam sua pertença ao gênero romance-ensaio.

Dividirei minha intervenção em duas partes. A primeira se baseará no estudo de Bernard Brun, já citado, que mostra como a evolução determinada desde 1910 pelos dois lados, o de Swann e o de Guermantes, que se reúnem em *O Tempo Redescoberto*, chegou à última versão impressa totalmente imprevisível, em 1909, e em sete volumes, em 1922.

A segunda parte entrará no detalhe da composição, levantando características da escritura proustiana que comprovam a tese da mudança de formas.

---

9   B. Brun, Les Cent cahiers de Marcel Proust: Comment a-t-il rédigé son romance? Disponível em: <http://coquelicot2007.centerblog.net/>.
10 Em 1909, André Gide e seus amigos elaboram um projeto editorial que aspirava reconciliar o individual, o nacional e o universal. Desde então, *La Nouvelle Revue Française* testemunhou as ilusões, os erros e as tragédias de um século que se fechou sob os signos da informação, das trocas e da mestiçagem. Perto de seus fundadores, Valéry Larbaud cuidou para que a América Latina e sua literatura fossem conhecidas na França, tendo traduzido, analisado e prefaciado os principais autores entre duas guerras. Mais tarde, Roger Caillois fará conhecer entre muitos outros a obra de Jorge Luis Borges e de Octavio Paz. Disponível em: <http://www.gallimard.fr/>.

PRIMEIRA PARTE

Vejamos a desordem louca na qual Proust redige: para *Combray*, preenche os Cadernos 9, 10, 63 e folhas avulsas, para *Um Amor de Swann*, os Cadernos 15 a 19 e 22, para a Sra. Swann e sua filha, os Cadernos 24, 20 e 21, para as estadias balneárias com as raparigas, os Cadernos 34, 33 e 46, para os acréscimos aos manuscritos, às datilografias e às provas, os Cadernos 59 a 62.

Desse levantamento, Bernard Brun, em seu artigo "Les Cent cahiers de Marcel Proust: Comment a-t-il rédigé son romance?", conclui que a classificação temática ou narrativa, "deveria ser substituída por outra, estratigráfica, que restituiria as diferentes etapas sucessivas da redação da obra, em 1909, 1911, 1914 e a partir da Grande Guerra". A criação proustiana profundamente associada ao contexto está desprovida de regularidades (ela é aperiódica, diriam os físicos) e depende do momento histórico[11].

Brun prossegue:

É somente a partir das datilografias que o romance-ensaio toma forma. Primeiramente, porque elas fazem entrar o romance em obras no domínio do publicável e do social, e formam assim um contraste impressionante com os cadernos de rascunho [...] fragmentados e descontínuos. (Enquanto) materiais narrativos se perdem durante o trabalho de datilografia, [...] redes temáticas se constituem ou se rejuntam. Uma construção se desenha, após a desordem aparente [...] Proust, no entanto,

---

11 "Proust consegue unir o que parece impossível, a saber, o imprevisível do que virá, aqui a casa de Combray, com o determinismo do efeito retroativo, uma sensação de outrora revivida hoje. Há uma relação de causa e efeito, mas o efeito atravessa o tempo para buscar a causa. Não seguindo a horizontalidade temporal, a procura permite assim quebrar o indeterminismo inicial. É uma primeira bifurcação que não esquece o ponto de partida ou as condições iniciais (o prazer e o sabor), mas, pelo contrário, leva-as em conta. A passagem da zona de incerteza para uma zona determinista é possível com esse mecanismo bem proustiano, o esquecimento da cronologia dos fatos, ou melhor, o esmagar dos anos, ou, ainda, a redução dos anos num mesmo espaço ou num mesmo corpo. É o Tempo incorporado de *O Tempo Redescoberto*, como se o tempo tivesse literalmente entrado no corpo – noção diferente daquela do tempo que corre. As personagens serão transformadas em gigantes, pois o seu tamanho será avaliado pelo número de anos acumulados e não mais pela altura" (P. Willemart, *Crítica Genética e Psicanálise*, p. 151). Uma evolução determinista pode passar de um regime estável e previsível a um regime caótico imprevisível sob a influência de vários parâmetros, sem cessar de ser determinista. Não haveria, por exemplo, uma trajetória do herói para o barão de Charlus, mas uma evolução do tempo cercando Charlus e criando um espaço particular entre as duas personagens.

[...] corrigia abundantemente suas datilografias como se tratasse de rascunhos ainda. A obra está sempre inacabada, ou melhor, em perpétuo devir, qualquer que seja o grau atingido pela sua elaboração: não há final previsível ao trabalho do escritor. [...] Uma escritura dispersa e repetitiva, portanto, com, no entanto, alguns reagrupamentos, dentro de cada caderno, ao redor de temas ou motivos bastante vizinhos, contíguos ou antitéticos. [...] (Anotamos, no entanto, que) a vontade de criar uma rede de correspondências internas nasceu de uma decisão do escritor, [...] mas sobretudo de sua maneira de redigir desde o início, a partir de um núcleo que se desenvolve em todos os sentidos. Quando Proust abandona o *Contre Sainte-Beuve*, em 1909, os principais fios da história são redigidos, mas não a forma.[12]

SEGUNDA PARTE: COMO EXPLICAR ESSA MANEIRA DE FORMAR UM LIVRO?

Uma passagem da obra dá a chave:

Uma hora não é apenas uma hora, é um vaso repleto de perfumes, de sons, de projetos e de climas. O que chamamos realidade é determinada relação entre sensações e lembranças a nos envolverem simultaneamente [...], relação única que o escritor precisa encontrar a fim de unir-lhe para sempre em sua frase os dois termos diferentes.[13]

Bem diferente dos manuscritos flaubertianos, que avançam página a página de maneira sistemática, em Proust, textos surgem no verso ou na mesma página sem ligação clara com o que está na frente ou com o que está antes. Os *cadernos* parecem ter servido de depósito de lixo para alguém que queria "escrever sem fim" e que fará, mais tarde, a composição e a organização da obra que conhecemos.

O trecho citado me faz perguntar se não podemos comparar o conjunto dos *cadernos* a esse "vaso repleto de perfumes, de sons, de projetos e de climas", e se a arte de escrever de Proust ou se esses processos de criação não provêm dessa concepção de tempo em que uma hora não é somente uma hora, mas o continente de mil coisas entre as quais o escritor escolhe algumas

---

12 B. Brun, Les Cent cahiers de Marcel Proust : Comment a-t-il rédigé son romance?
13 *O Tempo Redescoberto*, p. 232.

e estabelece sua relação, mil coisas que, por associação, irão se referir tanto à personagem quanto à teoria literária ou estética.

Os cadernos podem ser considerados, primeiramente, um lugar de deformação, de desestabilização ou de degenerescência, dirá René Thom, que, em seguida, reconstituem-se pouco a pouco no conjunto mais ou menos estável que conhecemos sob o nome de *Em Busca do Tempo Perdido*.

Nesse percurso, Proust procurava certamente uma identidade, "uma unidade ulterior", como o narrador afirma em *A Prisioneira*:

Unidade que se ignorava a si mesma, logo vital e não lógica, que não proscreveu a variedade, nem arrefeceu a execução. Surge ela (aplicando-se, porém, desta feita, ao conjunto) como uma peça composta isoladamente, nascida de uma inspiração, não exigida pelo desenvolvimento artificial de uma tese, e que vem integrar-se no resto.[14]

Essa procura da coerência, de uma identidade ou de uma estabilidade, a procura de "unidade que se ignorava a si mesma" (o que é insistir no seu aspecto inconsciente) implica que Proust não escrevia de qualquer jeito, ou melhor, que o *scriptor* proustiano (que não é o escritor, mas o instrumento da linguagem) deitava as palavras no papel num projeto determinado, embora muitas vezes insciente, mas não por acaso, como uma primeira leitura dos manuscritos poderia induzir o leitor.

Em outras palavras, deve existir uma lógica subjacente à escritura ou um atrator estranho, termo inventado por David Ruelle, que explica as relações implícitas entre os fólios que se fazem frente ou que se seguem, ou entre os 75 cadernos que se escalonam nos quatorze anos da composição, mesmo que à primeira vista haja poucas correlações entre eles.

1.

A primeira coisa que surpreende o leitor, sem levar necessariamente em conta os cadernos manuscritos, é o desenrolar da narrativa no tempo. Enquanto aparentemente o narrador conta

---

14 *A Prisioneira*, p. 149.

a infância, a adolescência e a vida adulta do herói Marcel, uma cronologia perfeita, portanto, as primeiras linhas quebram a aparente cronologia e aludem a um passado que situa o narrador no presente: "Durante muito tempo, costumava deitar-me cedo."[15] Simples volta atrás ou imensa analepse, mas o texto é cheio de alusões ao passado, embora contando acontecimentos do presente.

O melhor exemplo está na forte condensação de tempo que cria laços entre os acontecimentos evocados ou perdidos quando o narrador conta o deitar do herói: "Faz muitos anos isso. A parede da escada, onde vi subir o reflexo de sua vela, já não existe há muito. [...] Jamais renascerá para mim a possibilidade de tais horas."[16]

Nesse trecho, o narrador evoca o tempo da primeira frase retomando o advérbio "Faz muitos anos isso", e realiza o luto do acontecimento. Não somente os pais já se foram e a casa foi destruída, mas também o herói se desfez de coisas que a criança acreditava eternas. No entanto, uma dessas coisas ficará, ou melhor, voltará sob a forma de prantos, como indica a frase seguinte: "Mas desde algum tempo que recomeço a perceber muito bem, se presto ouvidos, os soluços que tive então a coragem de conter diante de meu pai e que só rebentaram quando me encontrei a sós com minha mãe. Na realidade, jamais cessaram."[17]

O romance seria apenas uma imensa condensação ou, se preferimos, um conjunto, numa mesma cena, de acontecimentos que se escalonaram no tempo. Nisso, *Em Busca do Tempo Perdido*, parecido com um poema, cria laços aparentemente gratuitos entre as diferentes gerações e mantém outros que deveriam ser esquecidos. Os tempos gramaticais usados são somente um *trompe-l'œil* destinado a fazer acreditar que se trata de uma espécie de crônica, mas de fato é o mesmo presente que reúne informações dispersas entre quatro gerações[18]. "A cola-

---

15 *No Caminho de Swann*, p. 3.
16 Ibidem, p. 62.
17 Ibidem.
18 As quatro gerações de *Em Busca do Tempo Perdido*: 1820 – a avó, Mme de Villeparis, Norprois, Mme de Cambremer; 1850 – os pais, Françoise, o duque de Guermantes e sua esposa (mais jovem), Charlus, Odette, Legrandin, Brichot, les Verdurins; 1880 – o narrador, Gilberte, Albertine, Morel, Saint-Loup (um pouco mais idoso, já que o pai dele morre em 1871); 1900 – os filhos de Gilberte, (Mlle de St Loup e outras). Y. Tadié, *Proust et le roman*, p. 296-297; ▶

gem dos papelotes e a escritura simultânea da primeira e da última parte constituem o suporte da técnica de composição quanto seu testemunho."[19]

A oposição crônica-espaço ou sincronia-diacronia, ou melhor, o desaparecimento ou transtorno da diacronia em proveito do presente parece claro. O querer condensar é evidente para Proust desde o início, sobretudo no Caderno 10 de 1909, no qual dois episódios girando ao redor do romance de George Sand, *François le Champi*, em *No Caminho de Swann* e em *O Tempo Redescoberto*, formam uma unidade na versão primitiva desse caderno[20]. O que Proust confirma numa carta para Paul Souday, no dia 17 de dezembro de 1919: "O último volume foi escrito imediatamente após o primeiro capítulo do primeiro volume. O resto foi escrito em seguida."[21]

A composição de *Em Busca do Tempo Perdido* em dois tempos, repartidos entre o tempo perdido e o tempo redescoberto, e previsto desde o início, assinala, portanto, uma diferença considerável no gênero romanesco, mas uma estabilidade notável, *grosso modo*, na construção do romance, visível no estudo dos títulos sucessivos, como mostrei no primeiro capítulo.

2.

Outros fatores colaboram para uma nova forma do romance, como a contribuição do inconsciente, que inclui o sonho e uma nova psicologia.

Proust hesitou entre os títulos *Romance do Inconsciente* e *Em Busca do Tempo Perdido,* ainda se temos certeza de que ele não tinha lido Freud diretamente. Numa pesquisa de 12 de novembro de 1913, bem antes dos romances da guerra que giram em torno da personagem Albertine, ele responde: "Não são as mesmas personagens que aparecerão, no decorrer desta obra, sob aspectos diversos como em certos ciclos de Balzac, mas,

▷ W. Hachez, La Chronologie et l'âge des personnages de "À la recherche du temps perdu", *Bulletin d'Etudes Proustiennes*, n. 6, p. 198-207.
19 P. Willemart, *Proust, Poeta e Psicanalista*, p. 49.
20 Cf. R. Volker, "François le Champi" et le texte retrouvé, *Cahiers Marcel Proust 9*.
21 M. Proust, *Correspondance*, p. 536.

numa mesma personagem, certas impressões profundas, quase inconscientes. Desse ponto de vista, meu livro seria talvez como um ensaio de uma sequência de *Romance do Inconsciente*."[22]

Se as mesmas personagens, em Balzac, supõem um mesmo caráter durante o romance e dão uma base estável ao leitor, a personagem proustiana, assentada em "impressões profundas, quase inconscientes", é mais uma fonte de imprevisibilidade.

Como o leitor pode prever que o Swann de *Combray*, habitué dos salões de Buckingham, é também o marido de Odette, orgulhoso em anunciar cartões de convite de funcionários do Ministério? Ou adivinhar o futuro dos primeiros contatos do herói na praia de Balbec, Charlus e Saint-Loup, o primeiro decadente se deixando chicotear por soldados, o segundo se revelando homossexual no último volume? Tanto Swann é vítima de seu desejo de colecionador quanto Charlus e Saint-Loup o são de seus amores invertidos.

2.1.
Consequência da contribuição do inconsciente, o sonho interfere frequentemente na narrativa.

Por que o interesse pelo sonho? O narrador apresenta quatro motivos no decorrer do romance: o sonho quebra as barreiras do tempo e do espaço; dissocia as palavras do seu sentido habitual; abre para outras leituras às vezes estranhas, mas que fazem sentido; cria uma aspiração para o impossível e não exige muitos esforços para criar. Enquanto Freud considerava o sonho a via real de acesso ao inconsciente, Proust o considera uma fonte de inspiração essencial e cita o significante mais de 120 vezes. Seu herói e as personagens Swann e St-Loup sonham muitas vezes.

Surpreendentemente, o narrador interpreta o sonho do herói, como faria Freud, na base de associações. Levando em conta assim o inconsciente, o narrador proustiano se aproxima do homem contemporâneo puxado pelo desejo de gozo, e é bastante afastado das personagens balzaquianas, flaubertianas e stendhalianas atraídas mais pela sede de poder, como Gobsek, pela desilusão ou, diríamos hoje, pela depressão, como Frédéric Moreau, ou pela glória, como Julien Sorel.

---

22   M. Proust, *Contre Sainte-Beuve*, edição estabelecida por Clarac, p. 558.

Indo mais longe ainda, o narrador acrescenta: "Se eu me interessara tanto pelos sonhos não será porque, compensando pela potência a brevidade, eles nos auxiliam a melhor perceber o que há de subjetivo, por exemplo, no amor?"[23]; "O sonho incluía-se entre os fatos de minha vida que mais me haviam impressionado, que me deveriam ter convencido do caráter puramente mental da realidade, de cujo auxílio eu não desdenharia na composição de minha obra."[24]; "Não desprezaria essa segunda musa, essa musa noturna que muitas vezes haveria de substituir a outra."[25]

O caráter puramente mental da realidade quer dizer que tudo o que vivemos passa por nossa mente, as categorias, as maneiras de pensar, o inconsciente, verdade sustentada pelo inventor da psicanálise e pelo narrador.

2.2.
A introdução da dimensão inconsciente sublinha não somente a importância do sonho e da mentalização do que vemos, comemos e sentimos, mas gera também a invenção de uma nova psicologia, *a psicologia no espaço*. A integração da ideia de movimento juntamente com a de tempo na compreensão das relações entre os homens à maneira das rotações dos astros é certamente nova na história da psicologia ou da psicanálise.

A ideia de rede que, criando transversais, permite a comunicação entre os dois caminhos de Swann e de Guermantes, desdobra-se no texto com a de revolução – "que o herói realizava em torno não só de si mesmo como dos outros"[26], e com uma nova dimensão do Tempo baseada na duração da revolução. Um conceito de tempo inédito, que não será mais aquele tempo fixo do calendário eliminado na evocação das lembranças, não será também o tempo lógico que articula o analisando com o seu passado. Será aquele infinitamente mais longo, das voltas que cada um faz ao redor de si mesmo ou dos outros, criando com esse movimento um espaço diferente composto de planos superpostos. O tempo não seguirá mais a ordem

---

23 *O Tempo Redescoberto*, p. 256.
24 Ibidem, p. 259.
25 Ibidem, p. 260.
26 P. Willemart, *Proust, Poeta e Psicanalista*, p. 192.

linear do calendário, nem a ordem hipertextual da análise, na qual o analista, sublinhando uma palavra, obriga o analisando a bifurcar em seu discurso. O tempo será galáctico, de certa maneira. Podemos imaginar os homens com quem convivemos formando uma galáxia na qual planetas e estrelas que somos tecem seus fios à maneira das ondas gravitacionais. Os mundos assim constituídos se recortam, permitindo a cada indivíduo inserir-se em outros mundos e aumentar seu raio de ação.

O avanço do tempo mede a distância percorrida e a complexidade crescente da galáxia pessoal. A multiplicidade dos encontros, pessoas, livros ou obras é benéfica e revela-se um verdadeiro processo de aculturação, sabendo-se, porém, que é preciso fazer tantas revoluções quantas forem necessárias para criar um largo espaço memorável, mas totalmente imprevisível. Contrariamente aos planetas dos quais os astronautas e os geofísicos podem prever o percurso regular, nosso percurso será como o manuscrito, cheio de hesitações, de voltas para trás e de avanços bruscos.

3.

O terceiro elemento que levanto é o uso imprevisível e *invertido* das referências observado por Dominique Jullien.

3.1.
Na *Bíblia*, Abraão arranca Isaac de sua mãe, Sara; na obra proustiana, o pai, diante do herói que chora, não tira a criança da mãe, pelo contrário, abandona o casal mãe-filho à leitura parricídia de *François le Champi*, dizendo: "Não somos carrascos."[27]

3.2.
Ao par Xerazade-Xariar de *As Mil e uma Noites* é substituído o par Marcel-Albertine. A amante, aos perfis múltiplos como um harém, conta suas histórias ao herói atônito e será assassinada como no conto, mas não pelo herói, embora metaforicamente caindo do cavalo[28].

---

27 *Du côté de chez Swann*, p. 62.
28 D. Jullien, *Proust et ses modèles*, p. 89.

3.3.
O mesmo autor enumera várias inversões inesperadas como o conto dos três Calenders que se torna Charlus chicoteado, o Saint-Simon invertido, tia Léonie parecida com Louis XIV[29] etc.

4.
O quarto elemento, fator de imprevisibilidade, surge da "recusa dos gêneros pessoais (autobiografia) ao romance íntimo ou à ficção, revelador paradoxal do íntimo"[30].

Numa obra recente, Sandra Cheilan escreveu:

A obra (*Em Busca do Tempo Perdido*) guarda os estigmatas das formas autobiográficas. [...] Herdeiro de Huysmans (que inventou o neologismo de intimismo e que instalou a estética intimista em *Às Avessas*), Proust reinventa os códigos da escritura do íntimo, petrificados pelos Romancistas (Sainte-Beuve e George Sand entre outros); ele desviou os gêneros que lhe são associados como a autobiografia e o diário íntimo, inspirando-se, todavia, nas cenas esperadas (cena do espelho, do dormir, da introspecção) que ele ficcionaliza. [...] Se as obras dele tocam no limite do gênero e notadamente na fronteira entre romance e autobiografia, o discurso autoral mostra uma vontade de sair das classificações tradicionais e de emancipar-se dos valores associadas à literatura pessoal, como a autenticidade, a verossimilhança ou a sinceridade.[31]

Resumindo, parece claro que a escritura proustiana segue normas do romance clássico *Jean Santeuil*, mas, em seguida, querendo integrar a reflexão literária, artística e estética, Marcel Proust construiu uma obra *sui generis* integrando ficção e ensaio. Seu modo de composição tão claro no começo, percorre os caminhos do inconsciente através do sonho e da psicologia no espaço, o que perturba as primeiras etapas e o obriga a apresentar uma obra fragmentada como a imagem do vestido remendada de Françoise, que faz o contrapeso da catedral que ele tentou construir no início.

A crítica genética lerá os manuscritos de Proust como a escritura de um *scriptor* que, submetido desde o começo à linguagem, à tradição literária e às suas leituras, franqueia essas referências, derruba-as ou as destrói para criar um novo estilo

---

29 Ibidem, p. 92.
30 S. Cheilan, *Poétique de l'intime*, p. 21.
31 Ibidem.

que o destacará de seus contemporâneos. Novo estilo, em Proust, devido à inversão da tradição e às prioridades das impressões, e à consideração do mental pelo sonho, entre outros fatores.

Será que poderíamos dizer que qualquer estudo do manuscrito leva a sustentar a supremacia da forma sobre o sentido?

3. O Sistema Caótico e o Manuscrito
(texto móvel, condições iniciais e atrator no manuscrito)[1]

Os modos de circulação dos processos de criação não interessam somente às artes e à literatura, mas também ao campo das ciências duras, como já foi mostrado no capítulo anterior.

Perguntamo-nos primeiro: o que é um sistema dinâmico caótico?

Um sistema dinâmico é chamado caótico quando uma porção "significativa" de seu espaço de fases[2], o que, para nós, é o conjunto dos cadernos de rascunhos, apresenta simultaneamente duas características: o fenômeno de sensibilidade às condições iniciais e a forte recorrência de um atrator.

Parece claro que o manuscrito proustiano, se não todos os manuscritos – trata-se da contribuição da crítica genética ao projeto que reúne os membros do projeto de Palermo –, não somente uma porção significativa, mas em seu conjunto, exibem uma sensibilidade recorrente às condições iniciais sob a influência ao mesmo tempo do "texto móvel", que age a cada rasura, e de um atrator específico.

1 Conferência pronunciada no XIII Congresso Internacional da APCG, em outubro de 2017, na Universidade Federal de Ouro Preto (UFOP), com o título A Circulação dos Processos de Criação na Literatura, nas Artes e nas Ciências.
2 Ver a respeito em: <www.futura-sciences.com/>.

Divido este capítulo em três partes:

1. O texto móvel, conceito que não é novo para muitos, embora não seja do conhecimento de todos, o que me forçará a dedicar-lhe algumas linhas.
2. As condições iniciais.
3. O atrator. Notemos que "condições iniciais" e "atrator" não são dois conceitos iguais, porém um puxa o outro.

1. O TEXTO MÓVEL

Sustento que qualquer romance, poema, drama ou obra em geral é estimulado por um grão de gozo, subjazido de dor. O manuscrito expõe esse movimento. À medida que o texto se constrói e se desfaz pelas rasuras, supressões e acréscimos, ele passa pela re-presentação e pelo grão de gozo. Desenvolvi o conceito "texto móvel" em várias obras de minha autoria[3]. A mobilidade está ligada ao texto instável que se faz e se desfaz, e o texto se refere ao mesmo tempo ao grão de gozo estável e à escritura aceita pelo autor. Essa definição me autoriza a supor um grão de gozo idêntico durante a escritura da obra que some na entrega do manuscrito ao editor, já que não excita mais o escritor.

2. QUAIS SÃO AS CONDIÇÕES INICIAIS NUM MANUSCRITO?

A crítica indicará facilmente o primeiro rascunho, talvez a primeira frase ou uma primeira palavra escrita num lenço de papel ou num guardanapo no restaurante, que seriam o primeiro testemunho material de um começo. Mas essa trajetória parece mais complexa se seguirmos Francis Ponge via Daniel Ferrer:

---

3   P. Willemart, *Universo da Criação Literária*, p. 93; idem, *Os Processos de Criação na Escritura, na Arte e na Psicanálise*, p. 29; idem, *Psicanálise e Teoria Literária*, p. 4.

2.1. A Falha

A diferença entre o início da obra e o começo da escritura abre uma falha entre o tempo da escritura e o da inscrição, entre o espaço da obra como objeto e o espaço da obra como campo de trabalho, e é com certeza nessa falha, nesse espaço, que a crítica genética encontrará seu lugar[4].

2.2. A Memória da Escritura

Por outro lado, o tempo da inscrição é largamente precedido por outro tempo não cronológico, difícil de avaliar em hora, dia ou ano, durante o qual – embora preferisse dizer "no qual", já que o tempo, nesse caso, parece anulado, acentuando a preponderância do espaço – as ideias, as primeiras imagens ou as primeiras palavras trabalham provavelmente sozinhas, quero dizer, sem convocar necessariamente a consciência do escritor, e se revelam somente aos poucos, quando o escritor, trabalhando, escreve no caderno ou digita na tela do computador. Esse espaço-tempo, que chamei de "a memória da escritura", encontra-se na mente do escritor.

Esse conceito define um espaço virtual no qual convergirão lembranças, imagens e fotos, frases e tradição, que antecederão a primeira escritura. Tal conjunto surgirá aos poucos, a partir de uma intenção ou de um desejo expresso ou não de iniciar um romance, um conto, um poema ou, para um artista, uma melodia, uma imagem etc.

2.3. O Desejo

A intenção ou o desejo de escrever algo será o ponto de partida que estabelecerá a constituição da memória da escritura, nem sempre sob o controle do escritor. Tomemos três exemplos:

---

4   B. Boie; D. Ferrer, *Genèse du roman contemporain*, p. 8.

2.3.1. O desejo evidente de Flaubert

Flaubert testemunha seu desejo e seu projeto em duas cartas. "Você sabe o que tenho vontade de escrever depois desse conto (*Um Coração Simples*)? A história de São João Batista. A maldade de Herodes para Herodias me excita. Ainda está em estado de sonho, mas tenho bastante vontade de cavar essa ideia."[5]

Ele escreve ainda, para sua sobrinha, Caroline: "agora que terminei com 'Félicité', "Herodias" se apresenta e vejo (nitidamente, como vejo o Sena) a superfície do Mar Morto cintilar ao sol. Herodes e sua mulher estão num terraço"[6].

2.3.2. O desejo mental de Proust

O narrador proustiano indica outro percurso. Quando seu herói adolescente recebe uma carta da namorada, Gilberte, o narrador delineia o caminho do pensamento para chegar à consciência:

Enquanto eu lia tais palavras, o meu sistema nervoso recebia com admirável diligência a nova de que me chegava uma grande felicidade. Mas [...] o principal interessado ainda a ignorava. A felicidade, [...] por intermédio de Gilberte, era uma coisa em que eu tinha constantemente pensado, uma coisa toda em pensamentos, *cosa mentale*, como dizia Leonardo da pintura. Uma folha de papel coberta de caracteres é coisa que o pensamento não assimila imediatamente. Mas, logo que terminei a leitura, pensei na carta, e ela tornou-se um objeto de sonho, tornou-se ela também *cosa mentale*, e eu já a amava tanto que a cada cinco minutos me era preciso relê-la e beijá-la. Tive, então, conhecimento de minha felicidade.[7]

A divisão entre o sistema nervoso e a alma é invocada. O herói se identifica ao [...] seu pensamento[8], ao qual opõe os sentidos que já percebem a chegada de uma grande felicidade, mas o caminho de um para outro não é imediato, embora a comunicação entre a retina e a mente seja comparável a uma conexão de alta velocidade por internet.

2.3.3. O desejo da psique freudiana

---

5 Carta para Edma Roger des Genettes em G. Flaubert, *Correspondance* v, p. 458.
6 Carta para a sobrinha, Caroline; ibidem, p. 100.
7 *À Sombra das Raparigas em Flor*, p. 100-101.
8 P. Quignard, *Mourir de penser*, p. 153.

Na *Interpretação dos Sonhos*, Freud sustenta que todas as percepções, quaisquer que sejam, passam pelo inconsciente antes de chegar à consciência.

Resumindo. Para o herói proustiano, a percepção não é imediatamente assimilada, pois é preciso uma espera na mente, uma *cosa mentale*, como sustentou Leonardo da Vinci, para que a carta chegue ao Eu. O narrador acrescenta, portanto, uma etapa ao esquema freudiano. Mesmo já percebido, o objeto deve voltar para trás a fim de que possa ser sonhado, voltar a ser *cosa mentale*, reencontrar os valores fundamentais ancorados no ser para descobrir neles um sentido a mais e provocar a felicidade. Caso contrário, o sentido fica esquecido ou perdido, mas não sua pegada ou seu significante.

2.3.4. Como age o cérebro diante de uma percepção ou como uma carta é recebida segundo a neurociência?

Segundo Gerald Edelman, Nobel de Medicina, em 1972, autor da Teoria de Seleção dos Grupos Neuronais (TSGN), "a cada percepção, numerosos mapas de neurônios trocam sinais. Essa troca recursiva permanente, chamada *reentrada* [...], coordena a atividade das diferentes zonas no espaço e no tempo"[9]. Não há um coordenador, nem um projeto de antemão; "as causas são a matéria ou a energia e, portanto, a atividade do núcleo talamocortical, e não a experiência fenomenal que ela suscita"[10].

As condições inicias são, portanto, extremamente moventes no cérebro, já que ele reage seletivamente a cada percepção de um acontecimento, de uma chamada, de uma palavra, quando o escritor tem uma ideia ou escreve. "Os processos conscientes resultam do número fantástico de interações reentrando que intervém nos sistemas de memória de valor-categoria presentes, sobretudo, nas zonas mais antigas do sistema talamocortical e dos sistemas mais posteriores, assegurando a categorização perceptiva."[11]

9 G. Edelman, *Plus vaste que le ciel*, p. 57.
10 Idem, *La Science du cerveau et la connaissance*, p. 113.
11 Idem, *Plus vaste que le ciel*, p. 99.

Onde estão as condições iniciais nesse caso? É o desejo de escrever, uma excitação súbita em relação a uma personagem histórica ou o fim de um percurso mental que desembocará no rascunho ou na cena, empurrado pelo texto móvel.

As condições iniciais vão, portanto, de um desejo ou de uma leitura, ao sonho acordado ou à *cosa mentale* para, em seguida, retornar à ação, para o herói proustiano, ou à escritura, para Flaubert.

E qual é a atitude do escritor? Ele se fará *scriptor*, como sublinha a romancista belga Dominique Rollin:

Não se dirige nada, salvo uma sólida disciplina pessoal do trabalho. Uma vez que estamos duramente amarrados à jangada de sua escolha, é preciso se entregar aos deuses. O movimento que transporta você até aqui, e não até lá, deve ser considerado o indicador irresistível dos itinerários.[12]

Uma rígida disciplina seria uma condição inicial primordial para a escritora belga.

3. O ATRATOR

As condições iniciais não são suficientes, no entanto, para iniciar a escritura; ainda é preciso um atrator, mas não de qualquer tipo.

Ilya Prigogine, outro prêmio Nobel (1977), mas de Química, da Escola de Bruxelas, definiu o atrator como "um conjunto denso de pontos, bastante denso para que se encontrem estes pontos em qualquer região, por mais minúscula que seja"[13]. Trata-se de um conjunto ao qual pode ser atribuído uma dimensão "fractal". Os atratores desse tipo implicam, da parte do sistema que eles caracterizam, um comportamento caótico. Atrator e estabilidade cessam aqui de trabalhar juntos. David Ruelle caracterizou estes "atratores como estranhos"; foram também chamados "atratores fractais", por causa de sua grande sensibilidade às condições iniciais[14].

---

12 R. de Ceccatty, A propos de "Les Pas de la voyageuse, Dominique Rolin" de Frans De Haes, *Le Monde des livres*, p. 22.
13 I. Prigogine; I. Stengers, *La Nouvelle Alliance*, p. 13.
14 J. Petitot, *Physique du sens*, p. 10.

Vejamos como isso funcionou para *Em Busca do Tempo Perdido*. O atrator principal da obra está resumido no próprio título. O histórico completo desse atrator encontra-se no capítulo inicial dos Estudos Proustianos, título da primeira parte do presente ensaio. Agora, retomo apenas o essencial.

O atrator, aqui definido como a articulação entre o tempo perdido e o tempo redescoberto, ordena explicitamente o texto desde 1912, mas a imprevisibilidade continuava nos cadernos que seguiram. Eles ainda dependiam das condições iniciais que ultrapassavam um desejo claro, como o de Flaubert, e envolviam textos anteriores de artigos de jornais, de romances e de ensaios críticos esboçados.

No entanto, bem antes dessa data, tal atrator, ainda não visível nos títulos, fazia parte das condições iniciais às quais era sensível o texto escrito desde 1908. É um dos numerosos pontos da região, segundo Prigogine, que se reproduzia de uma maneira fractal nos rascunhos, isto é, que se repetia em todas as dimensões.

Como reencontrá-los e comprovar a hipótese?

Desconfiemos por isso da cronologia aparente da obra *Em Busca do Tempo Perdido* já publicada. Os estudiosos da obra proustiana sabem que o primeiro e o último volume não foram inteiramente compostos, mas esboçados em conjunto desde 1909-1910, como testemunha a carta de Proust mandada para a amiga Mme Strauss, em agosto de 1909: "acabo de iniciar e de terminar um livro muito longo"[15].

Será que o atrator já estava lá? Para responder, teríamos de percorrer numerosos cadernos e, eventualmente, consultar a correspondência, trabalho imenso que me obriga a ficar apenas com os cadernos de *O Tempo Redescoberto* e amostras de cadernos da primeira parte.

Reencontramos facilmente a palavra "tempo", mas não "tempo perdido". As alusões ao passado chovem e testemunham a presença densa de pontos em todas as regiões do manuscrito.

No Caderno 51 de 1909, o narrador evoca as personagens encontradas na princesa de Guermantes após longos anos, narrativa que se tornará o Baile das Cabeças, nos Cadernos 58-57.

---

15 *Correspondance*, t. IX-XVII, p. 163; B. Brun, Le Temps retrouvé dans les avant-textes de Combray, *Bulletin d'Informations Proustiennes*, n. 12, p. 13.

O texto parece construído ao redor do tempo perdido, mas não do tempo redescoberto. Cito apenas três exemplos:

No 66vo: "quem arranjou esta fantasia (*travestissement*) foi outro mago/encantador no qual não tinha pensado: o *Tempo*"[16].

No 65vo: "entretanto, ele parece um cavaleiro de contos, pois esta seriedade, esta gravidade sente-se que ele as trouxe de uma cavalgada pelo imaterial, no *Tempo*"[17].

No 62vo: "Não temos outro tempo a não ser o que vivemos, e o dia em que ele desmorona, desmoronamos com ele".[18]

No Caderno 58 (dezembro de 1910), nos fólios de 2 a 4, o narrador dá a chave ou a origem, ou o mecanismo de sua pesquisa:

Quando tal espírito, solitário e pessoal, tanto na fazenda quanto no salão, encontrava tal verdade, da mesma maneira que o que lhe havia permitido encontrar (*dégager*) a verdade permanente era a aproximação de uma identidade, da mesma maneira inevitavelmente para recompor esta identidade, esta realidade – e não toda a sucessão insignificante de fenômenos da vida – precisava aproximar dois termos diferentes tendo uma base comum, isto é, uma metáfora. Tinha achado isso por essas sensações do passado, essas reminiscências que me embriagavam, e, provavelmente, isso seria para mim o instrumento da arte.[19]

No Caderno 57, intitulado "A Adoração Perpétua", o narrador se deixa retomar pelo atrator estranho, recopia o Caderno 58 e os momentos felizes, notadamente os que se encontram no fólio 7:

um simples momento do passado? Mais, talvez; algo que era comum ao mesmo tempo ao presente e ao passado. Em mim, o ser que acabava de renascer era o que tinha ressentido esta mesma impressão de alegria em Combray ante os espinheiros, em Querqueville, na frente de uma cortina de árvores e na frente de um pedaço de tecido, em Paris, ouvindo o barulho do calorífero, outras vezes ainda – e que devia me tirar por um instante o medo da morte porque tinha provado a migalha da *madeleine* numa colherada de chá[20].

---

16 *Cahier 51*, p. 33.
17 Ibidem, p. 32-33.
18 Ibidem, p. 36-37.
19 *Cahier 58*, p. 115.
20 *Cahier 57*, p. 149.

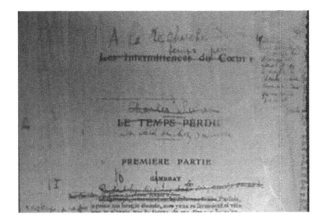

Segundo outros exemplos, o atrator sustentando a relação "tempo perdido-tempo reencontrado" subentende a escritura proustiana e constitui um conjunto de pontos, provocando a instabilidade nos cadernos antes de 1913. Por que essa data? Porque nas provas Grasset de 1913, que podemos ver na imagem ao lado, o reconhecimento do título *Em Busca do Tempo Perdido* é definitivo, o que não quer dizer que a situação se estabilizou após essa data. O atrator estranho continua agindo. Sempre sensíveis às condições iniciais ou a essa relação, os cadernos que seguirão não poderão ser previstos nem em detalhes, nem nas suas grandes linhas, mas, pelo contrário, profundamente perturbados, entre outros elementos, pela introdução, se não pela intrusão da personagem Albertine, que faz parte do atrator e não das condições iniciais.

4. DO ATRATOR ESTRANHO LATENTE AO ATRATOR ESTRANHO EXPLÍCITO

Como foi dito no primeiro capítulo, a personagem Albertine substituirá a igreja de Combray para caracterizar a quarta dimensão do tempo, o que obrigará o narrador a considerar a personagem uma das consequências mais importantes da ação do atrator.

Para concluir, e retomando os dois pontos da intervenção, o texto móvel e o atrator estranho, mostrei a não linearidade essencial do manuscrito devido ao texto móvel que intervém a cada rasura, independentemente de qualquer outro atrator.

Em seguida, num segundo momento, concentrando-me no atrator estranho "tempo perdido-tempo reencontrado", presente em *Em Busca do Tempo Perdido*, descrevi seu percurso que conduz, no final do romance-ensaio, ao Baile das Cabeças, no qual o herói constata o efeito do tempo, que acreditava ter perdido, nos rostos dos convidados da duquesa de Guermantes, relê o passado à luz do presente e constata que "todos os materiais da obra literária […] estavam nele: era minha vida passada". O atrator estranho tinha reunido os dois tempos: o tempo redescoberto e o tempo perdido.

4. O Atrator "Em Busca do Tempo Perdido" no Caderno 8

No capítulo anterior, perguntava-me como se construía o atrator, *Em Busca do Tempo Perdido*, para se impor definitivamente nas provas Grasset de 1913. Neste capítulo, continuarei trabalhando com o mesmo atrator, mas concentrado no Caderno 8, que decifrei inteiramente em fevereiro de 2015, na Biblioteca Nacional da França (BNF), com a ajuda das transcrições de Jean Milly, dos esboços publicados na Pléiade e dos mestrandos Liliane dos Santos e Alan Pereira[1].

O atrator estranho de *Em Busca do Tempo Perdido* é constituído por pelo menos três pontos: os substantivos "a busca" e "o tempo" e o adjetivo "perdido", pontos que desestabilizam o comportamento regular da narrativa na maioria dos cadernos e que formam um fractal.

Começando visivelmente, em 1913, na prova 1 da editora Grasset (ver a imagem no capítulo anterior), o atrator estranho é construído bem antes, desde 1909 pelo menos, nos cadernos

---

1   No projeto internacional de transcrições dos cadernos proustianos, coordenado por Nathalie Dyer, do Institut des Textes et Manuscrits Modernes (ITEM) do CNRS, a equipe Proust de São Paulo tinha como incumbência a transcrição de alguns cadernos, entre outros, o Caderno 8. A Fapesp subvencionou esse projeto de 2007 a 2015.

ditos "Swann Primitivos", e chama, de tempos em tempos, seu oposto, ou seja, "o tempo redescoberto".

O que isso significa a mais do que Marion Schmid, A.C. Saraydar[2] e Bemard Brun sublinharam?

Em "Les Cent cahiers de M. Proust: Comment a-t-il rédigé son roman?", Bernard Brun escrevia:

A cada etapa da reorganização, as correspondências podem ser assim sublinhadas pelo escritor, assim como o desejo constante e regular de redigir um díptico, criar novas simetrias, um ritmo binário que levará, no romance publicado, a cortar em dois ou repetir sistematicamente os episódios e as cenas (o tempo perdido e o tempo redescoberto, Gilberte e Albertine, as duas estadias em Balbec etc.). No entanto, o ritmo binário ficou muito tempo nos rascunhos em concorrência com um ritmo ternário (três estadias em Balbec, por exemplo), ligado a uma etapa da redação na qual o sistema binário ainda não existia claramente (antes da invenção do tempo perdido e do tempo redescoberto, em 1910). [...] Portanto, é no final de 1910 e início de 1911 que situamos a substituição da *matinée* de conversação com Maman pela *matinée* do tempo redescoberto (que é uma noite nessa época).[3]

Mas por que essa substituição? Anthony Pugh a atribui à emergência da ideia do poder transformador do tempo subentendido na descrição do Baile das Cabeças, que provoca a desaparição da personagem da mãe, assim como de Sainte-Beuve, nos cadernos seguintes, o 58 e o 57. Estes dois últimos

2   "Proust começou por conceber seu projeto literário se não em partes, pelo menos em termos de capítulos. No Caderno 32 ele anota: 'Colocar isso no capítulo de Combray' (F4 3ro); no Caderno 14, lemos: 'acrescentar ao capítulo sobre a sonata de S. Saëns'(F5F)" (M. Schmid, *Processes of Literary Creation*, p. 169); e "Conclusões podem ser deduzidas, no entanto, destas constatações fragmentárias. Proust reutiliza material de *Jean Santeuil* e *Contre Sainte-Beuve*. No início, ele não diferencia as raparigas e *Um Amor de Swann*. Redige ao mesmo tempo essa seção de seu romance e as outras partes da obra. [...] Pensava primeiramente continuar com Combray e Balbec. Enfim, a análise dos documentos parece mostrar a ausência de um manuscrito verdadeiro. [...] A organização das partes da obra e as chamadas narrativas das correspondências são tardias em Proust: Swann, Guermantes, as raparigas se interpenetram na gênese do romance, mas, mais particularmente, o nome de Vinteuil, para apontar o músico de *Um Amor de Swann*, o compositor da Sonata, que aparece somente em 1913, nas provas corrigidas. [...] Longe de ser uma construção sábia, o romance é assim mais semelhante a um mantô de Arlequim costurado de última hora" (A.C. Saraydar, Un Premier état d'un amour de Swann, *Bulletin d'Informations Proustiennes*, n. 14, p. 18-19).
3   Disponível em: <http://www.item.ens.fr/index.php?id=13947>.

dados devem facilitar o surgimento da revelação da vocação do narrador e do papel do tempo, temas que constituíram *O Tempo Redescoberto*[4], embora seja preciso saber de qual tempo se trata.

Como Proust chegou a isso? Segundo Bemard Brun, bastava reler os cadernos anteriores de 1908 e 1909 para reencontrar os detalhes do último volume[5].

Alguns exemplos do *Cahier 58* bastam para nos convencer. Brun reencontra nele a xícara de chá, no fólio 14ro, a *madeleine*, nos fólios 16vo, 17ro, 17vo, 18ro, 19vo, 21vo, o "zut alors", no fólio 20vo e, no Caderno 57, *François le Champi*, nos fólios 4ro e 6ro[6].

De uma maneira geral, um índice da vontade do narrador de reencontrar o tempo perdido já emerge no Caderno 1 de 1908, no fólio 10 vo[7]: "Acreditamos o passado medíocre porque o pensamos, mas o passado não é isso, é tal degrau desigualdade dos azulejos do batistério de São Marcos (fotografia do Descanso de S. Marcos no *The Works of J. Ruskin*, de 1906) a qual não tínhamos mais pensado, provocando o sol cego no canal."

O contraste entre a memória voluntária, "nós o pensamos" e a memória involuntária provocada pela "desigualdade dos azulejos" já estava escrito em 1908, e está bem perto de seu desenvolvimento no Caderno 8, alguns meses mais tarde a partir da *madeleine*.

Por outro lado, na *correspondência* dos anos 1907 a 1910, Marcel Proust não dá muitos detalhes sobre o seu romance e fala mais de sua saúde, das obras de seus correspondentes e, às vezes, da dificuldade de começar a escrever[8].

---

4   A.R. Pugh, *The Growth of* "À la recherche du temps perdu", p. 366-367.
5   B. Brun, Le Destin des notes de lecture et de critique dans "Le Temps retrouvé", *Bulletin des Etudes Proustiennes*, 13, p. 11-18.
6   Adotamos a transcrição francesa para designar os fólios: 3ro equivale à frente do fólio 3 e 3vo, ao verso do fólio.
7   *Cahier 1*, p. 49.
8   "Desta vez estamos, sem nenhuma dúvida, no verdadeiro contexto de *Em Busca do Tempo Perdido*. Ou, mais precisamente, entramos no romance que devia receber mais tarde o título *À la recherche du temps perdu*, mas que Proust ainda chamava de *Contre Sainte-Beuve: Souvenirs d'une matinée*, em julho-agosto de 1909, na sua carta para Valette. O título *Contre Sainte-Beuve* (ou, mais exatamente, *Sainte-Beuve*) subsistirá na correspondência até o fim de 1909, já que, como ele explicou ao diretor do *Mercure de France*, a obra, tal como ele a concebia então, devia terminar 'por uma longa conversação sobre Sainte-Beuve e a estética': isto é, muito provavelmente, pela narração de uma *matinée* de conversa com Maman sobre a crítica – sobrevivente do ▶

Muito mais do que ao nível do tema, que era a preocupação de Bemard Brun, seria útil reler os trechos do Caderno 8 em que são evocadas as partes do atrator. Encontramos o sintagma "tempo", nos fólios 1ro, 3ro, 4ro, 6ro, 6vo, 12vo, 24ro, 45ro, 46ro, 60ro e 65ro, "perdido", nos fólios 45ro, 46ro, 66vo e 67o, sintagmas muito próximos semanticamente de "perdido", como "passado", nos fólios 6vo, 9vo, 11vo, 15ro e 47ro, "lembrança", nos fólios 1ro, 3ro, 6ro, 6vo, 9ro, 13ro, 31ro, 32ro, 46ro e 67ro. Outros anúncios do "tempo redescoberto", como rever, reencontrar e relembrar, aparecem nos fólios 45ro e 46ro.

O número de citações do "tempo perdido" e de seus próximos, no Caderno 8 de 1909, questiona a função do atrator: ele dá impressão de unificar a narrativa e não de desestabilizá-la. Enquanto Proust parece redigir de uma maneira desordenada nos cadernos, o atrator não seria antes um fator de ordem que se impôs aos poucos e tomará seu lugar definitivo somente nas provas Grasset de 1913?

O *scriptor* proustiano age como se já soubesse o que vai acontecer à custa do escritor que, ignorando-o ainda, confirmará, ou melhor, reconhecerá a função do atrator somente em 1913.

Enquanto, no texto publicado, o narrador começa a primeira frase sem preâmbulo, sem dizer o porquê de sua escritura, nem determinar o período do qual fala, já que parou no indeterminado "Durante muito tempo, costumava deitar-me cedo", que está no fólio 1ro do Caderno 8, ele anuncia claramente o que quer fazer: detalhar a lembrança dessa manhã.

No tempo dessa manhã da qual queria, não sei por quê, fixar a lembrança, já estava doente, era obrigado a passar noite toda levantado e ficava só deitado durante o dia. Mas então o tempo não era muito longo, e esperava o contorno do tempo, quando ia pra cama às dez da noite e, com alguns despertares, mais ou menos longos, dormia até de manhã. Às vezes, apenas minha lâmpada apagada, adormecia tão rápido que não tinha tempo de pensar em dizer "eu adormeço".

Sem parar no "não sei por quê", sintomático de um inconsciente agindo, que de certa maneira é conhecido, o narrador

▷ *Contre Sainte-Beuve* narrativo" (C. Quémar, Autour de trois avant-textes de l'ouverture de la "Recherche" : Nouvelles approches du "Contre Sainte-Beuve", *Bulletin d'Informations Proustiennes*, 3, p. 8).

acrescenta que "já estava doente". O corpo o inquieta, mas ele não vê ligação com a pulsão inconsciente ou o desejo de escrever que a ele está ligado.

O atrator do "tempo perdido a ser reencontrado" já está lá e centraliza a lembrança de uma manhã exata. Será que alude à manhã da conversa com a mãe que devia encerrar o último volume no primeiro projeto? Não, responde Claudine Quémar: "trata-se de uma narração iterativa isolando uma manhã numa série repetitiva, a manhã do artigo publicado no *Le Figaro*"[9]. O romance inteiro seria então uma tentativa de resposta para lembrar tal manhã.

No fólio 2ro, o viajante, que também está doente "obrigado a partir para viajar [...], grava em sua lembrança a excitação da viagem"; no fólio 3ro, o herói tem como único projeto reencontrar uma mulher conhecida em sonho. Mas, desde o fólio 4ro, esquece o primeiro projeto, retoma o sono e tenta lembrar os primeiros quartos nos quais dormiu: "E antes mesmo que nenhum deles (os quartos) que ele evocava tivesse autorizado a meu espírito, que hesitava no limiar do tempo e das formas, para identificar o alojamento, aproximando as circunstanciais, escolher o país e o ano, ele, meu corpo, lembrava para cada um o gênero de cama."[10]

No entanto, sem ajuda do corpo, seu pensamento não poderia recordar-se:

Meu corpo, ainda entorpecido demais para mexer-se, procurava reconhecer e situar a posição de seus membros segundo a forma de sua fadiga, tentava induzir a direção dos lugares, o lugar dos objetos, para construir e nomear a moradia onde se achava. Sua memória, a memória de minhas ancas, de minha cabeça, de meus joelhos e de meus ombros lhe apresentava, sucessivamente, todos os quartos nos quais tinha dormido.[11]

O corpo suprirá o pensamento voluntário, que só cuida do presente. Entretanto, na margem esquerda do fólio 7ro, essa

9 C. Quémar, op. cit., p. 3.
10 *Cahier 51*.
11 Ibidem. No texto publicado, o narrador substitui "ancas" por "costas", o que amplia a memória do corpo: "a memória de suas costelas, de seus joelhos, de suas espáduas apresentava-lhe, sucessivamente, vários dos quartos [...] e meu corpo, o flanco sobre o qual eu repousava, fiel zelador de um passado que meu espírito nunca deveria esquecer, recordava-me a chama da lâmpada de cristal da Boêmia" (*No Caminho de Swann*, p. 23-24).

memória do corpo centrada no imaginário parece incomodar a memória do espírito, que só tem de tratar do presente: "a memória confusa do meu corpo, como um cavalo que sonha, escuta uma mosca que não está lá [...], o espírito só entra em contato com o presente e fica agitado pelo inútil passado como estes cavalos meridionais que, no inverno, numa fria cavalariça, afastam com a cabeça uma mosca imaginária da Provence natal que só volta esvoaçando em seus sonhos".

A relação com o passado reencontrado no imaginário incomoda o presente, e ainda não dá nenhum gozo no presente, como as experiências privilegiadas[12], apenas uma distração onírica, acreditada real como a mosca provençal, reconhecidamente inútil.

As lembranças se dividem entre a tristeza do despir, por exemplo, fólio 6ro, e o prazer de estar abrigado no inverno, no fólio 8ro; a lembrança não é somente alegre.

Entretanto, uma vez "a partida dada à sua memória" pela memória do corpo, o herói não adormecia mais e recordava a vida de outrora (fólio 9ro).

Duas espécies de memórias estão no páreo, mas uma leva à outra. Poderíamos supor que a memória do corpo ou das sensações leva à do espírito ou à da inteligência? Ainda não, mas os leitores que conhecem o fim da história sabem que o narrador está no bom caminho e chegará lá.

O tempo perdido cava sua via e aglutina as qualidades necessárias para se tornar o atrator da obra. No entanto, no fólio 11vo, o herói-narrador não aceita qualquer tempo perdido e rejeita "estes trêmulos revestimentos de arco-íris que irradiavam as paredes do meu quarto e os banhavam de uma luz de história tão antiga e tão poética (porque) me transportavam ao mesmo tempo às infelicidades imaginárias e ao passado mais profundo".

Estas luzes do arco-íris lhe lembravam "os braços que somente podiam sarar minhas tristezas" e "que nunca mais se abriram para mim". A mãe morreu e estes trêmulos revestimentos de arco-íris, parecidos com as asas de uma borboleta que voltaria a viver, assutam-no como se a mãe ressuscitasse nessa

---

12 Cf. J.-M. Quaranta, *Les Expériences privilégiées dans "À la recherche du temps perdu" et ses avant-textes*.

lembrança, enquanto no fólio 10vo que antecede, o herói tinha pressa de "recair no colo de Maman".

O contraste ao nível do significado explica a luta entre as lembranças que se superpõem para compor o tempo perdido e que desembocam no fólio 11ro, na primeira experiência privilegiada, a do biscoito mergulhado no chá: "Mas um dia de inverno..."

Há um contraste também das formas ao nível do significante, isto é, a passagem da forma Maman para a de Combray, que anuncia o alargamento e o desligamento afetivo entre o herói e a mãe.

Aqui, temos de voltar a entender a composição do Caderno 8. Proust escrevia na frente dos fólios e, em seguida, no verso. Mas preenchia o verso após a redação da frente que estava ao lado? Não sabemos, mas o supomos. Certa unidade entre os versos podia nos inclinar a pensar que os redigiu ao mesmo tempo, já que as páginas que aludem à mãe estão no verso, enquanto a frente serviria à parte sobre Combray. Ainda se trata do tempo perdido, mas ligado um à mãe e o outro à cidadezinha de Combray. Entretanto, nesse caderno, os versos preenchidos param no fólio 12ro e são retomados mais tarde, no fólio 35ro e seguintes, nos quais eles completam ou explicitam as frentes, o que me faz deduzir que os 9vo a 12vo são ensaios que serão incorporados na narrativa mais tarde.

Essa disposição dos fólios questiona nossa concepção do tempo. Por que, com efeito, querer que os acontecimentos se encadeiem numa linha contínua respeitando o tempo calendário, chamado tempo universal, contra o qual lutou Einstein?

Para os astrofísicos, o tempo não passa, é uma ilusão e não é irreversível, se o consideramos em toda sua a amplidão. "O tempo, fundamentalmente reversível, faz corpo com o espaço e não é um dado separado dos acontecimentos, embora os vestígios do tempo observados nas subestruturas sensíveis da realidade sejam 'tenazes.'"[13]

A escritura dos fólios faz parte das subestruturas sensíveis ou devemos ir além de sua tenacidade ao nos fazer acreditar que o tempo passa e é irreversível?

O que vai ligar a escritura dos fólios nos versos que não correspondem com a história contada nas frentes?

13 T. Damour, *Physique et réalité*.

Antes, lembremos do texto proustiano sublinhado por Thibault Damour:

como se os homens se equilibrassem sobre pernas-de-pau vivas, sempre crescentes, algumas mais altas que campanários, tornando-lhes difícil e perigosa a marcha, e de onde subitamente caem. [...] Horrorizava-me ver tão elevadas as minhas, temeroso de já não ter mais forças para manter por muito tempo preso a mim esse passado que já se prolongava tanto para baixo e que tão dolorosamente eu carregava[14].

Os anos do duque de Guermantes, assim como do herói, sentados uns em cima dos outros, são mantidos juntos graça ao mesmo eu que os une. Quem é esse eu na escritura?

Se retomamos o outro exemplo das pernas-de-pau em *À Sombra das Raparigas em Flor*, em que o pintor Elstir descreve para o herói o vasto e magnífico portão de Balbec, teremos provavelmente uma resposta:

Essa vasta visão celeste de que me falava ele, o gigantesco poema teológico que estava ali escrito, não foi isso, no entanto, o que meus olhos viram, ao abrir-se, cheios de desejos, ante aquela fachada. Eu lhe falava era das grandes estátuas de santos que, trepadas em muletas (*échasses*), formam como que uma avenida. – Ela parte dos fundos das idades para ir dar em Jesus-Cristo, disse-me ele. – São, de um lado, seus ancestrais segundo o espírito; do outro, os reis de Judá, seus ancestrais segundo a carne. Todos os séculos ali estão e, se tivesse reparado melhor no que lhe pareceu uma espécie de muleta (*échasse*), teria podido nomear os que ali se achavam trepados. Pois, sob os pés de Moisés teria reconhecido o bezerro de ouro, sob os pés de Abraão, o carneiro, sob os de José, o demônio aconselhando a mulher de Putifar.[15]

O instrumento que mantém as esculturas no lugar é, entre outros, a pedra ou o material usado pelo artista, acoplado à ideia ou à maneira de fazer: "O tipo que esculpiu aquela fachada, acredite o senhor que era tão forte e tinha ideias tão profundas como as pessoas de agora a quem mais admira."[16]

Qual seria o equivalente desse eu ou do escultor genial, no manuscrito, senão a instância do *scriptor* ou a identidade do

---

14 *O Tempo Redescoberto*, p. 406. A tradução brasileira não está correta. Enquanto o autor fala claramente de *échasses* ou pernas-de-pau, a tradutora optou por "ondas animadas".
15 *À Sombra das Raparigas em Flor*, p. 494.
16 Ibidem.

scriptor trabalhada por um estilo que mantém os fólios que se superpõem uns em cima dos outros na sua unidade?

Como considerar os blocos espaço-tempo dos versos 9 a 12? Como se estivessem superpostos os das frentes para constituir acontecimentos ou devo situá-los sobre uma "ampulheta"[17] que se deforma segundo a pressão sofrida por eles, lembrados pelo *scriptor* que os insere na narrativa? 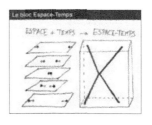 Se seguirmos Damour, seria preciso "concentrar enormes densidades de energia ou de tensão para conseguir deformar de maneira significativa a geada espaço-tempo"[18].

Levando em conta esse aporte da astrofísica, duas soluções emergem: ou voltamos ao tempo que passa, de Isaac Newton, ou admitimos a solução quântica.

Retomando a hipótese de Bernhard Riemann, endossada por Albert Einstein[19], a curva de uma esfera me faz imaginar um tempo não linear que permite à mente estar no futuro do tempo newtoniano e distante do momento da escritura. Simplesmente, o primeiro avançou mais rápido na linha curva, mas voltará ao mesmo objeto, como na fita de Moebius, para sugerir uma nova ordem, ou outros acontecimentos. Salientando a curvatura do tempo, essa maneira de considerar a escritura indica que a volta a um mesmo objeto, significando a abolição do tempo irreversível, é um processo de criação usado pela maioria dos artistas.

Ou, segunda solução, retomamos a teoria quântica das superposições de estados e, aludindo ao famoso gato de Erwin Schrödinger, que vive e morre ao mesmo tempo, admitimos a superposição de elementos mesmo contraditórios nos quais o sim e o não convivem, desafiando nossa lógica tradicional ou clássica.

Como articular a roda da escritura[20] a essa concepção dos espaços-tempos superpostos?

---

17 T. Damour, *Si Einstein m'était conté*, p. 122.
18 Ibidem, p. 137.
19 A geometria curva inventada por Nikolai Ivánovitch Lobackevski, em 1829, foi desenvolvida por Bernhard Riemann, em 1851, e retomada mais tarde por Albert Einstein, na teoria da relatividade.
20 Convido o leitor que não conhece a roda a dar uma olhada no Capítulo 3 da segunda parte.

Cada movimento inteiro da roda, isto é, a passagem pelas cinco instâncias (do escritor, do *scriptor*, do narrador, do primeiro leitor e do autor)[21], será um espaço-tempo que encavala o anterior. Numa escala microscópica, bilhões de espaços-tempos definiriam uma só página. Calcular o seu resultado é impossível, porque deriva da curva de probabilidades, portanto, da estatística. Assim, aproximamo-nos do caos determinístico que não pode prever aonde leva a experiência, aqui, a escritura. Juntando, portanto, os espaços-tempos-rodas, um conjunto se constrói aos poucos pelo preenchimento dos fólios ou dos cadernos, e terminará na última versão. Definimos, desse modo, a roda da escritura quântica.

Voltando ao caso concreto do Caderno 8, na hipótese Riemann, os fólios 9vo, 10vo, 11vo e 12vo, que contam de antemão fatos que aconteceriam somente nos fólios 44ro e seguintes, serão incorporados à narração nesse momento. Vejamos o conteúdo destes fólios 9vo, 10vo, 11vo e 12vo.

Nos 9vo e 10vo, o herói revê o quarto na casa da avó, lembra da lanterna mágica com as aventuras de Golo e de Geneviève de Brabant. No final do fólio 10vo, tendo pressa de esquecer Golo, ele corria na sala de jantar para cair no colo da mãe, que as infelicidades de Geneviève de Brabant haviam deixado mais querida ainda.

No fólio 11vo, vendo as manchas de cores azuis vivas na porta, decorrentes do arco-íris, o herói:

percebia, na parede ou na porta, suas belas manchas azuis e luminosas, como as que se vê nas asas de certas borboletas – suas belas manchas mexendo como se a invisível borboleta que elas ornamentavam tivesse mexido; fugiria tampando os olhos. Invisível borboleta com olhos azuis e de fogo, volte nas trevas de onde estou tão longe. Não quero que você me devolva as tristezas de então, agora que nunca mais se abrirão para mim os braços que poderiam me ajudar.

No fólio 12vo, a aproximação com a mãe continua pela leitura de *François le Champi*: "se não devo mais revê-la, tomara possa apagar o cansaço que teve nesse dia quente para ir buscar o livro".

---

21 P. Willemart, *Os Processos de Criação na Escritura, na Arte e na Psicanálise*, p. 37.

Será somente no fólio 40ro que o narrador, retomando a mesma lamentação do fólio 11vo, que dizia "nunca mais se abrirão para mim os braços que poderiam me ajudar", escreve "A possiblidade de tais horas (a mãe dormindo no quarto do herói com permissão do pai e lendo *François le Champi*) está arrasada para sempre", ou seja, é somente nesse fólio que o *scriptor* dos fólios 9vo a 12vo, ou o pensamento escrito desses fólios reencontra a narração, como se estivesse adormecido até então, acordando, cruzando o pensamento do fólio 40, ou como se tivesse percorrido a distância entre o fólio 12vo e o fólio 40ro bem antes e tivesse esperado a trama do deitar para aparecer.

Na hipótese Damour, acreditamos metaforicamente na força do grupo de fólios, suficiente para deformar o espaço-tempo[22]. De onde vem essa força? Ela não vem evidentemente dos fólios transcritos, mas da mente do escritor, onde os significantes circulam por caminhos desconhecidos e deixam vestígios nesse bloco dos versos 9 a 12. O escritor os reencontra por associações, impulsionado por seu desejo de escrever.

Como não tem o "agora", a superposição dos fólios "esquecidos", que corresponde a um mundo, poderia deformar a narração?

Diria que, pelo menos, anunciou a perda sem volta do mundo da mãe, que o narrador de Combray preferia esquecer, e que ficou subentendida até o fólio 35. Emergindo nesse fólio, deformou o bloco receptor dos fólios 35 em diante. Nesse Caderno 8, a narrativa de Combray começa com fatos exteriores, como se não houvesse nostalgia, até ser deformada pelo espaço-tempo dos versos 9 a 12. Por exemplo, no fólio 40ro, como já lembrei: "Faz muito anos, isso. [...] Essa cena não existe mais."[23]

Ou no fólio 45ro: "Mas da *Mare au diable* ficou para mim um volume com uma bela capa laranja, na qual as frases tinham o som da voz de Maman, e o assunto mistério do meu pensamento

---

22 Thibault, 14 set. 2011. O espaço-tempo é um bloco com quatro dimensões. Nesse bloco, não é mais possível definir o "agora". Trata-se do desaparecimento do presente. Disponível em: <http://doublecause.net/>.

23 No texto publicado, o mesmo pensamento se tornará: "Mas desde algum tempo que recomeço a perceber muito bem, se presto ouvidos, os soluços que tive então a coragem de conter diante de meu pai e que só rebentaram quando me encontrei a sós com minha mãe. Na realidade, jamais cessaram" *No Caminho de Swann*, p. 62).

destes anos [...] o título é uma das raras senhas que não quero voltar a dizer com muita frequência por medo que perca suas virtudes e me abra logo o duplo batente do corredor encantado."

Ou no fólio 46ro: "É assim que durante longos anos, quando acordado de noite, recordava Combray, revia somente essa espécie de muro, [...] com toda a alameda por onde chegava o Sr. Swann."

Entretanto, no fólio 47ro, fólio colado e, segundo Luzius Keller, em *Les Avant-textes de l'épisode de la Madeleine dans les cahiers de brouillon de Marcel Proust*, certamente deslocado pela Biblioteca Nacional (BNF), o narrador não reconhece diretamente a intrusão do bloco dos versos 9 a 12, e atribui a lembrança de toda a cidadezinha de Combray ao episódio da *madeleine*: "E logo reconhecido, este sabor do chá misturado ao biscoito amolecido de minha tia Léonie, eis que o passado que estava enclausurado, enfeitiçado, talvez nunca tivesse ressurgido em meu pensamento, se eu não tivesse tido a ideia de pedir chá."

Ainda que o fólio 47ro tenha sido incluído por inadvertência pela BNF nesse lugar do caderno, o mesmo episódio é comentado nos fólios 67ro, 68ro, 68vo e 69ro.

A nostalgia da mãe acompanha Combray, mas indiretamente, como se fosse denegada e não se enquadrasse nas experiências privilegiadas. A pressão desse bloco, no entanto, continua através dos soluços que não pararam. Se imaginarmos, como Robert Hooke, o universo como uma estrutura elástica, teoria retomada por Einstein[24], o bloco dos fólios-versos exerce uma força no bloco narrador dos fatos de Combray sem chegar a desaparecer, nem a ficar sem efeito.

Lembrando das pernas-de-pau do duque de Guermantes, identificadas em blocos de tempo-espaço que se superpõem, o bloco dos versos voltou a atuar ou recuou no tempo, que não é irreversível para a astrofísica, quando da redação do fólio 40,

---

24 "É característica primeira de uma estrutura elástica voltar ao estado inicial, 'não deformado', quando a força que a deforma para de exercer-se. Em compensação, quando ultrapassa certo limiar (chamado limite de elasticidade), isto é, quando se exerce tensões elevadas demais, em geral se sai do campo da estrutura da elasticidade e se entra então no campo da plasticidade, em que a estrutura adquire uma deformação permanente que fica quando a tensão exercida para" (T. Damour, *Si Einstein m'était conté*, p. 123-124).

deformando o universo de *Em Busca do Tempo Perdido* e o obrigando a considerar a nostalgia da mãe, parte do tempo perdido e fora das experiências privilegiadas.

A análise do *Cahier 8* permitiu não só acentuar a importância do atrator, mas sublinhar que há vários elementos no tempo perdido, um deles a conversa com a mãe que incluía a impossibilidade de voltar a abraçá-la, que será abandonada, como sustém Anthony Pugh, em sua obra *The Growth of "À la recherche du temps perdu"*, mas que, como mostramos, continuará deformando a narrativa, se seguirmos a teoria quântica do tempo-espaço.

Parte II
QUESTÕES DE CRÍTICA GENÉTICA

1. Por Que Estudar o Manuscrito?[1]

Por que persistir em falar de gênese e de crítica genética se é quase impossível recuperar a gênese? Por que gastar tanto tempo decifrando e transcrevendo manuscritos em seus mínimos detalhes?

Quatro fatores intervêm nos fólios dos manuscritos em geral e, particularmente, no manuscrito de *Teodoro Bicanca*, de Renato Castelo Branco[2], e de "Herodias", de Flaubert: a escritura que impressiona pelo número de rasuras ou de supressões ou arrependimentos, o pensamento que vem atrás ou na frente da escritura, o *scriptor* que tenta administrar as forças diversas sofridas e, enfim, o antes ou o depois desse fólio.

Quem manda? O pensamento, a linguagem, a escritura, o antes ou o depois? Nenhum dos cinco, já que os fatores dependem uns dos outros.

Se colocarmos o pensamento no primeiro plano, seremos mais hegelianos (Georg Wilhelm Hegel, 1770-1831), se consideramos o pensamento ligado ao inconsciente, estaremos do lado

---

1 Conferência pronunciada na Universidade Estadual do Piauí, em Teresina, em agosto de 2013, no Curso de Especialização em Crítica Genética e Organização de Arquivos, articulado por Márcia Ed. M. Lima.
2 M.E.M. Lima, *O Inacabamento do Acabado*, p. 55, 107, 150-155.

de Lacan (Jacques Lacan, 1901-1981), se consideramos a arte uma fundação autônoma, seremos heideggerianos (Martim Heidegger, 1889-1976), e se consideramos o trabalho da escritura, seremos geneticistas (ITEM APCG, 1970-2018). Sei que estou separando pontos de vistas de uma maneira um pouco radical, mas colocarei nuances que nos ajudarão a entender ao mesmo tempo suas interações e o que se passa nos manuscritos.

Perguntamo-nos, em primeiro lugar, o que é o pensamento?

O PENSAMENTO

Segundo Lacan, "É pela realidade sexual que o significante entrou no mundo, o que quer dizer que o homem aprendeu a pensar."[3]

Pensar é a arte de estabelecer relações, aproximar e diferenciar elementos. Sou homem e não mulher, nisso, separo-me do outro, que é mulher. O pensamento me opõe a ela e a nomeia com um significante, seu nome. Nomeando Noemi, por exemplo, e a desejando, eu a ligo quase automaticamente a seu parentesco, seu bairro, sua cidade e chego às estruturas de linguagem que nomeiam seu país, sua cidade etc., nomes ou significantes que me ajudam a pensar o mundo que a cerca. Foi a separação que provocou meu desejo e gerou a diferenciação e, portanto, o pensamento.

O pensamento está assim profundamente enraizado nas pulsões que rodeiam o desejo, o que justifica o texto móvel colocado no centro das rodas de escrita e da leitura[4].

Em segundo lugar: "O pensamento só funda o ser ao se vincular à fala [...], nada é falado senão apoiando-se na causa. Ora, essa causa é o que é abarcado pelo *soll ich*, pelo *devo* [eu] da fórmula freudiana, que, por inverter seu sentido, faz brotar o paradoxo de um imperativo que me pressiona a assumir a própria causalidade."[5]

---

[3] *O Seminário. Livro 11: Os Quatro Conceitos Fundamentais em Psicanálise*, p. 144.

[4] Reitero o convite ao leitor para dar uma olhada na roda da escritura, no terceiro capítulo desta parte e na roda da leitura, no primeiro capítulo da quinta parte.

[5] Ibidem, p. 879.

Assim como o analisando assume o que aconteceu durante a sua vida, o *autor*, concluindo a substituição após a rasura, endossa a nova palavra ou a supressão. Isto é, assume a causalidade da escritura do *scriptor* que dá o sentido e a consistência. Essa causalidade *às avessas* é bem diferente da causa final de Aristóteles, que implica numa primeira intenção visível ou subentendida.

Em terceiro lugar, em "Um Lance de Dados Nunca Abolirá o Acaso", publicado em 1897, Mallarmé termina o poema com a seguinte frase, que confirma o título: "Todo pensamento emite um lance de dados", título comentado por seu discípulo exigente como uma tentativa "de elevar enfim uma página à potência do céu estrelado!"[6] Isto é, o que sai da mente é tão imprevisível que o pensamento pode ser comparado à Via Láctea com um número infinito de estrelas.

Fora a infinidade de possibilidades que pode produzir a mente, acrescento o fator acaso, que Quentin Meissalloux ilustra perfeitamente:

Identidade de opostos, um movimento que não é (talvez) um, uma imobilidade que não é (talvez) uma. Um infinito dialético, portanto, incluindo o seu outro, mas nada de dinâmico – dialética, nesse sentido, não hegeliana, sem progresso, sem ultrapassagem de uma etapa para a seguinte. Um não andar que não seria um atropelamento, mas a pulsação do eterno – uma hesitação de ser. [...] Tantos signos que nos lembram, mais ou menos adequadamente, a estrutura do Acaso: ficar em casa perto de seu contrário, conter virtualmente o absurdo, sendo em ambos os lados dos próprios limites.[7]

Nesse sentido, o manuscrito é terreno fértil no qual o acaso, especialmente visível em cada rasura, abunda, já que o releitor pode afirmar o contrário do que tem sido escrito a cada palavra, frase, parágrafo, embora deva frequentemente levar em conta o que precede. De toda forma, a coerência global está ameaçada em qualquer mudança. O manuscrito inclui ambas as possibilidades, a coerência e a inconsistência, e é, por isso, o lugar do acaso mallarmeano definido por Meissalloux. Somente a instância do autor concluirá por tal ou tal outra palavra na última releitura,

---

6   P. Valéry, *Œuvres*, p. 625.
7   *Le Nombre et la sirène*, p. 134.

não sem dificuldade diante das inúmeras possibilidades, como comentarei no segundo capítulo da terceira parte.

Em quarto lugar, retomando Heidegger:

As palavras não são termos, e, como tal, semelhantes a baldes e barris em que acharíamos um conteúdo existente. As letras são fontes que o dizer alarga mais, fontes que devemos sempre encontrar novamente, escavar de novo, que entopem facilmente, mas que, de vez em quando, também surgem inesperadamente. Sem um retorno constante às fontes, baldes e barris ficam vazios e seu conteúdo, envelhecido.[8]

A escritura substitui o dizer no manuscrito e cava a língua ao longo dos fólios para oferecer algo de novo a cada parada. A poesia se presta mais para esse jogo do que o romance. Como recorda Manoel de Barros[9], o poeta deve "escovar as palavras", mas o romance que conta uma história também faz surgir novas circunstâncias e relações inéditas entre as personagens, modeladas ou não sobre a realidade que renova a visão do mundo do leitor.

Em quinto lugar, Pascal Quignard liga o pensamento ao ouvir: "Pensar deriva de observar, que deriva de 'chauvir'."[10] "Chauvir" quer dizer mexer as orelhas, ficar atento como o cervo perseguido pelo caçador. O escritor está atento ao sentido novo que pode ouvir tanto na tradição quanto nas palavras que ele deita no papel ou na tela. É a pulsão invocante trabalhando, e não a inteligência ou o raciocínio.

Finalmente, Jacques Damourette e Edouard Pichon rompem com a posição tradicional, que parte do pensamento para chegar à língua, e se aproximam do trabalho dos linguistas, para os quais não há anterioridade do pensamento categorial sobre a linguagem[11].

A língua leva ao pensamento e é somente por meio do discurso que o pensamento é conhecido. Da mesma forma, será apenas pela escritura que o pensamento do escritor se revelará nas primeiras versões, e o do autor, no texto publicado.

---

8   M. Heidegger, *Qu'appelle-t-on penser ?*, p. 142.
9   M. Barros, *Memórias Inventadas*, p. 15.
10 P. Quignard, *L'Origine de la danse*, p. 98.
11 Cf. J. Damourette; E. Pichon, *Des mots à la pensée, essai de grammaire de la langue française*; E. Roudinesco, *Histoire de la psychanalyse 1*, p. 310.

O pensamento que emite um lance de dados só pode passar pela linguagem na fala, na escritura ou na arte. Seu resultado raramente será determinado como o número que será lançado com os dados, o que causa uma reescrita da causa às avessas para cada movimento de escritura, já que toda vez ela reordena o texto que antecede.

O que é contingente ou provisório, o que é necessário na escritura? O movimento suscitado pela rasura é contingente, a escritura é necessária e, no entanto, a contingência costeará a necessidade de escrever e a necessidade da causa dependerá da contingência do movimento da escritura. Causa engraçada que depende de movimentos anteriores à sua eclosão para se fixar. Em outras palavras, cada substituição da rasura provocará uma nova causa, novos efeitos e outra leitura.

Outra consequência da causa às avessas. Para muitos, a arte representaria algo da realidade ou é imitação dela. Teria, portanto, um início de imitação que no fim se quer perfeita e equivaleria a uma fotografia? Não, responde Heidegger: "A obra nunca representa, mas instala – um mundo."[12]

Cada romance constrói um novo mundo, imaginário com certeza, mas outro. Cada vez que o escritor ou o artista se engaja na obra, ele entra em outro universo com parâmetros particulares, no qual as personagens são autônomas e mandam na ação, o que Bauchau traduz claramente em seu diário: "10 de setembro: [...] desde que uma personagem acede à plenitude da existência imaginária, ela arrasta aquele que é chamado, não sem equívoco, de autor, na aventura de uma existência nova que ele deve partilhar com ela"[13].

Não procuremos, portanto, saber o que os filólogos chamam de fontes, como a origem desse detalhe, da rua, da igreja ou dessa loja que, embora citados no romance, não são o lugar literário. Podem ter inspirado a narrativa, mas são apenas pontos de partida. Uma vez o escritor engajado na escritura, ele atravessa uma barreira para entrar na ficção na qual a lógica não é mais a mesma, como sublinha Paul Ricoeur: "Uma barreira intransponível separa o discurso assertivo, falando da realidade,

---

12 M. Heidegger, *De l´origine de l´oeuvre d´art (1931-1932)*, p. 35. Disponível em: <http://nicolas.rialland.free.fr/>.
13 H. Bauchau, *Journal d´Oedipe sur la route (1983-1989)*, p. 425.

da narrativa de ficção. Uma lógica diferente, [...] resulta desse corte. A diferença resulta inteiramente do fato de que a ficção substitui a origem-eu do discurso assertivo, que é ela mesma real, pela origem-eu das personagens da ficção."[14]

A lógica diferente permitirá ao crítico distinguir o que é verdadeiramente arte na seleção dos manuscritos, porque nem tudo é arte. Como defini-lo?

Para responder à pergunta do início, será que temos um consenso quanto à definição do pensamento?

O pensamento fundamenta somente o ser, se for preso com a linguagem. Imprevisível, ele cava a palavra e os significantes para puxar um sentido, mas não existe abstratamente porque depende destes mesmos significantes para ser conhecido. Por outro lado, ele não explica a escritura do passado, mas renova continuamente o sentido a cada releitura. O pensamento é, portanto, instável por excelência e não linear, embora se encaixe aos poucos na linearidade da escritura.

A segunda pergunta tratava da preeminência de um destes cinco fatores: pensamento, linguagem, escritura, o antes ou o depois. E tal pergunta está parcialmente respondida. As idas e voltas entre os cinco fatores nos impedem de decidir. No entanto, diria que o último pensamento escrito manda nos outros fatores não sem se submeter à escritura já escrita.

Se saírmos desse combate imediato da escritura na página, vemos ainda a página ou seguindo, ou antecedendo outra página, ou, em sua unidade, considerando-a um fragmento. Perceber a página como um elo de uma sequência de x fólios nos forçará a examiná-la não frase por frase, mas segundo o só-depois freudiano, a última versão ordenando as primeiras ou as últimas frases aprovadas pelo autor, dando um sentido às anteriores.

Devemos analisar um fragmento ou a totalidade do manuscrito, para ler os processos de criação?

Jacques Rancière, evocando a escultura de uma mão ou de um tronco de Rodin, sem ligação com o corpo, comenta:

Liberar as partes destes corpos das identidades e das funções admitidas [...] todas estas ações se opõem às funções classicamente afeitas às

[14] P. Ricoeur, *La Configuration du temps dans le récit de fiction*, p. 98.

mãos: as que indicam ou alcançam cumprir ou simbolizar a identidade de tal vontade do seu proprietário. [...] a ação é uma unidade em si mesma [...] daqui para frente é a ação que faz unidade, e não o sujeito agindo. É por isso que toda parte pode constituir um corpo para o qual não falta nada. [...] toda parte se torna uma totalidade e toda totalidade desempenha o papel de uma parte.[15]

Os pedaços de mármore, mão ou tronco, estimadas as suas ações, não são como as palavras que, encarregadas de seu passado, preocupam-se pouco com a história narrada, ou com o sentido da frase ou do parágrafo que os cerca?

A página, embora seja uma parte de um todo, é comparável a uma mão separada do corpo. Ela reúne palavras ao redor de um sentido, temporário, é verdade, que provavelmente receberá uma marca de negação na próxima reescritura, como a cruz de Santo André, em Flaubert, mas antes, ela significou um momento, coincidiu com um pensamento do escritor-autor, foi síntese do que antecedia e o cruzamento de coordenadas de tempo e de espaço, representava o autor do momento que certamente estava orgulhoso dela, ante de afundar sob a rasura, consequência de uma releitura.

Lembremos a construção das catedrais da Idade Média, nas quais trabalharam

uma multiplicidade de artistas, todos singulares [...], dos quais importa que percebamos estas figuras como a obra de artesãos, participando individualmente da obra comum e inscrevendo a marca própria nesse poema múltiplo[16].

Podemos comparar a escritura com a construção de uma catedral gótica? Sim, se compararmos o fruto de cada página ao trabalho de um escultor ou de um pintor que colaborou para ornamentar o monumento. Destituímos de sua autoridade o autor que assina o final da obra, atribuindo cada versão ou cada unidade a um autor diferente, entendendo que quem o público nomeia autor é somente um relator ou um porta-voz, ou alguém que reúne os autores sucessivos. Por isso, o momento,

---

15   J. Rancière, *Aisthesis*, p. 193.
16   Ibidem, p. 171.

a circunstância, os contatos do escritor durante seu trabalho interferem na sua escritura.

O escultor das pequenas figuras góticas traz uma nova solução para o problema posto pelo estatuto da arte desde que a idade das revoluções, do museu e da estética assimilou a grandeza da arte antiga a seu caráter de expressão de um povo, enquanto libera as obras de sua submissão à expressão das potências sociais: como pode uma arte livre, para fazer o que ele quer, encontrar a potência de encarnação de uma arte que expressa a vida de uma comunidade?[17]

Duas perguntas ainda. Onde está essa comunidade na pintura de uma tela? Se cada pincelada re-presenta, no sentido que ela torna presente, um elemento da tradição ou da cultura, ela é, por conseguinte, portadora, mensageira desse elemento, mas, juntando-se a um projeto maior, ela conjuga o passado da tradição e o presente do projeto. É a comunidade desses elementos portadores que constroem o quadro, mesmo se o autor renega essa atribuição.

Seria também o caso para uma escritura individual por excelência, um romance, uma poesia ou a página manuscrita de um escritor?

Vejamos, por exemplo, o fólio 708 de "Herodias", de Flaubert. Intitulado *"Plano"*, ele reúne dados oriundos do sonho acordado, quando, em Croisset, Flaubert imaginava Antipas no terraço do castelo, mas também as notas de leituras sobre a história do rei dos judeus, sua mulher Herodias e João Batista, sem esquecer seu livro sobre a viagem no Egito[18].

Um exemplo notável retomado nesse *"Plano"* são as palavras "fortaleza", "cidade" e "paisagem". Escrevendo essas palavras, o *scriptor* tinha provavelmente em mente o que descobrira quando visitou Ibrim, na margem direita do Nilo, em companhia do amigo Maxime Du Camp, e o que tinha descrito em sua *Voyage en Egypte*: "A cidadela, construída no pico do rochedo,

17 Ibidem.
18 Cf. H.Th.P.J. d'Albert de Luynes, *Voyage d'exploration à la mer Morte, à Petra et sur la rive gauche du Jourdain*; L.E.S. de Laborde; M.L. Bellefonds, *Voyage en Orient contenant près de 400 vues de l'Asie Mineure et de la Syrie*; A. Parent, *Machaerous*; F. Josèphe, *La Guerre des juifs contre les romains*, p. 304; Pline l'Ancien, *Histoire naturelle* v, xvi, p. 22; E. Renan, *Vie de Jésus*, p. 110; F.W. Madden, *History of Jewish and Money in the Old and New Testament*.

pertencia anteriormente aos mamelucos, que dominavam o rio – geralmente construída com pedras secas, algumas peças, embora raras, nos ângulos [apenas], são feitos em pedra talhada."[19]

Mas ele retoma também o que tinha copiado do livro sobre Machaerous[20], escrito por Auguste Parent, que lera Flávio Josefo[21]:

O rochedo forma um pico completamente isolado de uma grande altura, e cercado em cada direção por vales longos e profundos. Seu acesso é difícil, perigoso. No cume, há um planalto bastante vasto, perfeitamente próprio para conter uma fortaleza. (fólio 660)

O cume do rochedo de Machaerous foi cercado por altas muralhas entrecortadas de numerosas torres de cem côvados (mais de trinta metros de altura). No meio, ele (Herodes, o Grande) construiu um palácio. Deu ordens para cavar cisternas. No pé do rochedo, mandou construir uma cidade, cercada de muralhas entrecortadas de torres. No centro desse recinto, uma cidade inteira foi construída e ligada à fortaleza e ao palácio por uma via em zigue-zague, ao longo da qual se escalava dificilmente as rampas escarpadas da montanha. Podiam compará-la ao caminho dito da cobra, que sobe como uma serpente à cidadela de Masada. (fólio 661)

Provavelmente, e aqui repito, sua viagem e os livros por ele lidos estavam subentendidos na escritura. Não se trata, portanto, da história em que surgiu a palavra, sua origem e o contexto na qual era utilizada, mas da palavra inserida numa tradição de viagens e de leituras, mantida na memória da escritura[22].

O papel do escritor consite em ordenar a tradição e suas leituras para tornar o conjunto coerente e legível. O que, nesse caso, acontece com a leitura só depois? Devemos detectar a lógica que consegue sintetizar ou harmonizar os dados coletados no fólio e descobrir os processos de criação.

A lógica subjacente e o processo de criação vêm do método de anotação: enumerar as palavras de uma maneira bastante associativa, palavras que serão desenvolvidas aos poucos na escritura ou no decorrer das campanhas de redação, como o mostra a sequência dos fólios do início do conto, um pouco

---

19   G. Flaubert, *Voyage en Egypte, 1849-1851*, p. 329.
20   A. Parent, op. cit., p. 2 e 35.
21   F. Josèphe, op. cit., p. 304.
22   P. Willemart, *Psicanálise e Teoria Literária*, p. 65.

como palavras-valise que, como o termo diz, significam um monte de coisas. A exploração de cada palavra ou frase desembocará na narração.

Mas em que tudo isso é diferente da crítica genética, analisando um conjunto de fólios?

Vejamos o que vem após as palavras do fólio 708: "Machaerous – fortaleza – cidade – paisagem, Manhã – o despertar do dia, nevoeiro", desembocam em "Machaerous – castelo – palácio – muralha – cidade em baixo – horizonte", no fólio 722.

Relendo a frase, as palavras do fólio 708 se ordenam de maneira diferente? Não, o fólio 722 explicita "fortaleza" que poderia ter sido "castelo" rasurado e que, em seguida, desdobra-se em palácio e muralha, a "cidade" está situada embaixo e o horizonte substitui o "levantar do sol na nevoada". É nessa direção que se orienta o pensamento.

Entretanto, não podemos esquecer que o escritor Flaubert continuará na outra página, o fólio 722, somente se terminar a escritura completa do fólio 708. A retomada do texto no fólio 722 não segue inocentemente o que está escrito no fólio 708, e é também empurrada pelo conjunto dos dados do fólio 708.

Distinguir, separar, tomar em conta o já escrito, a tradição e os livros lidos, reconhecê-los como pertencentes à narração, vencer assim o acaso e determinar o jogo, cavar as palavras, aqui a palavra "fortaleza", para encontrar novos caminhos, partir do já escrito e não de um pensamento abstrato, tal é o caminho do pensamento na escritura. Como salienta Pascal Quignard[23], "escrever pensa", e não o contrário.

O que há de particular no estudo desse fólio separado? Demonstra, claramente, ao menos a pluralidade dos autores que, como a multidão dos artistas que construiu a catedral gótica, "inscrevendo a marca própria nesse poema múltiplo". Cada palavra utilizada se refere não a uma invenção do autor que assina, mas a um *scriptor* habilidoso que capta o que lhe convém nos numerosos livros lidos ou nas experiências próprias. Resultado modesto, mas que confirma uma das teses em crítica genética, a saber, a desaparição progressiva do nome do escritor nos manuscritos e a construção paralela da instância do autor.

---

23 P. Quignard, *Mourir de penser*, p. 219.

Não podemos chegar à mesma conclusão analisando vários fólios? Repito a mesma pergunta: o que há de singular no estudo de um fólio separado?

Lembremos "o minúsculo duende perdido num interstício em cima do portão dos livreiros na catedral de Rouen"[24] sobre o qual escreve Ruskin via Rancière, e que Proust descobre: "Ela (a estátua) não mede mais do que dez centímetros. Ela está desmoronada e, no entanto, seu olhar ainda existe, a pedra mantém ainda o buraco da pupila e lhe dá essa expressão que me fez reconhecê-la."[25]

Trata-se de uma escultura inteira, embora faça parte de um conjunto, a catedral, como o fólio faz parte de um conjunto de uma centena de fólios. Mas a comparação é justa?

Sim, se pararmos a obra no tempo e considerarmos que o fólio ainda traduz um pensamento como qualquer estátua da catedral.

Continuamos a ler Proust:

Nada morre do que viveu, nem o pensamento do escultor, nem do Ruskin [...] e um desses dias, talvez alguém irá lhe encontrar no seu portão, olhando com ternura sua figura ruim e oblíqua ressuscitada, porque o que saiu de um pensamento é o único que pode fixar um dia outro pensamento que, por sua vez, fascinou o nosso. Você teve razão de ficar aí, não olhado, desmoronando. Você não podia esperar nada da matéria na qual você não era nada. Mas os pequenos não têm nada a temer, nem os mortos. Pois, algumas vezes, o Espírito visita a terra; na sua passagem, os mortos se levantam, e as pequenas figuras esquecidas reencontram o olhar e fixam o dos vivos que, para elas, deixam os vivos que não vivem e vão procurar a vida somente onde o Espírito lhe mostrou que tem, nas pedras que já são pó e que são ainda pensamento."[26]

A ideia desse texto foi retomada da obra *Em Busca do Tempo Perdido* sob o nome de "Crença Céltica"[27]. Que Proust a chama pensamento ou alma, pouco importa, seremos nós, críticos genéticos, que daremos vida ao fólio ao descobrir seu pensamento, essa é uma de nossas funções.

24 Ibidem, p. 170.
25 M. Proust, Les Années créatrices, *Essais et articles*, p. 124-128.
26 Ibidem, p. 127-128.
27 *No Caminho de Swann*, p. 70.

A primeira frase do fólio analisado aqui, o 708, já comporta vários pensamentos e não um, já que ele reúne pelo menos o de Parent via Flávio Josefo e o de Flaubert via seu diário e a narrativa da viagem.

Será que cheguei a determinar suficientemente por que poderíamos nos limitar à análise de um fólio? Cada fólio comporta não somente um pensamento, mas também destrona o autor de sua autoridade e, em terceiro lugar, convida o leitor a revelar seu pensamento.

Estudar o manuscrito compensa o trabalho, às vezes de difícil decifração, porque, além de relativizar a instância do autor, dá acesso à formação do pensamento do autor e da cultura subjacente, e à descoberta dos processos de criação.

2. A Luta de Jacó Com o Anjo
o crítico entre o gozo e o texto móvel do manuscrito[1]

Na contramão do título do simpósio "Escritor, Escrita e Escritura", e talvez sugerindo o tema do próximo, irei me estender agora sobre o trinômio *leitor, leitura e leitura do manuscrito*, criando um terceiro termo ao acrescentar um determinativo ao segundo termo "leitura", e supondo que o segundo termo se refere à "leitura" do texto publicado, o que, na verdade, reflete *leitor, leitura do livro publicado, leitura do manuscrito*. Observemos a ordem dos sintagmas. O manuscrito lido à luz do texto ou da lógica do texto e não segundo a ordem cronológica da composição.

O famoso quadro de Delacroix, pintado em 1861, *A Luta de Jacó Com o Anjo*, representado por tantos artistas[2], simboliza para mim a luta do crítico com ou contra o manuscrito, e coloca duas perguntas. Como entender essa aproximação e como inserir esse debate na roda da leitura?[3]

1. Conferência de encerramento do II Simpósio de Crítica Genética e Arquivologia, na Universidade Estadual do Piauí (UESPI), em agosto de 2014.
2. Vários artistas representaram a cena: Rembrandt, em 1659, Gustave Doré, em 1855, Gustave Moreau, em 1878, Eugène Delacroix (Igreja Saint-Sulpice, Paris), em 1861, Paul Gauguin, em 1888, Maurice Denis, em 1893, Odilon Redon, em 1910, René Iché (coleção do Centre Pompidou e Musée Fabre), em 1942, Chagall, em vários vitrais.
3. A imagem da roda da leitura está no primeiro capítulo da quinta parte do texto.

Jacó Lutando Com o Anjo *(detalhe), de Eugène Delacroix, pintura mural, 1854-1861, San Sulpice, Paris..*

Vejamos, em primeiro lugar, o texto bíblico:

Naquela mesma noite, ele se levantou, tomou suas duas mulheres, suas duas servas, seus onze filhos e passou o vau de Jaboque. Ele os tomou e os fez passar a torrente e fez passar também tudo o que possuía. E Jacó ficou só.

E alguém lutou com ele até surgir a aurora. Vendo que não o dominava, tocou-lhe na articulação da coxa, e a coxa de Jacó se deslocou, enquanto lutava com ele. Ele disse: "Deixa-me ir, pois já rompeu o dia."

Mas Jacó respondeu: "Eu não te deixarei, se não me abençoares." Ele lhe perguntou: "Qual é o teu nome?" "Jacó", respondeu ele. Ele retornou: "Não te chamarás mais Jacó, mas Israel, porque foste forte contra Deus e contra os homens, e tu prevaleceste." E Jacó fez esta pergunta: "Revela-me teu nome, por favor." Mas ele respondeu: "Por que perguntas pelo meu nome?" E ali mesmo o abençoou.

Jacó deu a este lugar o nome de Fanuel, "porque", disse ele, "eu vi Deus face a face e a minha vida foi salva". Nascendo o sol, ele tinha passado Fanuel e manquejava de uma coxa. (Gn 32, 21-32)

Luta desigual por um lado, um deus contra um homem, mas que não termina. No final da noite, não há vencedor. Jacó fica com uma ferida na anca que o fez mancar, recebe uma benção e ganha um nome novo, Israel, que significa "forte contra Deus". Mas não saberá o nome daquele contra quem lutou.

Como entender a aproximação entre essa luta e o leitor do manuscrito? Onde encontrar o crítico? Em Deus ou em Jacó? Henry Bauchau, que gostava bastante desse quadro, ajudará a responder:

Frente à *Luta de Jacó Com o Anjo* de Delacroix, perguntei-me onde fica meu lugar atual. É a vertigem, abalando minhas fundações, que me indica este lugar. Devo lutar com ele e ficar na reserva, de maneira a entender o que ele tem a me dizer. Estar ao mesmo tempo em Jacó e no Anjo, não esquecendo que estou velho agora, embora ainda seja uma criança. Preciso renunciar à maravilhosa segurança de cada um dos dois lutadores para ficar o mais perto possível do que há entre eles. O mais importante é a luta com o Anjo, é o espaço entre combatentes. Não sou esse espaço, estou nele.[4]

Nem Anjo, nem Jacó, o escritor Bauchau deve recolher a força que emana dos dois protagonistas para escrever. Mas como fazê-lo? Continuar lutando, não vencer o adversário, para ter tempo de ouvir a mensagem que não está escrita. Os adversários se tocam fisicamente, veem-se, ouvem-se e atingem a psique por meio das pulsões, conceito de Freud no qual se junta o físico e o psíquico e que envolve o olhar, a voz, o tocar e o ouvir. Segundo Lacan, as pulsões são "o eco, no corpo, do fato que há um dizer"[5].

---

4 H. Bauchau, *Journal d'Œuvres sur la route (1983-1989)*, p. 19-20.
5 *O Seminário. Livro 23: O Sinthoma*, p. 18.

O dizer, numa luta, não é necessariamente uma palavra articulada, mas reúne também os gritos, os resmungos, os suspiros emitidos pelos adversários em seus esforços para vencer. Podemos evocar o schofar, esse som do chifre de carneiro que lembra a Aliança entre Deus e Israel, maneira de apaziguar a angústia inerente à vida humana[6].

Dizer significa que a palavra deve ser ouvida. Todas as pulsões precisam da palavra que vai do barulho até a palavra articulada, para agarrar-se a um corpo. A pulsão invocante seria a pulsão mãe ao redor da qual giram as outras e lembra a voz de Deus[7], ou, em termos psicanalíticos, a voz do grande Outro. O olhar e o imaginário que decorre dele, não vem em primeiro lugar. Como a criança no útero escuta primeiramente antes de nascer, assim os combatentes, o Anjo e Jacó, lutando na obscuridade da noite, ouvem-se primeiramente, e assim o crítico, debruçado no manuscrito, deve atravessar sua leitura para ouvir ressoar o texto nele. Voltarei ao assunto.

Um psicanalista inglês, John Rickman, ousou dizer que "somos cavalgados pela pulsão"[8]. Assim como o cavalo é dominado pelo cavaleiro, somos submetidos às pulsões e, contrariamente ao que acreditamos, somos muito pouco autônomos.

Onde está a força invocante na roda da escritura? Ela está no centro e coordena os cinco movimentos, como mostra a imagem ao lado.

Chamei-a texto móvel, porque associa um grão de gozo – as pulsões gozam, e vou detalhá-las – a um texto móvel.

Já lembrei o que é o texto móvel no terceiro capítulo da primeira parte, mas ainda não defini o grão de gozo.

---

6 "A função do *schofar* entra em ação em certos momentos periódicos que se apresentam, à primeira vista, como renovação do pacto da Aliança. [...] O momento médio das três emissões solenes do schofar, ao cabo dos dias de jejum do *Rosh ha-Schana,* que se chama *Zikaron* – ao passo que a espécie de *tremolo,* que é característica de certa maneira de tocar o schofar, chama-se *Zikron teru ah.* Digamos que o som do schofar, o *zikronot,* é o que existe da lembrança ligada a esse som" (Idem, *O Seminário. Livro 10: A Angústia,* p. 274).
7 "Visto por esse prisma, que se completa com a aproximação das diversas ocasiões em que ele nos é assinalado e entra efetivamente em funcionamento, esse schofar parece realmente ser, diz-nos Reik, a voz de Javé, a voz do próprio Deus" (Ibidem, p. 272).
8 A. Phillips, *La Meilleure des viés*, p. 26.

AS PULSÕES CAVALGAM O HOMEM (J. Rickman)

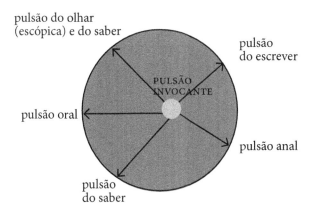

O escritor não escreve sem um prazer particular que o empurra a trabalhar, prazer muitas vezes misturado com sofrimento, como as rasuras testemunham, mas esse prazer/sofrimento é sempre sustentado por um gozo inconsciente, o grão de gozo, que tem em sua base a pulsão invocante. Dar um sentido ao grão de gozo desconhecido é o objetivo subentendido e não sabido de todo escritor. Portanto, o texto móvel provocará a rasura no texto, questionando cada releitura até o texto publicado.

Nós, leitores do texto ou do manuscrito, procuramos também, com nossa crítica, saber em que o texto nos agradou e dar um sentido a nosso prazer, embora soframos bem menos do que o escritor. Somos também empurrados por um texto móvel quando escrevemos. No entanto, ler um texto publicado não é ler um manuscrito, como sabemos.

Antes de nosso esforço de compreensão do sentido pela inteligência, nossa primeira atitude não deveria ser uma atitude de escuta benevolente, que deriva da pulsão invocante, quando lemos um texto literário? Não se trata somente de ouvir um passado que gozou, como Lacan sugere, fazendo um trocadilho, *jouis* (goza) ou *j'ouis* (escuto), algo ou alguém que gozou no passado. É preciso ir mais longe, seguindo nisso Roberto Zular, em sua análise do poema "Esboço de uma Serpente", de Paul Valéry[9].

---

9   R. Zular, O Ouvido da Serpente, em C.R.P. Passos; Y. Rosenbaum (orgs.), *Interpretações: Crítica Literária e Psicanálise*, p. 222.

É preciso ouvir a própria voz transformada pelo texto lido. Tanto quanto Eva não deve ouvir somente a voz da serpente, mas, além disso, ouvir a própria voz atraída pelas promessas da serpente, que despreza as de Deus.

Mas, quando leio um manuscrito, não devo escutar minha voz através da do autor? Não temos de lutar contra a escritura e suas rasuras, entendê-la e transcrevê-la? Do ofício de transcrição, trabalhoso para Proust, mais tranquilo para Bauchau e Castelo, não é primeiramente uma luta contra a língua, quando, cegado pelo Anjo ou pela força da narrativa, procuro vencê-lo para reencontrar o som ou o sentido rasurado na forma? Lá está nosso sofrimento como crítico.

Essa mudança de perspectiva, como *leitor do manuscrito* e não mais como *leitor de um livro publicado*, obriga-me, sem dúvida, a mudar algo nos movimentos já definidos da roda da leitura[10], e a encarar a diferença ao nível do interesse que ponho. Não procurarei mais conhecer especificamente uma história e saber o fim, não estarei envolvido pelas personagens, nem dilacerado entre eles para saber de que lado me situo, meu afeto não se deixará levar, em primeiro lugar, pelo imaginário do romance que me separa do mundo no qual vivo. O romance já foi lido e somente será considerado o fim de um longo processo ou de uma longa caça do escritor preso com a história e sua língua.

Ainda posso falar da roda da leitura? Seguirei as etapas que parecem tão claras?

Abrimos um fólio de Flaubert, Proust, Renato Castelo ou Bauchau. Somos surpreendidos pelas formas pouco habituais de uma página de livro, a tal ponto que certos críticos, como Almuth Grésillon, compararam uma sequência de fólios a uma obra de arte. Entretanto, atrás dessa beleza aparente, se beleza há, esconde-se um trabalho enorme que pode acabar em tragédia, já que a simples releitura do escritor pode abalar o trabalho de horas, até mesmo de dias.

Estarei frente a uma escritura não linear por excelência, cheia de rasuras, de volta para trás, de acréscimos nas margens de cima, de baixo, dos dois lados, como se o escritor não soubesse o que ele quer no início, como se hesitasse antes de

---

10 P. Willemart, *Psicanálise e Teoria Literária*, p. 17.

escrever, ou melhor, como se fosse a presa de outro ou do Outro ao qual se submete. É a primeira coisa que observamos quando lemos um manuscrito: a luta do escritor com alguém poderoso que o obriga a rever continuamente seu texto, luta que lembra a de Jacó com o Anjo e que tanto inspirou Henry Bauchau. Não somente o escritor belga se vê no espaço de luta entre Jacó e o Anjo, e manipula o Anjo para saber mais, mas, num segundo movimento, ele reconhece o Anjo e o nomeia: "Um herói persiste em nossa época: o inconsciente. Se aceitamos lutar com ele, é a luta com o anjo. Saímos da luta fértil reforçados, mas machucados, como Jacó-Israel."[11]

Pouco importa se nomearmos o adversário ou esse colaborador como Anjo, grande Outro, grão de gozo ou inconsciente, mas sua presença me obriga a considerar todas essas denominações e a perguntar-me quais são os meios de intervenção. Saibamos, entretanto, que não se trata da *musa* do movimento romântico que faz do *scriptor* um puro instrumento da voz ouvida, independentemente do que ele é, nem da *musa* no sentido grego do termo que, filha de Zeus e de Mnemosine, serve de intermediária entre artistas e deuses.

Esse colaborador da escritura, semelhante em certos pontos à Mnemosine, por causa da memória de fatos datados, e à musa romântica, porque exige uma obediência cega, é mais uma voz gozadora (agradável e sofrida) que, impondo-se ou dialogando com o escritor, acorda-o e o faz percorrer caminhos inéditos e ancorar-se tanto no Real (o que é difícil traduzir em palavras), no qual se banha o escritor, quanto no Real da comunidade que o cerca. Essa voz se faz escutar no terceiro movimento da roda da escritura e está ligada especialmente ao texto móvel colocado no centro dessa roda.

Porém, na leitura do manuscrito, não tratarei com o texto móvel, mas com um texto fixo, embora muitas vezes rasurado, sob o qual corre sempre o grão de gozo que me interpelará.

Se vejo a manifestação evidente do texto móvel no manuscrito por meio das rasuras, eu me percebo igualmente movido pelo Anjo, o grande Outro ou o inconsciente, representado pelo grão de gozo que me empurrou na escolha e na leitura do

---

[11] H. Bauchau, *Journal d'Antigone (1989-1997)*, p. 120.

manuscrito. É nesse nível que dialogarei com o manuscrito, sabendo ou não. Não poderei intitular minha leitura *do* grão de gozo do escritor *para* o texto móvel do escritor, mas *do* grão de gozo do escritor *para* o meu. Um diálogo se estabelecerá necessariamente, muitas vezes sem eu saber, entre os grãos de gozo que subentenderam aquele que formou a escritura e aquele que me encorajou a estudar o manuscrito.

Fora esse diálogo, inconsciente a maioria do tempo, como me deixar levar ou como devo colaborar nesse diálogo?

Como crítico genético, e supondo que a escritura seja legível e já decifrada, tento entender não mais a história que já conheço, mas a maneira com a qual é construído o texto. É a mesma pulsão invocante adubada da pulsão de saber que me leva à leitura do livro publicado, mas de modo diferente. Eu me prendo às palavras, às frases e à sintaxe, e me adentro em seguida, como se estas palavras formassem um túnel no qual eu me enfio para pegar as maneiras de ressoar, as ranhuras, os suportes e os alicerces.

Mas, não se trata de um túnel qualquer? O narrador proustiano descreveu um ideal de escuta quando apresentou a personagem Swann ouvindo a pequena música de Vinteuil. Sua alma se deixava amoldar pela melodia e "passava sozinha no corredor, no filtro obscuro do som"[12]. A leitura em voz alta do manuscrito chegará raramente nesse ponto, mesmo quando inteiramente decifrado. As superposições de rasuras, as voltas para trás ou as remissões impediriam a audição de uma linha de som encantadora para o leitor.

No entanto, a leitura em voz alta do texto rasurado e decifrado pode revelar sons inéditos ou uma melodia suprimida que me leva a um espaço-tempo insuspeitado.

Longtemps   2
je m´[e] suis couché de bonne heure.   7
Parfois,   2
à peine ma bougie éteinte,   7
mes yeux se fermaient si vite   7
que je n'avais pas le temps   7
de me dire "je m'endors".   7
Et, une demi-heure après,   7

12   *No Caminho de Swann*, p. 295.

O ritmo da primeira frase de *Em Busca do Tempo Perdido*, que se afirma aos poucos nos manuscritos, parece prioritário, embora não seja conhecido do escritor na constituição da frase[13]. Uma cadência se deixou ouvir que lembra não a Aliança entre Deus e Israel evocada pelo schofar, mas o pacto primordial, embora muitas vezes esquecido ou ignorado, que amarra cada escritor à música, à cadência e ao ritmo. É uma das teses que sustento, centrando a roda da escritura na pulsão invocante.

Como escreve Hermann Broch, em *Sonâmbulos*, a música dá uma liberdade mais alta que solta os laços terrestres, levando "à ordem e à unidade no embaralhamento e à condição caótica da vida"[14]. A melodia parece, nestas condições, o fundamento de qualquer atividade artística e humana.

A pulsão escópica que continua me movendo, mas associada à do saber, ligada, ela mesma, à das origens, de onde vem? Não me contento mais em me deixar levar pelo texto para saber o fim da história, mas paro frequentemente, ou o texto me para, tendo em vista a dificuldade de leitura.

Por quê? Por vários motivos.

Primeiramente, porque tenho o texto publicado na cabeça. Embora seja um resultado aleatório e não necessário do manuscrito, devo considerá-lo, já que faz parte da identidade de quem o assina, o autor. O texto publicado me dá uma orientação ou me mostra uma lógica sem dúvida não linear, mas que não está ligada forçosamente ao manuscrito que leio. Quantos textos do narrador proustiano foram abandonados e teriam suscitado outra escritura ou mesmo outra história? A descoberta de um manuscrito inédito nos arquivos de Suzy Mante-Proust, sobrinha de Marcel Proust, permitiu a Nathalie Mauriac Dyer editar

---

13 P. Willemart, *Psicanálise e Teoria Literária*, p. 146.
14 "O dançarino é levado para fora deste baixo mundo. Casando com a música, ele abandona a liberdade de seus atos, e, no entanto, age numa liberdade mais alta e mais lúcida. No rigor do ritmo que o guia, vê-se abrigado e, nessa quietude coberta, sente subir nele um grande soltar dos laços terrestres. É assim que a música traz a ordem e a unidade nesse embaralhamento e a condição caótica da vida. Abolindo o tempo, ela abole a morte, embora ao mesmo tempo fazendo-a renascer, em dada medida, mesmo nas medidas deste morno e interminável *pot-pourri* que ressoa nesse momento e que, sob o nome de *De Todas as Margens da Música*, enumera uma sucessão multicolor de estribilhos patrióticos e de danças inimigas, como o *cake-walk*, a matchicha e o tango" (H. Broch, *Les Somnambules*, p. 570).

outra *Albertine Disparue* (1987), mais curta do que a versão lançada por Robert Proust e Jacques Rivière, nas edições Gallimard, em 1925. A riqueza do manuscrito assusta nesse sentido, leva-me além do texto publicado e me questiona sobre o salto que suprimiu ou que esqueceu tal trecho.

Flaubert também inventou uma história do povo judeu, no manuscrito de "Herodias", que manteve apenas numa frase. Bauchau escreveu uma história da Virgem Maria, para o romance *Dilúvio*, que foi suprimida, a pedido do editor.

O manuscrito me para também porque remete a uma tradição de escritura e de inserção na cultura presente tanto na produção do autor quanto na de seus contemporâneos e antecessores. Escutar, prestar atenção e me colocar na espreita lendo o manuscrito me ajudará a encontrar um vestígio ou um rastro do enigma que se constrói aos poucos, graças a uma aproximação formal de sons, de palavras, de frases ou a uma associação de ideias. Estarei na posição do narrador proustiano que, pelo odor de fumaça, pelo sabor da *madeleine* ou pelo barulhão de um guardanapo engomado, reencontrava um passado esquecido e podia rearticular a narrativa. Eu, como crítico, abandonarei então a roda da leitura e, levado à escritura, pularei na roda da escritura, saída normal para o crítico. No entanto, antes de chegar lá, a aproximação inesperada poderá abalar meus pontos de referência habituais e me fará encontrar outros. É o quarto movimento da roda, aquele que cria obstáculos[15] e talvez coisas inquietantes[16].

Temos um exemplo, no fólio 18ro do Caderno 28 de Marcel Proust:

Porque no dia em que vimos, no Louvre, um quadro de Chardin e entendemos sua significação, o gênio de Chardin liberado [...], em virtude dessa fecundidade incalculável das obras de arte ela se espalha em nós, e inumeráveis são os Chardin que nos apresentam a cada dia a nossa modesta sala de jantar, na qual não cansamos de ver um início de raio de sol passar por tons intermediários, entre o terno e o brilhante, as dobras da toalha e o relevo da faca que a desposa.

---

15 A. Phillips, *Trois capacités negatives*, p. 16.
16 C.R.P. Passos, O Fantástico e as Formas do Unheilich, em C.R.P. Passos; Y. Rosenbaum (orgs.), *Interpretações: Crítica Literária e Psicanálise*, p. 124.

A ligação entre a iluminação solar da sala de jantar e o gênio de Chardin abalará os pontos de referência habituais do crítico. Não observarei minha sala de jantar com o mesmo olhar, e tentarei pegar os Chardin que me cercam, e que ignorava. Para chegar lá, eu me servirei de outras redes para explicar o enigma do que leio e do mundo que me cerca, e me sentirei deslocado em relação à minha situação anterior. Guiado por essa nova rede, alusão à obra de Cecília Almeida Salles, *Redes da Criação*, a leitura do manuscrito terá, ela também, mudado, e estará à espreita de outras descobertas que me encorajarão a continuar a leitura.

No entanto, não serei liberado tão facilmente. Assim como Jacó sairá da luta ferido e mancando, não sairei indemne de minha leitura: também terei sido tocado, se não ferido. Não me chamarei por isso Israel ou "forte contra Deus", como Jacó, mas, mais humildemente, forte contra a escritura lida, da qual terei levantado um dos sentidos ou um dos velos do enigma, escrevendo um artigo ou um livro durante ou após minha leitura. Terei assim caracterizado o autor, contrariamente a Jacó, que não saberá o nome do Anjo.

Uma vez flaubertiano, proustiano, baucheliano ou casteliano, levarei a marca no meu estilo e minha maneira de pensar à escritura e à literatura; meu grão de gozo terá cruzado um daqueles do escritor e a roda da leitura-escritura continuará a girar, não sem ter mudado o quinto movimento, que me levará em outras redes.

Será que respondi às duas perguntas do início? Nós nos sentimos no lugar de Jacó, quando lutamos para decifrar, entender, ouvir o manuscrito ou somos como o Anjo, resistindo à força de Jacó ou à do escritor? Nem um, nem outro, inteiramente.

Supondo que o Anjo representa a criação e a perfeição entre aspas do texto publicado, portanto, que ele enclausura o conjunto dos manuscritos para chegar à última versão assinada pelo autor, primeiramente lutamos contra uma escritura mais ou menos difícil de ler, transcrevemos uma língua que tem uma história extremamente rica, na qual as palavras e as expressões têm variado de sentido no decorrer da história.

Em segundo lugar, chocamo-nos com uma lógica mutante ou com um arranjo de situações e de personagens que se modificam seguindo o avanço da história. Qualidades atribuídas a uma personagem são transpostas em outra, como Herodias e Antipas, no conto de Flaubert, por exemplo, ou o músico Vinteuil, que reúne qualificações do naturalista Vington e do músico Berge, na obra *Em Busca do Tempo Perdido*[17] etc.

Como a luta dos dois protagonistas é sem-fim a ponto de o Anjo impor um limite e pedir a Jacó que largue a luta "porque já rompeu o dia", assim é a pesquisa. A luz revelaria a natureza do Anjo? Metaforicamente falando, a obscuridade dos manuscritos ou o acúmulo de acréscimos e de rasuras é favorável à procura dos processos de criação. Clareza demais ou evidência demais, como o texto publicado ou um rascunho "limpo", iria nos desviar da verdadeira pesquisa ancorada nas pulsões. Embora a transcrição possa nos dar a ilusão de que estamos no fim, as leituras sucessivas nos levarão a escutar cada vez mais diferentemente o manuscrito transcrito. Quase nunca chegaremos ao fim do enigma.

Somos também o Anjo, de vez em quando, aquele que, detendo o sentido do texto publicado ou acreditando detê-lo, luta com Jacó para não revelar nem seu nome, nem o último sentido? O Anjo representa a perfeição no sentido de que nunca chegaremos a uma interpretação final. E se acreditamos pegar o todo ou que demos uma interpretação dita definitiva, significa que a obra é ruim, segundo o poeta norte-americano John Ashbery: "Quanto mais sua arte é ruim, mais é fácil falar dela."[18] Com efeito, há sempre mais coisas para se descobrir na leitura do manuscrito. O exercício da pulsão invocante é sem-fim para as boas obras. Mas a aurora chegou e preciso parar...

---

17 F. Leriche, Vinteuil ou le révélateur de transformations esthétiques dans la Genèse de la "Recherche", *Bulletin d'Informations Proustiennes*, n. 16, p. 27.
18 A. Phillips, *La Meilleure des viés*, p. 67.

3. Como Escutar o Manuscrito?[1]

> *A forma é como o suor do pensamento;*
> *quando se agita em nós, ela transpira em poesia*
>
> G. FLAUBERT, *Le Gueuloir*

Seguindo em parte a sugestão desenvolvida no capítulo anterior, a professora Márcia Lima definiu o III Simpósio com os termos "Leitor, Leitura e Litura", o que suscitou algumas observações no Facebook de quem não entendia a última palavra.

Não vou me deter agora sobre esse novo título inquietante, mas apenas sublinhar que, à maneira de Giambatista Vico, que ligava duas palavras pela forma apenas, embora sem relação semântica alguma, como "herói" e "eros", e inspirado em *Finnegans Wake*, de James Joyce, Lacan desmembrou a palavra francesa *littérature* em *litter* e *rature*, lembrando o inglês "lixo", "litura" e "rasura", o que dará amplo debate, espero, no simpósio dedicado à litura, cuja ementa segue na nota[2].

Retomando a reflexão do capítulo anterior, a seguinte pergunta já fora colocada: como entender a aproximação entre duas instâncias às quais o crítico pode estar sujeito, ou seja, quando

---

[1] Conferência pronunciada em agosto de 2016, no III Simpósio de Crítica Genética e Arquivologia, na UESPI.

[2] O simpósio contemplará a terceira parte do título do evento: a Litura. Lacan, brincando com a letra, diz algo de novo sobre as relações entre a escritura e sua materialidade, a letra, ressaltando a função e o valor da rasura. Trataremos do lugar da rasura no manuscrito e sua relação com o gozo: a rasura da palavra, do parágrafo, do capítulo, a rasura morfológica, a rasura hermenêutica.

revestido do texto publicado e quando tem a oportunidade de ler o manuscrito?

Vou explorar a resposta sem responder totalmente, já que nossa função de professor universitário não é resolver problemas nem mostrar certo saber, mas semear enigmas ou perguntas sem resposta para deixar o ouvinte em sua angústia e inquietude, como sublinhava Heidegger, no *Discurso do Reitorado* de 1927.

Retomando o texto bíblico da luta de Jacó com o Anjo, sabemos que a luta ficou sem vencedor, mas que, marcado por uma falha, Jacó abriu seu ser ao Outro, como se pertencesse a esse Outro, ou melhor, como se tivesse de, pelo menos, considerar esse Outro.

Pergunto: será que a leitura do manuscrito deixa uma marca no leitor que somos? Será que conhecendo os manuscritos de "Herodias", de Flaubert, alguns cadernos de rascunhos de Proust e as versões sucessivas de *Édipo na Estrada*, de Bauchau, fiquei marcado? Será que todos nós, que estudamos os manuscritos de um ou vários autores, somos marcados e associados à escritura desses manuscritos?

Responderei que sim, sem dúvida. Não seremos marcados fisicamente, como Jacó, salvo talvez um grau a mais de miopia, já que decifrar manuscritos exige, para alguns autores, um esforço prolongado a fim de entender uma palavra ou uma frase escondida pela rasura, mas, fora a marca física, seremos marcados mesmo assim. Basta ler o que escrevemos depois da leitura e da pesquisa, em dissertações, teses, artigos ou livros.

Escrevendo, o que procuramos? Apenas cumprir uma exigência acadêmica do orientador, do CNPq ou da Capes? Para alguns, certamente, e param logo a pesquisa. Mas, mesmo estes, diria que tentam, tentamos dar um nome ou um sentido aos fólios que deciframos e entender qual é a posição e a movimentação desses fólios na construção do livro que já conhecemos; em outras palavras, procuramos encontrar uma solução ou simplesmente nomear o enigma da criação.

E enquanto não conseguimos tal façanha, seremos iguais a Jacó, marcados sem saber por quem exatamente, à mercê de um enigma desconhecido, levados por uma incógnita que não conseguimos identificar, o que provoca às vezes uma parada mais ou menos longa na pesquisa.

Quando, no final do estudo, descobrimos não o sentido de uma palavra, de uma frase ou de um fólio, mas a camada de sentidos que explica a posição de tal fólio ou de tal caderno no conjunto da obra, quando conseguimos situá-la e nomeá-la, sentimo-nos mais livres, liberados um pouco mais da marca deixada pela primeira leitura do manuscrito, e podemos ir em frente, isto é, se retomarmos a metáfora de Jacó, mancamos um pouco menos e escrevemos mais à vontade sobre esses manuscritos. O mancar não é a marca da castração que faculta paradoxalmente o andar?

Roberto Zular vai mais longe e escreve o seguinte: "Veja-se que depois de passar pelo complexo oral canibal – e mesmo tendo passado do canto ao poema – *também ler se torna um ato perigoso de troca de posições*, pois – ao menos nessas Antropofagias – nunca se sabe ao certo quem é sujeito, que corpo acede ao ponto de vista, que mundo está em vigor."[3]

Será que depois de ler e estudar os manuscritos, não sabemos mais quem somos? Eu não iria tão longe, sabendo que distinguimos o escritor do autor (vejam a roda da escritura e as cinco instâncias), acreditando na transformação de uma instância para outra no espaço do manuscrito. Quanto mais manuscritos e rascunhos escrevemos para a tese, mais distância haverá entre o pesquisador que iniciou a leitura e o doutor que apresentará a tese. Quanto mais rascunhos, mais possibilidades de deixar aflorar a tradição, nossas leituras, os desejos da comunidade, nosso mais profundo desejo etc.

Voltando ao nosso assunto, perguntamo-nos: como o crítico deveria ler o manuscrito para, talvez, mudar sua concepção da escritura ou sua maneira de criar, ou seu estilo? Vejamos em detalhes.

Há dois anos, insisti na importância do exercício da pulsão invocante, que considerei alicerce constante de toda leitura e que motiva a rasura. Escutando seus contemporâneos, a tradição literária e a história da língua através das palavras, sua memória e as leituras, o escritor releitor *rasura* porque escuta.

---

[3] Complexo Oral Canibal: Uma Provocação à Teoria Literária, palestra pronunciada no seminário Variações do Corpo Selvagem: Em Torno do Pensamento de Eduardo Batalha Viveiros de Castro.

A RODA DA ESCRITURA E AS PULSÕES

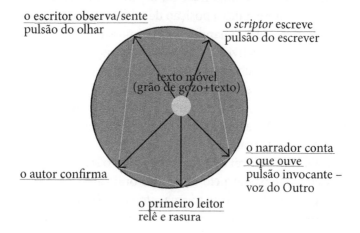

Assim como o grito gera o silêncio[4], a rasura, que equivale a uma emergência ou a um grito, gera um tempo de espera e um silêncio mais ou menos longo. A rasura poderá ser igual a um grito especial oriundo do mais profundo do ser, não somente de quem tem a pluma ou digita no teclado, mas da comunidade representada da qual é porta-voz. O silêncio gerido acentuará o laço entre o desconhecido que virá e a rasura. Sem a rasura, não há silêncio nem enigma. A rasura atravessa a palavra, a linha ou o parágrafo, ela é ao mesmo tempo denegação do que já foi escrito e espera do que vai surgir. Assim se constitui o lixo, o *litter* de Joyce, retomado por Lacan, a litera ou os manuscritos que não chegarão à última versão. Qual é a importância do lixo?

Agora, não falarei de uma etapa posterior, mas de uma camada subentendida na leitura, a pulsão do olhar exercida pela percepção visual quando lemos o manuscrito, a pulsão que permite entender e ficar mais sensibilizado à composição do texto publicado. Notamos que a separação das pulsões é puramente virtual e didática; na realidade, as pulsões do ouvir e do olhar trabalham em conjunto.

Para nós, que não somos escritores, a literatura começa com a leitura, e para os escritores, com a escritura[5].

---

4   J. Lacan, *Le Séminaire. Livre XII: Problèmes cruciaux*, p. 131.
5   L. Hay, *A Literatura dos Escritores*, p. 133-134.

Vou tomar, como exemplo, oito fólios do manuscrito do início de "Herodias". Sem preocupação com o sentido, simplesmente folheando, percebemos que há cada vez menos rasuras e acréscimos, até que todos os elementos do texto se tornam invariantes. O conflito variantes-invariantes, lixo-rasuras-acréscimos termina na última versão. O autor Flaubert força seu leitor a esquecer as rasuras e acréscimos e inscreve sua escritura numa temporalidade determinada que vai construindo o processo de leitura do texto publicado.

Quando consultei o rolo de microfilme do manuscrito (microfilme, porque não havia internet na época, nem a digitação das obras na Biblioteca Nacional da França), a posição dos fólios não estava clara, em função de uma classificação errada dos bibliotecários. Eles não podiam fazer diferente, já que a numeração de Flaubert era ambígua. Foi somente após a leitura paciente de cada fólio e sua consequente decifração e transcrição que pude distinguir os movimentos de escritura, isto é, as diferentes campanhas de redação e lançar uma hipótese sobre a construção do conto, que se traduziu por uma ordenação plausível.

Havia dois tipos de suportes: um em folhas brancas e o segundo em folhas azuis. A classificação da primeira fase da escritura deu no que segue:

QUADRA A

"Plano": 708-1
1a versão 722-1
2a versão 724-1; 723-12
3a versão v725-1; 728-2
4a versão 721-1; 750vo; 752; 730-3
5a versão 706v-ix; 755, 709-2; 710-3; 711-3bis
6a versão 6.1 714v-2bisx; 749vo-[3]4x; 700v-4x; 6.2 745vo-2x; 719vo-2x; 717vo-3x; 746vo-4x; 701vo-5x; 7I2-5x; 6.3 729-2x; 732-3x; 748vo-4x; 757-5x
7a versão 720-1; 727-2; 731-3; 759-4; 753
8a versão 732vo-1; 729vo-A; 744-B; 745-3 C; 746-D

1. ENTRE SENTIDO E FORMA, O QUE ESCOLHER?

Constatamos que a classificação não segue a ordem dos números. O sentido ou a camada de sentidos indicou a posição ou a forma dessa fase. Aqui, vem uma pergunta fundamental à qual comecei a responder no segundo capítulo da primeira parte: o que guia o *scriptor*, a forma ou o sentido?

Seguindo Friedrich Schleiermacher, Gadamer entendia que o sentido guia o escritor, e, acredito, muitos de nós concordam com essa tese[6]. Mas a tese contrária, sustentada pelos matemáticos Jean Petitot e René Thom, afirma que a morfodinâmica, a abordagem que eles criaram, "quebra o círculo hermenêutico, fundamentando as estruturas de sentido na objetividade da forma"[7], ou ainda que "o sentido é uma camada de ser que se edifica na camada de ser da forma. A semiótica é fundamentada na morfologia"[8]. Nisso, eles seguem o filósofo alemão Husserl, para quem "a fundação da camada de sentido na camada da forma constitui uma unidade ontológica e não uma simples justaposição"[9].

Concordo com Husserl, Thom e Petitot, em termos. Na versão publicada, a forma e o sentido constituem uma unidade ontológica, isto é, a imbricação profunda da forma e do sentido é evidente. Mas no manuscrito não, já que forma e sentido estão em formação e, diria, uma à procura do outro.

---

6   H.-G. Gadamer, *Vérité et méthode*, p. 104.
7   "Mas sabendo a correlação entre a manifestação e o sentido, a síntese morfológica entre fenomenologia e objetividade permite fundamentar o sentido na objetividade morfológica [...] a Morfodinâmica pode desde então apontar igualmente uma modelização geométrica do pensamento verbal ordinário, permitindo substituir a intuição semântica, com seu caráter subjetivo imediato, pela intuição geométrica que espacialisa seu objeto e o distancia do sujeito pensante [...] em outras palavras, a Morfodinâmica quebra o círculo hermenêutico, fundamentando as estruturas do sentido na objetividade da forma. Assim, concordam a inteligibilidade (o sentido) e o realismo ontológico das ciências objetivas [...] O problema da estética não é mais o da Arte (o que ela se tornará para Hegel), mas o de uma liberdade criadora de formas. As formas naturais estéticas são formas das quais a apreensão perceptiva fundamenta não um conhecimento teórico, mas uma avaliação semiótica. Por isso, a estética pode ser interpretada como a volta do Sentido no Fenômeno e aponta para um desejo de objetividade 'superior' que ultrapassa a finitude do *Dasein*." J. Petitot, *Physique du sens*, p. 34 e 50.
8   Ibidem.
9   Ibidem, p. 51.

FIGURE 1.

The experiment that Peter Peregoy and I designed consists of showing the pictures to a subject in the following order:

12345678765432 12345678.

Assim, podemos considerar o manuscrito uma deformação progressiva de uma imagem que fazia o escritor do que ia escrever. Deformação ou mudança de forma, como mostra a série de imagens do rosto de um homem transformado em mulher[10]. Transformação que, obviamente, provoca uma mudança de sentido. Da mesma maneira, a percepção do fólio depende do olhar que aplicamos e será diferente para cada um.

Essa imagem insiste na forma que não olhamos muito, ansiosos que somos por descobrir a palavra embaixo da rasura ou o porquê de o autor ter rasurado ou acrescentado tal palavra, tal frase, tal parágrafo ou tal capítulo.

Entendo a forma de duas maneiras.

Uma no sentido do agenciamento dos capítulos, das frases nos parágrafos, das palavras nas frases, isto é, a forma-sintaxe no sentido largo da palavra que organiza o sentido[11].

A segunda é aquela que observamos no desfile dos fólios, a luta entre o corpo principal do meio da página com as margens, por meio da rasura, do sublinhado, dos acréscimos, da numeração, dos reenvios etc.

O sentido não é aquele que pretendia o escritor, no início, porém aquele que aos poucos sai de sua releitura, mas que, em cada fólio, depende da sintaxe instalada.

O manuscrito pode ser comparado a uma forma que o *scriptor* esculpe sempre com paixão (ódio ou amor), e a rasura, nesse caso, é uma quebra da continuidade do primeiro lance entre forma e sentido.

Assim, entendemos que o manuscrito junta, adiciona ou articula as descontinuidades. Deslocamento de continuidades

---

10 C. Zeeman, Sudden Changes of Perception, *Logos et théories des catastrophes*, p. 299.
11 J. Petitot, op. cit., p. XIX.

ou mudanças de sentido determinam outros contornos à escritura, que multiplicam as camadas superpostas de sentidos que o crítico encontra na sua leitura.

É como se comparasse o manuscrito, na sua primeira versão, a uma linha reta que, em seguida, é desviada em cada bifurcação pela rasura, até estabelecer outra linha reta totalmente diferente, que será a última versão. Só que o autor rasura enquanto está fazendo a primeira linha. Não acontece necessariamente como no caso da sequência de desenhos mostrada, em que temos um rosto e depois alterações sucessivas. Muitas vezes, o primeiro rosto mesmo se forma com rasuras.

Examinemos o primeiro fólio, chamado *"Plano"*. Seguirei, à minha maneira, uma contribuição muito densa de três

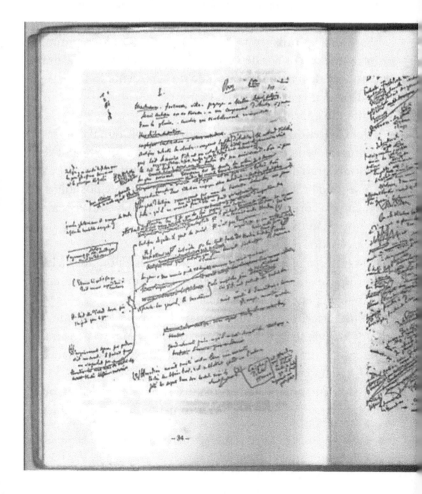

linguistas – Almuth Grésillon, Jean-Louis Lebrave e Catherine Fuchs –, intitulada "Flaubert 'Ruminer' Hérodias", estudo que faz parte do livro *L'Écriture et ses doublés* de 1991.

Observemos:

1. A presença de duas zonas de preenchimento, o corpo principal e as margens. É difícil ler a zona principal, cheia de rasuras e substituições, enquanto a margem, normalmente limpa e legível, serve para escrever os acréscimos que são reenviados à zona principal. Essa separação em duas partes vai sumindo, o que indica a função da margem: dar impulso, ser um dos terrenos da criação e das bifurcações junto com as entrelinhas. Há um jogo entre as duas maneiras de ocupar o espaço da folha até que as margens e as entrelinhas sumam totalmente ou até que o espaço central ocupe toda a folha.

Isto é, o movimento de centro para a esquerda para voltar ao centro carregado é o da invenção.

2. Nenhum manuscrito nasce do nada, como sabemos. O contexto já fornece formas-sentidos de onde o escritor partirá. Além da paixão do escritor que o empurra para a escritura, temos, no início desse conto, quatro camadas que se misturam.

2.1. Embora Flaubert tenha negado, na época, que pensou em religião quando escolheu o assunto, é difícil esquecê-lo, para quem leu a *Bíblia*, e Flaubert conhecia um trecho do *Evangelho Segundo São Marcos* que trata da degolação de João Batista, vingança de Herodíades que o odiava por ele ter denunciado seu incesto com o rei Antipas, ao mesmo tempo tio ou cunhado e esposo. As circunstâncias foram retomadas por Flaubert. No decorrer de um banquete de aniversário, uma dançarina, Salomé, filha de Herodíades, nome histórico de Herodias, seduziu o rei, a quem, instigada pela mãe, pediu a cabeça de João Batista (Mc 6, 14-29). A história se passou no século I, quando os romanos ocupavam a Palestina.

2.2. Outro contexto mais próximo do escritor é sua viagem pelo Oriente, de outubro de 1849 a julho de 1850[12], quando, além das paisagens e do que restava dos monumentos na Palestina, viu dançar, no navio que descia o Nilo, duas mulheres, Ruchiouk-Hànem e Bambeh, que o encantaram e o seduziram.

---

12 Cf. L.A. de O. Ribeiro, *Imagens e Paleta de Cores nos Textos de Flaubert da Viagem ao Oriente*.

2.3. Numa terceira camada, a correspondência de Flaubert, já citada no terceiro capítulo da primeira parte, ele incita a pulsão do olhar: "agora que terminei com "Félicité", "Herodias" se apresenta e vejo (nitidamente, como vejo o Sena) a superfície do Mar Morto cintilar ao sol. Herodes e sua mulher estão num terraço, do qual se veem as telhas douradas do templo"[13].

A segunda e a terceira camada decorrem da potência de sentir de Flaubert, como afirma Félix Guattari: potência de ser afetado pelo mundo não por obrigação, mas por uma dupla criação de sentido, de si e do mundo[14].

2.4. Quarta camada: as leituras imensas de Flaubert para escrever o romance *Salammbô*, em 1862, e, em seguida, "Herodias", que faziam dele um especialista em Oriente.

Resumindo, antes da leitura do manuscrito e do texto publicado, temos informações sobre o quadro religioso, histórico e geográfico do conto e, em segundo lugar, sobre a paixão do escritor que motiva a escritura. São, portanto, quatro camadas de formas-sentidos que se superpõem e configuram a base da compreensão da qual surgirá o conto.

Entremos de novo no manuscrito de "Herodias". Vejamos, primeiramente, a tradução do fólio da presumida primeira versão sem as rasuras nem os acréscimos, extraída do fólio integral.

Fólio n. 708 1 [Plano] (Flaubert)

<u>Machaerous</u> – fortaleza – cidade – paisagem – Manhã. o despertar do dia
nevoeiro

O rei <u>Antipas</u> no terraço – um acampamento de árabes à esquerda,

na planície. Cavaleiros que turbilhonam suas preocupações.

Herodíade & Antipas

explicar a situação deles – & seus antecedentes

Antipas teme os árabes – vingança da filha de Aretas. Ele aguarda Vitellius, que deve socorrê-lo.

Vit. está atrasado. [O Vitell. amigo de Germanicus era o tio do imperador]

À noite, deve haver um grande banquete para seu aniversário *x* Aos poucos, o pessoal chega. Rebanho nas encostas da colina.

---

13 G. Flaubert, *Correspondance* v, p. 100.
14 I. Stengers, *L'Invention des sciences modernes*, p. 167.

[H. & Ant devem superar suas preocupações]

O que acontece em Roma

Agrippa está na cadeia – Tiberius muito doente. Conjunturas.

A situação recíproca deles & seus antecedentes – Antipas não tem mais ereção com ela.

φ O olhar de Antipas nota num terraço da cidade uma moça – que não conhece. Ela só aparece:

Herodias lhe diz que ela lhe prepara uma surpresa.

[**João Batista** – fulminava contra Herodias (1) Antipas o mantém. Ele pode servi-lo. Não é perigoso]

[M] N O essênio intercede por ele. Ant. fraco diante de Herodias brutaliza o essênio.

[Antipas lhe dá a entender <ao essênio> que João deveria escapar. Ele fechará os olhos. Um mensageiro antecede Vitellius <&> anuncia sua chegada]

(2) confusão geral em Machaerous: Vit. Coloca sentinelas em todo lugar.

Ter mostrado o Samaritano = carrasco gd magro. Mumificado. facão.

[vai aproximar-se de Antipas. Mas vendo Herodias ele se retira na sombra]

[quando ela saiu & que ele se calou diante dela, Antipas brutaliza o essênio, pois suaviza]

(2) Herodias tinha suscitado contra João um motim
tentou matá-lo e se revoltava quando foi raptado
jogado serpentes na masmorra mas morreram

é Herodias que inspira Pilatos às besteiras que faz esperando se aproveitar delas

(3) Caifa
Pilatos
Hanna

Segunda camada

Do ponto de vista dos fatos e da situação geográfica, isto é, do ponto de vista semântico, Flaubert repete, *grosso modo*, o que leu no Evangelho e no livro do historiador romano Flávio Josefo, *A Guerra dos Judeus*: sobre Vitellius e a política romana na região; sobre o casamento fracassado de Antipas com Hilda, a filha de Aretas, rei dos nabateus; o socorro vindo de Roma; as tensões entre judeus via João Batista; entre árabes e romanos; o clima na corte do imperador Tiberius; o banquete pelo aniversário do rei Antipas.

Mas será que ele só repete o já sabido? Não, evidentemente, e devemos matizar o sentido da palavra "repetição" a fim de perceber a inovação contida nela.

A repetição

Insisto na diferença essencial entre a "repetição" discernida aqui, típica dos manuscritos, a repetição da história lida de Herodias e João Batista, e a definição elaborada pela psicanálise[15].

Enquanto a repetição, na psicanálise, repete uma estrutura já estabelecida, que constitui o inconsciente do sujeito, como repetir sem saber a maneira de falar de meu pai ou repetir com meus filhos a educação recebida, no manuscrito, a repetição organiza a narração, anunciando um acontecimento futuro.

Contrariamente à psicanálise, a estrutura ou a forma do livro editado elaborada no manuscrito decorre da repetição. O gesto repetitivo constrói a estrutura-forma da ficção, porque vindo de um futuro e não de um passado. O futuro é a última versão que o *scriptor* ignora quando começa, já que vai procurando a forma através dos rascunhos.

Produzindo a estrutura da ficção e não sendo o produto dela, a repetição se faz geradora de uma estrutura que irá englobar todas as estruturas ou formas das quatro primeiras camadas para o conto "Herodias".

Em minha leitura de crítico genético, as formas-sentidos contidas nessas camadas servem não para imitar ou reproduzir a realidade, como faria um romance ou um conto realista, mas para enquadrar a criação ou traçar uma janela ou uma forma na qual as informações retidas na memória da escritura poderão ordenar-se no fio da narração ou fornecer informações que serão reestruturadas em outras formas.

Como Flaubert inventou o conto a partir das estruturas das quatro camadas de sentidos-formas citadas?

---

15   A. Juranville, *Lacan et la philosophie*, p. 230.

Plano 708, segunda camada

Primeiro, ele separa a primeira linha, que trata do espaço, e as seguintes, que narram o conto. Segundo, sublinha algumas palavras: Machaerous, Antipas, Herodíade e Antipas, um essênio, Herodias. O traço gráfico isola alguns elementos que confirmam a encenação quase teatral[16] e constrói outra forma diferente das primeiras fontes, anunciando outro sentido. A passagem na linha seguinte significa a divisão.

Antes da primeira rasura, o escritor coloca nitidamente a situação do casal no centro do conto, como se a situação política entre judeus e árabes, romanos e súditos dependesse da relação sexual do casal e de seu medo dos inimigos internos e externos, em outras palavras, como se dependesse de seus desejos.

A primeira rasura, *Herodíade e Antipas, explicar a situação deles & seus antecedentes*, além de quebrar uma primeira linearidade de causa e efeito, da situação do casal provocando a crise política, restabelece o equilíbrio entre a situação política e a situação conjugal ou coloca a relação conjugal em segundo plano, embora faça dela uma subestrutura importante colocada na trajetória de um império e do advento do cristianismo. A rasura abre para uma exploração melhor da relação do rei Antipas com seu chefe, o imperador Tiberius.

A segunda rasura, *H. & Ant devem superar suas preocupações*, que foi acrescentada e suprimida, aparece como se o *scriptor* quisesse insistir na importância dos sentimentos do casal, como se houvesse uma tentativa de retomar o que foi suprimido pela primeira rasura. Finalmente, a segunda rasura confirma a forma decorrente da primeira, impõe-se e desenha a narrativa.

O segundo termo sublinhado está na margem, *Um essênio se apresenta, ele recua vendo Herodias*, o nome da rainha é também sublinhado, frase que está ligada por um traço ao centro do fólio, com a frase *Herodias o reconforta. Ela tem notícias de Roma*, frase que substitui a frase rasurada: *O que se passa em Roma*.

Vamos por partes: *O que se passa em Roma* faz parte das informações históricas vindas das leituras de Flaubert. A nova frase introduz o significante *Herodias* na segunda leitura, já que foi rasurado na primeira narrativa, significante articulado

---

16 A. Grésillon; J.-L. Lebrave; C. Fuchs, Flaubert "Ruminer 'Hérodias'", em D. Ferrer; J.-L. Lebrave et al. (eds.), *L'Écriture et ses doubles*, p. 41.

com o significante *Antipas* e *a situação em Roma*. Na margem, o significante *essênio* subentende a presença de João Batista e o advento do cristianismo, que introduzem a situação religiosa e outros inimigos diferentes dos árabes.

E poderíamos continuar mostrando as mudanças de formas significando as mudanças de sentido e a prioridade das camadas de formas sobre as camadas de sentidos.

Neste capítulo, quis destacar a importância da forma que aparece no manuscrito e que exige de nossa parte o exercício vigilante da pulsão do olhar, forma que não devemos esquecer, já que, muitas vezes, ela antecede o sentido. Um traçado gráfico, seja um sublinhado ou uma rasura, salienta ou rejeita a forma. Em termos psicanalíticos, ousaria afirmar que, rasurando, o autor rejeita a aproximação com o gozo e o saber dele, e favorece sua ligação com o gozo, o saber e as perguntas da comunidade. A passagem de seu gozo para o gozo da comunidade é signo de inovação e de surpresa constante que o crítico genético acompanha.

Em outras palavras, a rasura da paixão incial provoca no escritor um desvio dos hábitos de pensamento e cria um clima de incerteza no qual a instabilidade reinará[17]. Assim, seguindo Guattari, o escritor inventará um novo paradigma estético que decorre de sua capacidade de sentir, o que facilitará uma nova criação de forma (eu acrescento) e de sentido, de si e do mundo.

É na percepção da nova criação que encontraremos o enigma que nos ajudará a desenvolver uma tese, um artigo ou um livro, porque teremos achado ou seremos sensibilizados por uma nova maneira de criar um estilo, integrando a marca do autor estudado.

Assim, seremos marcados como Jacó pelo Anjo e, num congresso de crítica genética, não poderemos mais nos apresentar como Márcia Edlene Lima, mas como Márcia Edlene Lima-leitora de Renato Castelo Branco, Rosie Mehoudar-leitora de Mallarmé, Lueldo Teixeira e Lanna Carolina Almeida-leitores de Fontes Ibiapina, Hudson Pereira da Silva-leitor de Fernando Pessoa, Lourival de Holanda-leitor de Camus e Euclydes da Cunha, Marcos de Moraes-leitor de Mário de Andrade e assim por diante. Mostraremos, dessa maneira, o quanto o autor estudado nos afetou e mudou nosso modo de escrever e de ler[18].

17 Cf. I. Stengers, op. cit.
18 Agradeço a Rosie Mehoudar que, pelas suas reflexões e sugestões, ajudou-me na construção desta conferência.

4. Criação, Crítica Genética e Autoria[1]

> *Após estes capítulos, farei outros totalmente diferentes nos quais nunca mais mencionarei Albertine, nos quais serei como que consolado.*
>
> M. PROUST, *Cahier 54*

Gostaria de ilustrar o tema aqui proposto, insistindo na ruptura que constitui o estudo do manuscrito literário no panorama dos estudos literários. Por isso, vou confrontar o que Marcel Proust afirma no *Contre Sainte-Beuve* e o que seu narrador escreve, notadamente, em dois momentos, um no texto publicado de *À Sombra das Raparigas em Flor* e outro no Caderno de rascunho 54, um dos 75 cadernos preparatórios de *Em Busca do Tempo Perdido*, frase surpreendente, tão surpreendente que mencionei na epígrafe. Quem é esse "eu" que se afirma escritor e herói ao mesmo tempo?

Mas, antes de iniciar a conversa e supondo que há poucos leitores de Proust no auditório, explico rapidamente o contexto das duas referências, menos conhecidas.

O que é o *Contre Sainte-Beuve* e o que é o *Cahier 54* (Caderno 54)?

O *Contre Sainte-Beuve* é um conjunto de fólios escritos por Proust do final de 1908 até o início de 1909, publicado em duas versões: uma em 1954, por Bernard de Fallois, e outra em

---

1 Conferência pronunciada na Universidade de Brasília, em agosto de 2015, durante o evento II Seminário de Literatura e Cultura: Morte e Retorno do Autor, organizado por João Vianney Cavalcanti Neto.

1971, por Pierre Clarac[2]. Analisando a obra de escritores que admirava, Nerval, Baudelaire, Balzac e Flaubert, Proust ataca a maneira com a qual o famoso crítico literário da metade do século XIX, Sainte-Beuve, apreendia os textos desses autores.

Para Sainte-Beuve, a obra seria, antes de tudo, um reflexo da vida do escritor. Ele se encaixaria, portanto, na crítica biográfica. É o que fazem ainda hoje a maioria dos leitores e dos críticos apressados ao tentar encontrar uma relação entre fatos vividos pelo escritor e fatos narrados pelas personagens. Proust condenava também o uso exclusivo da inteligência em Sainte-Beuve, já que ela não é a melhor faculdade para atingir o real nem para julgar a natureza do valor poético[3].

No lugar desse método, Proust exigia uma análise estilística da obra, ressaltando que "o homem que faz versos e que fala num salão não é a mesma pessoa". Há, pelos menos, dois "eu" em jogo na vida de um escritor, distinção que comentarei mais adiante.

Portanto, o único critério literário para o narrador proustiano será a capacidade do escritor de descobrir e ler o real, entendido como aquilo que está implícito sob as impressões vividas pelo autor, e, assim, decifrar o alfabeto da verdade. No *Cahier 57*, o narrador insiste:

um verdadeiro livro será aquele em que cada inflexão de voz, olhar, palavra, raio de sol será retomado e, o que ele tenha de obscuro, esclarecido. De sorte que [...] o livro será constituído por uma verdadeira realidade que as anotações dirão por nós, se tivermos, ao lê-las, uma sensibilidade mais profunda e um espírito mais claro, então o livro será um verdadeiro quadro do real.

Qual é o conteúdo do *Cahier 54*? Escrito em 1914, o caderno prepara algumas partes de três dos sete volumes de *Em Busca do Tempo Perdido*, que serão publicados após a morte de Proust: *Sodoma e Gomorra* (1922-1923), *A Prisioneira* (1923) e *A Fugitiva* (1925).

Vou destacar dois momentos na confecção da obra proustiana em que o escritor Proust hesita na sua posição e rompe

---

2   Ver a crítica feroz destas edições em Bernard Brun, L'Édition d'un brouillon et son interprétation: Le Problème du "Contre Sainte-Beuve", *Essais de Critique Génétique*, p. 151-192.
3   H. Bonnet, Introduction, em M. Proust, *Matinée chez la Princesse de Guermantes*, p. 19.

com a separação habitual (para nós, críticos) entre o escritor e o autor. O enunciador parece ser o escritor, ele mesmo, enquanto deveria ser o herói. O narrador parece confundir as duas instâncias, hesitação que faz parte da problemática da jornada.

O primeiro momento se dá num episódio do segundo volume, *À Sombra das Raparigas em Flor*, quando o herói encontra um amigo do pai, embaixador, o marquês de Norpois. O narrador se questiona em relação à instância do escritor por meio de sua personagem, quando Norpois coloca a pergunta: "Será que o escritor deve corresponder, na vida, à moral de suas personagens?"

O narrador parece tão empolgado com a personagem que sua hesitação continua nos trechos seguintes. Quando comenta a importância do embaixador, que, embora de direita como a maioria dos aristocratas, era chamado por governos de esquerda por causa da repercussão e da fama que continua tendo a aristocracia perto da maioria dos governos estrangeiros[4], o narrador introduz o poeta Paul Claudel e vários políticos que viviam na época de Proust: Alexandre Ribot, o contestatário da política religiosa do Ministério do momento (Émile Combes), e Paul Deschanel, chefe do Partido Progressista dos anos de 1890[5].

O que pensar dessa intromissão da realidade na ficção que coloca, no mesmo nível, um embaixador fictício, Norpois, e personagens históricos, o escritor Paul Claudel, o ministro Combes e o chefe de um partido, Ribot?

Temos duas opções teóricas que se completam e dão uma primeira resposta:

1. Northrop Frye, em *Anatomia da Crítica,* relata Paul Ricoeur, escreve o seguinte:

Pode falar de significação literária todas as vezes que opõe ao discurso informativo ou didático, ilustrado pela linguagem científica, uma espécie de significação orientada em sentido inverso da direção centrífuga dos discursos referências. Centrífugo ou externo é o movimento que nos leva fora da linguagem das palavras para as coisas. Centrípeto ou "interno" é o movimento das palavras para as configurações verbais mais amplas que constituem a obra literária na sua totalidade.[6]

---

4   *A Prisioneira*, p. 23.
5   *À l'ombre des jeunes filles en fleurs*, p. 1329.
6   P. Ricoeur, *La Métaphore vive*, p. 284.

A literatura, em seu movimento centrípeto, antropofagiza, se me permitir o neologismo, ou engole o mundo, para retomar a metáfora de Oswald de Andrade, e não se preocuparia com a realidade externa.

2. A crítica literária alemã, Käte Hamburger, defende, em sua obra *A Lógica da Criação Literária*, que os homens conhecidos, uma vez citados no quadro da ficção, tomam-se personagens, mantendo, no entanto, em sua espessura semântica, os traços de seu inspirador, contrariamente às personagens inventadas, como Norpois, que podem acumular caráteres de mil pessoas e não ser identificável a nenhum delas, em particular. Por isso, Proust preferia a invenção de uma personagem à sua construção com ajuda de uma pessoa real.

Nosso problema vai mais longe? Será que a separação radical entre o mundo e a literatura, defendida por Frye via Ricoeur e por Hamburger, implica na inclusão de quem escreve, do narrador e do leitor? Aparentemente, não.

No mesmo texto, o narrador proustiano lembra a consideração da qual Norpois se beneficiava, não apenas perto dos governos sucessivos, mas também com príncipes, reis e o imperador da Alemanha, para chegar a um "eu" narrador-escritor que se introduz mais uma vez na narrativa, e escreve: "às vezes, lamento não ter retido pura e simplesmente as frases que lhe ouvi"[7]. É como se o escritor se colocasse ao lado da personagem Norpois e afirmasse ter ouvido dela tal e tal frase.

A mistura das instâncias do escritor e do narrador é ao mesmo tempo surpreendente e transtornadora. É o escritor ou o fabricante da narrativa que está de fora, emerge e diz sua maneira de proceder para obter as anotações durante a narrativa.

O escritor entra na ficção, faz-se personagem no mesmo pé que Norpois, já que ouviu, se não participou, da conversa.

A instância narrativa não se trai, aqui, tomando parte dos dois lados? Atravessando a fronteira entre o mundo empírico – o mundo científico de Frye – e a ficção ao seu bel-prazer, não respeitando o pacto da ficção, ela faz duvidar da existência dessa fronteira, como se existisse um só mundo, o da escritura,

---

[7] *À Sombra das Raparigas em Flor*, p. 26.

e uma só instância escritural, na qual personagens e instâncias narrativas vão e vêm sem grande preocupação de distinção, imitando Sainte-Beuve. Assim, essa instância quebraria um dos pilares da teoria literária proustiana e veria na obra *Em Busca do Tempo Perdido* um campo propício a esse jogo.

Pergunto, então: *Contre Sainte-Beuve*, obra póstuma, embora escrito antes de *Em Busca do Tempo Perdido*, deve ser visto apenas como uma etapa na reflexão do escritor e crítico literário Marcel Proust, e não como sua última posição?

Em vez de um sujeito escritor e de um sujeito fictício sob o nome do narrador, que conta diretamente ou mediante as personagens, será que existe apenas uma só instância que, segundo as exigências da narrativa, percorre a língua francesa, salta da vida do escritor à ficção, empresta fatos da vida do primeiro e da de seus contemporâneos, deixa-se levar pelos caprichos da escritura e da história das personagens para construir a catedral de *Em Busca do Tempo Perdido*? É como se as referências às coisas existissem dentro da ficção, contrariamente ao que definem Hamburger e Frye, para quem "a suspensão de referência real é a condição de acesso à referência virtual"[8].

Os críticos se dividem nesse ponto. Louis Hay, o criador da crítica genética, na França, separou radicalmente o escritor do autor quando sublinhou que "quando a pena toca o papel, a página se abre à escritura e a literatura começa"[9], como se a crítica biográfica, na maneira de Michel Schneider, em *Maman*, devesse ser esquecida e, nisso, Hay concorda com Ricoeur, Frye e Hamburger.

Vejamos outro crítico e outro viés.

Tiphaine Samoyault, autora de uma biografia recente de Roland Barthes, editada em 2015, que teve acesso aos manuscritos do crítico francês, escreve: "muitas vezes, enganamo-nos quando usamos a expressão 'morte do autor', que se tornou um verdadeiro *slogan* [...], não há autonomia nem clausura do texto" e, referindo-se a *Fragmentos de um Discurso Amoroso*, a obra de Barthes mais vendida, acrescenta: "O que permite a Barthes evitar a psicologia é produzir um texto que bloqueia o sentido antes de cair na explicação, na causalidade e na razão.

---

8   P. Ricoeur, op. cit., p. 288.
9   L. Hay, *A Literatura dos Escritores*, p. 14.

Existe a descrição de um estado. O íntimo vem do colocar em relação, às vezes implícita, sua experiência a do outro e o texto que está escrevendo. Se fosse psicológico, rapidamente ficaria fora de moda."[10]

Samoyault se distancia da crítica biográfica, invocando a descrição de um sentir sem procurar as causas ou as origens biográficas, mas mantém uma relação íntima entre o escritor e o autor, eliminando a clausura do texto e a análise estrutural segundo Roman Jakobson, imitando o narrador proustiano quando fala de Norpois, e se opondo radicalmente a Hamburger e Ricoeur.

O que pensar dessa posição limítrofe, que mistura vida e obra, sem entrar, no entanto, nas relações entre vida e obra? Remontar às causas eventuais ou às condições iniciais, recuar ou retroceder na linha do tempo ou nas origens, é bom lembrar que isso não interessa a Barthes, segundo Samoyault, falando apenas do *Fragmento de um Discurso Amoroso*.

Vamos tentar responder ao dilema, se dilema há.

Radicalizando um pouco mais na linha de Louis Hay e ampliando a recusa das origens defendida por Samoyault, vejo a distância entre as duas instâncias como um afastamento progressivo da biografia, consequência de um engajamento na escritura trabalhada nos manuscritos, em 75 cadernos rascunhados por Proust durante quatorze anos, por Flaubert em cinco anos para escrever *Madame Bovary* etc. O tempo de redação acentua a separação entre a instância do escritor e a do autor, que, embora questionada a cada rasura, aumenta o afastamento da personalidade do escritor.

Insisto: a separação entre as duas instâncias é questionada a cada rasura. Cada parada do escritor provoca um silêncio preenchido por três fatores: o que foi escrito ou pensado, a tradição na qual se banha o escritor e o projeto que ele imaginava. Em outras palavras, um novo campo de batalha se abre a cada rasura entre as três seguintes forças: o já escrito, o passado, incluindo as origens biográficas, e o futuro projetado. Em tal batalha, o *scriptor* se torna cada vez mais instrumento em vez de ator no processo de escritura.

---

10 T. Samoyault, *Roland Barthes*, apud Hélène Combis, "Roland Barthes, du cœur à l'ouvrage", disponível em: < https://www.franceculture.fr >.

Curiosamente, o próprio narrador proustiano endossa a tese do *Contre Sainte-Beuve*, a de Hay e a minha, quando sua personagem Norpois define "a obra, (como) infinitamente superior ao autor [...], só devemos conhecer os escritores por seus livros"[11]. Mas, prosseguindo na leitura do romance, descobrimos que os motivos não são, de nenhuma maneira, literários. Trata-se da vida moral do escritor Bergotte, uma das personagens admirada pelo herói quando adolescente, vida que não correspondia a de suas personagens.

Isto é, o embaixador gostaria que Bergotte observasse, na vida sexual, a moral de suas personagens. No fundo, ele constata a diferença, mas não acha lógica a posição de Bergotte, como se Sainte-Beuve tivesse razão e que o certo fosse a identificação da instância do autor ou da personagem com a do escritor, ou como se tivesse apenas uma voz enunciadora.

Passemos ao segundo momento, que vai esclarecer um pouco melhor como encarar a relação entre a biografia e a narrativa.

O segundo momento dessas idas e voltas do narrador para o escritor acontece no *Cahier 54*, quando o herói Marcelo volta rapidamente da estação balneária Balbec com sua amante, Albertine, que, mais tarde, em outro volume, foge e morre numa queda de cavalo.

Como sublinha Nathalie Mauriac Dyer, "o eu do *scriptor* e o eu do protagonista se misturam e se confundem, nos fólios 91ro e 92ro"[12]. Trata-se da frase que coloquei na epígrafe e que visualizamos no caderno e na transcrição: "Capital. Após estes capítulos, farei outros totalmente diferentes nos quais nunca mais mencionarei Albertine, nos quais serei como que consolado"; e, poucas linhas depois: "E, em seguida, continuarei o capítulo sem mais falar disso."[13]

O *scriptor* se dá a ordem "nunca mais mencionarei", o herói escreve "serei consolado em outros capítulos", como se fosse ele o arranjador ou o narrador, como se reduzisse *Em Busca do Tempo Perdido* a um diário narrando as aventuras de Marcel.

Como explicar essa não distinção? Vejamos as circunstâncias que cercaram a escritura do episódio, nos rascunhos.

---

11 *A Prisioneira*, p. 70; *À l'ombre des jeunes filles en fleurs*, p. 1034.
12 N.M. Dyer, Introduction, em M. Proust, *Cahier 54*, p. XXVII.
13 *Cahier 54*, p. 197 e 199.

Cahier 54 foi escrito em 1914, quando Proust foi abandonado por seu secretário, Agostinelli, que não correspondia a seus avanços e se tornou piloto de avião. Eles se conheciam desde 1907, quando o chofer e mecânico Agostinelli levou Proust para visitar a Normandia. Podemos pensar que a paixão de Marcel Proust por Agostinelli era tão forte que não respeitava mais fronteira nenhuma, e que o escritor falava mediante seu herói. Totalmente impregnado por ele, como se não houvesse distinção, ou como se o enunciador fosse a personagem, o escritor Proust se deixaria engolir pela personagem.

Entretanto, essa posição é totalmente contrária ao que Proust escreveu em sua correspondência de 20 de abril de 1918, "Não há chaves para as personagens deste livro ou há oito ou dez para uma só"[14], e se defendia várias vezes, dizendo que não era a vida dele que estava narrando, que ele emprestava apenas alguns eventos de sua vida ao herói.

Por outro lado, Dyer argumenta que "o Caderno 54 está longe de evocar somente Agostinelli, mas pode lembrar também a estadia em outra estação balneária, Thonon-les-Bains, de 1899, com outras pessoas: Marie de Chevilly, Henry Bordeaux, Kiki Bartholoni talvez"[15].

Entretanto, não podemos negar, no episódio, a forte coincidência entre a fuga e a morte de Albertine, caindo de um cavalo no romance, e a fuga e a morte por afogamento de Agostinelli, quando seu avião caiu perto de Antibes. Essa simultaneidade exige de nossa parte matizar a divisão radical entre o escritor e o narrador, e reler as três frases já comentadas: "nunca mais mencionarei"; "serei consolado em outros capítulos"; e, a pior frase, na qual as duas instâncias são coladas como irmãs gêmeas, "continuarei o capítulo sem mais falar disso".

Temos dois "eu", ou dois *je*, no mesmo parágrafo. Eles pertencem a duas instâncias diferentes, que se costeiam, mas que não são contraditórias. Se fossem, poderia invocar uma hesitação do ser em se situar, mas, como defendo a inclusão do "eu" do escritor no "eu" do narrador, ou a inclusão do ser autobiográfico na escritura, devo aceitar a presença mesmo que mínima ou ocasional do "eu" do escritor, lembrando que estamos numa

---

14   M. Proust, *Correspondance*, t. XVII, p. 193.
15   N.M. Dyer, Introduction, em M. Proust, *Cahier 54*, p. XXVI.

fase de rascunho ou de preparação do romance e não de texto publicado, quando o escritor se dá uma ordem iniciada com a palavra "Capital".

Isto é, esse "eu" tem pelo menos dois sentidos, lembrados pelo narrador de *Roland Barthes Por Roland Barthes*, quando escreve:

cada vez que encontra uma dessas palavras duplas, R.B. não escolhe, ao contrário, faz com que a palavra conserve os dois sentidos, como se um deles piscasse o olho para o outro, e o sentido da palavra esteja nessa piscadela, que faz com que *uma mesma palavra, numa mesma frase,* queira dizer, *ao mesmo tempo*, duas coisas diferentes, e que se desfrute, semanticamente, uma delas através da outra[16].

Gostei dessa citação de Barthes, que torna inteligível o movimento de um eu para outro. Um pisca para o outro, sem querer engoli-lo nem se opor. Os dois andam juntos e, como se trata de rascunho, a colaboração do eu biográfico ou deverá diminuir sua importância aos poucos, ou permanecerá em filigrana em todo o romance.

Assim, entendemos a mistura das instâncias que irão distanciar-se e conviver no manuscrito e mesmo no texto publicado.

A RODA DA ESCRITURA E AS PULSÕES

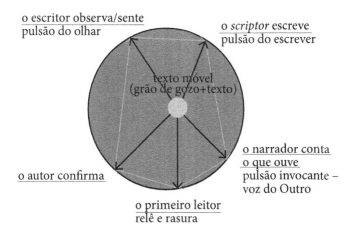

16 R. Barthes, *Roland Barthes par Roland Barthes*, p. 76.

E continua uma pergunta: em decorrência dessas conclusões menos radicais do que as de Hamburger, Frye e Ricoeur, não terei de transformar a máquina que nomeei "a roda da escritura"? Nos dois últimos livros publicados pela Perspectiva, imaginei uma roda para concretizar os movimentos suscitados pela escritura, da qual comentei bastante o funcionamento, nos capítulos anteriores. Lembro que, a cada rasura, a roda anda, e não somente no final do texto.

Mas, com a descoberta dos dois "eu", teremos de flexibilizar a roda. A disputa ao nível dos "eu" se faz entre o primeiro movimento e o segundo. Não há um primeiro movimento e, em seguida, um segundo, como parece mostrar a roda, mas um vai e vem que permite ao *scriptor* ser portador dos dois enunciadores – o "eu" biográfico e o narrador –, por isso, desenhei a flecha indo nas duas direções, e não só indo para frente.

O vai e vem invade também o terceiro movimento, quando o narrador conta o que está ouvindo, mas deve sumir do quarto movimento para o quinto, quando o escritor se relê na penúltima versão. Quero dizer que, no manuscrito, o vai e vem é constante. O quarto e o quinto movimento são temporários e suspeitos, já que podem ser rasurados numa segunda releitura.

Esse vai e vem não se limita, no entanto, aos dois "eu"; um terceiro fator interfere, que é a escritura, conceito que Proust desenvolve no *Contre Sainte-Beuve*. Caracterizando o crítico Sainte-Beuve como alguém que não entendeu a diferença entre o escritor e o homem de salão, Proust também distingue dois "eu", um "eu" da conversação e um "eu" profundo. Lacan operava com outra diferença entre dois "eu"[17].

Henry Bauchau pode nos ajudar a entender a duplicação dos "eu". Em *L'Enfant bleu* (A Criança Azul), uma personagem, Orion, diz para sua psicanalista: "Somente você entende que, às vezes, estamos em dois andares ao mesmo tempo."[18]

A localização no espaço é questionada. A presença da personagem ou do eu do escritor em dois lugares ao mesmo tempo

---

17 "É ao nível do entre-eu, isto é, do outro como minúscula, do duplo do sujeito, que é ao mesmo tempo seu eu e não eu, que aparecem falas que são uma espécie de comentário corrente da existência" (*O Seminário. Livro 3: As Psicoses*, p. 222).
18 H. Bauchau, *L'Enfant bleu*, p. 281.

nos afasta das categorias kantianas do espaço e do tempo, e nos aproxima da física quântica, que tem a ubiquidade como uma de suas propriedades[19]. Porém, essa aproximação questiona a roda da escritura, problemática que será retomada na próxima parte deste livro.

Nunca Sainte-Beuve entendeu o que há de particular na inspiração e no trabalho literário, e o que o diferencia inteiramente das ocupações dos outros homens. Ele não separava a ocupação literária, na qual, na solidão, mandando calar estas palavras que pertencem tanto aos outros quanto a nós e com as quais, mesmo sozinhos, julgamos as coisas sem sermos nós mesmos, colocamo-nos frente a frente conosco, tentando ouvir e perceber o verdadeiro som de nosso coração, e não a conversação.[20]

Falando como crítico literário, Proust dá as condições que devem cercar o escritor. Assim, entendemos que os dois "eu" de Barthes estão no "eu" profundo de Proust e não tem a ver com o "eu" da conversação ou do homem de salão, já que as palavras usadas são diferentes.

A ruptura no manuscrito ocorre nesse fosso que se aprofunda em cada nova página, mostrando a confiança do escritor na escritura para dizer algo de novo a cada parada, embora mergulhado ao mesmo tempo na sua história, na língua e na tradição.

Lutar contra o crítico Sainte-Beuve era defender as condições da escritura, sem proibir as intervenções do "eu" biográfico. Não há, portanto, contradições entre o narrador proustiano e as posições do *Contre Sainte-Beuve*. Vejo essas inserções do escritor na história como uma ruptura intermitente de sua função, surfando em cima de uma permanência fundamental da função do narrador. Esse jogo entre instabilidade e estabilidade constitui a resposta do narrador à aparente mistura de instâncias.

Dois níveis de rupturas entram em jogo, um, mantendo a diferença entre as instâncias do escritor e do autor, é a permanência da ruptura contrária ao pensamento da maioria dos leitores, e um segundo, constatando que o narrador joga entre elas, não sem manter firmemente sua função.

---

19 C. Caccamo, *Physique quantique : ce qu'elle nous apprend sur la réalité*. Disponível em: <http://www.cecilecaccamo.com/>.
20 M. Proust, *Contre Sainte-Beuve*, p. 224.

Resumindo, proponho essas conclusões para o debate, conclusões que insistem na mesma tecla, afinal: em primeiro lugar, não há, aparentemente, oposição entre as teses defendidas por Proust no *Contre Sainte-Beuve* e as intervenções do escritor no manuscrito, assumindo o papel do narrador; em segundo lugar, as intervenções do escritor no manuscrito são toleradas porque refletem a forte incrustação da vida na escrita, embora se tornem ficção.

Enfim, as dificuldades do crítico de identificar as vozes narrativas de *Em Busca do Tempo Perdido*, sete pelo menos, segundo Marcel Muller em seu estudo *Les Voix narratives dans "La Recherche du temps perdu"*, provêm destes ajustes ou destas lutas entre as instâncias do escritor e do narrador para ocupar o lugar do *scriptor*, essa instância que se torna instrumento ou "escrava" da escritura.

Assim, entendo a frase do *Cahier 54*, "Capital. Após estes capítulos, farei outros totalmente diferentes nos quais nunca mais mencionarei Albertine, nos quais serei como que consolado", que, embora produzida no silêncio da composição pelo "eu" profundo de Proust, é somente uma etapa na longa marcha em direção ao texto a ser publicado. Mantenho, dessa forma, a posição de Frye, Ricoeur e Hambuguer, que não podiam conhecer a crítica genética.

Última reflexão: pergunto se, quando nos obrigamos a escolher entre o narrador e o escritor, não somos vítimas da lógica do terceiro excluído que nos impede de admitir a convivência não necessariamente dos contrários, mas de elementos não coerentes entre si. A lógica do "terceiro incluído", de Edgar Morin e da psicanálise, reforçaria a última posição de Barthes.

PARTE III
MENTE E FÍSICA

1. A Falha Como Acerto na Física, no Manuscrito e na Pintura[1]

> *o espírito, seguindo o seu curso habitual que avança por digressão, obliquando uma vez num sentido, a vez seguinte no sentido contrário*
>
> M. PROUST, *Em Busca do Tempo Perdido*

Hesito sobre a compreensão do significante "falha" no título do congresso. Ele se refere ao passo em falso da primeira mulher bíblica que, aceitando a sugestão do demônio, cometeu o primeiro pecado da humanidade, segundo a *Bíblia*. Os exemplos que citarei decorrem de um falso passo em falso, ou melhor, de um passo em falso aparente, mas que nunca será considerado um pecado, no máximo será um erro de perspectiva.

O passo em falso arrasta a questão da "fortuna", chance ou acaso que se opõe à *virtú* ou à sabedoria, e que recobre o binômio caos-ordem, instabilidade-estabilidade, que intervém frequentemente nas pesquisas científicas e artísticas.

Lembrarei um caso de um erro feliz na Física, as mil possibilidades de erros de percepção decorrentes da complexidade do cérebro, as descrições dos caminhos da mente nem sempre coerentes na procura da verdade artística, os esboços das *Demoiselles d'Avignon*, de Picasso, e as dificuldades do narrador proustiano diante da fixação do início da *Busca do Tempo Perdido*.

[1] Conferência pronunciada em novembro de 2017, no VI Encontro Internacional CITCEM, intitulado Erros Meus, Fortuna Nossa: Da Falha Como Acerto, na Universidade de Porto.

1. OS CADERNOS DE OBSERVAÇÕES DOS CIENTISTAS

Num encontro entre pesquisadores franceses e brasileiros, no Instituto de Estudos Avançados da USP, em 1997, Etienne Guyon, diretor da Escola Normal Superior de Paris, na época, propôs a reutilização dos cadernos de observações que, infelizmente, com o advento dos computadores, deixaram de existir na maioria dos campos de saberes[2]. Por que Guyon fez essa sugestão? Porque os cadernos permitem registrar informações muitas vezes consideradas inúteis, índices secundários que podem ser reexaminados e provocar descobertas geniais.

Relendo seu caderno de observações, o físico Douglas Dean Osheroff, dos Estados Unidos, constatou o erro de uma curvatura contínua que achava certa na primeira escritura, e descobriu a superfluidade do gás hélio III (temperatura extremamente fria), o que lhe rendeu o prêmio Nobel, em 1996. Isto é, armado de uma dúvida fundamental relativa aos resultados ou supondo a existência de um conjunto diferente, ou achando que a curva estava errada, Osheroff negou a leitura anterior e reconstituiu a sequência correta. Assim, ele chegou à verdade a partir da suposição de que era falso o resultado aparentemente verdadeiro.

O questionamento do erro supõe uma desconfiança do resultado, uma fé na perfeição, uma perseverança no propósito e uma coragem para voltar atrás.

Em termos lacanianos, constatar o erro ou o fracasso supõe a ação do Significante 1, o S_1, que relativiza o saber acumulado e obriga o sujeito a avançar. A finalidade de uma psicanálise consiste em desbloquear um significado de um significante para permitir a este último deslizar e ganhar outros sentidos. Analogicamente, é o que fez Osheroff no campo da Física. A tensão entre o erro revisitado e o alvo almejado, rendeu-lhe o prêmio Nobel. Foi um erro feliz.

---

2 E. Guyon, De l'importance en science des archives de la création, *Manuscrítica: Revista de Crítica Genética*, n. 7, 1998, p. 57.

2. A NOÇÃO DO TEMPO NA FÍSICA QUÂNTICA

Uma das consequências mais impressionantes da mecânica quântica reside na noção do tempo. Não somente o tempo não existe sem o espaço, mas "o presente some", o que é difícil explicar; por isso, retomo os termos do astrofísico Carlo Rovelli:

> A passagem do tempo (uma intuição limitada e imediata) vem da física, mas não no quadro da descrição exata das coisas. Aparece antes no quadro da estatística e da termodinâmica [ciências do calor e das máquinas térmicas, segundo a definição clássica, ou ciências dos grandes sistemas em equilíbrio, segundo Ludwig Boltzmann]. Esta última poderia ser a chave do mistério do tempo. O "presente" existe não mais do que um "aqui" objetivo. As interações microscópicas do mundo deixam emergir fenômenos temporais para um sistema que interage somente com miríades de variáveis. Nossa memória e nossa consciência elaboram em cima desse fenômeno estatístico. Para uma hipotética *vista* muito fina que veria tudo, não haveria tempo que passa e o Universo seria um bloco de passado, presente e futuro. [...] Habitamos o tempo porque vemos somente uma imagem enfraquecida do mundo [...] é dessa imprecisão turva do mundo que provém nossa percepção do passar do tempo.[3]

E conclui, dizendo: "Está claro? Não, ainda há muito para ser compreendido."[4]

No entanto, podemos, pelo menos a partir deste mundo desconhecido do qual fazemos parte, duvidar de nossa memória e de nossa consciência, das quais temos somente uma imagem enfraquecida, visto nossa clarividência turva conjugada à pluralidade ou à miríade de fenômenos.

A concepção do tempo e da memória, segundo a mecânica quântica, afasta-nos um pouco mais da certeza de nossa conduta e de uma definição exata da memória e da consciência. Não somente somos agidos pelas pulsões, de acordo com Freud, somos também falados, como ressaltou Lacan, mas não discernimos muito bem do que somos feitos, já que somos fruto ou resultado de movimentos inumeráveis e invisíveis dos quais podemos apenas distinguir alguns. Nossa memória seria de fato uma máquina calculadora submetida à estatística.

---

3   C. Rovelli, *Sept brèves leçons de physique*, p. 71.
4   Ibidem.

Segundo a astrofísica, portanto, vivemos no erro quando pensamos que o tempo passa. Mas não é um erro feliz? Como lutar contra nossos hábitos e nossa prática do relógio sem acreditar que o tempo passa? Como encarar o nascimento, a vida e a morte se não pudermos distingui-los? Como construir a História, nossa história, sem admitir a cronologia dos fatos? Nossa miopia astrofísica é benéfica, que eu saiba. Será que se trata de um erro feliz?

3. COMO AGE O CÉREBRO, SEGUNDO A NEUROCIÊNCIA? (GERALD EDELMAN)

Os processos conscientes resultam do número fantástico de interações "reentradas" que intervém entre o sistema de memória de valor-categoria, presente sobretudo nas zonas mais anteriores do sistema talamocortical, e os sistemas mais posteriores responsáveis da categorização perceptiva. [...] Nossa tese determina que a transformação fenomenal é ocasionada por essa atividade neural. Ela não é causada por essa atividade; é mais uma propriedade simultânea dessa atividade.[5]

E ainda: "A consciência reflete a aptidão em realizar distinções e discriminações no seio de vastos conjuntos de escolhas possíveis. Estas distinções são realizadas em fração de segundos, e elas mudam consideravelmente."[6]

Em outras palavras, a percepção não é imediata, ela é preparada pela história do indivíduo, pela história da construção de seu cérebro ou pela seleção constante dos estímulos que a preparam. Ou seja, a percepção tem, ela mesma, uma história, portanto, um trajeto e uma memória e, por isso, está sujeita a numerosos erros. As miríades de conexões no cérebro diante de uma percepção tornam possíveis mil erros de percepção.

---

5 G. Edelman, *Plus vaste que le ciel: Une nouvelle théorie générale du cerveau*, p. 100-101.
6 Ibidem, p. 168.

4. À PROCURA DA VERDADE EM "SODOMA E GOMORRA"

O narrador proustiano encena três personagens melômanas: Mme de Cambremer, sua nora e o herói, que discutem o valor dos *Noturnos*, de Chopin, desprezados por certa crítica. Ao contrário da sogra, a nora detesta Chopin, mas basta que o herói afirme que Chopin, longe de ser antiquado, era o músico preferido de Debussy, o grande nome do momento, autor de *Pelléas et Mélisande*, para assegurar-se de que "dali por diante ela [a nora] só ouviria Chopin com respeito e até mesmo com prazer"[7].

O que aconteceu? Por que essa mudança brusca no decorrer de uma simples conversação? O narrador emite vários motivos:

> É assim que o espírito, seguindo o seu curso habitual que avança por digressão, obliquando uma vez num sentido, a vez seguinte no sentido contrário, tinha convergido a luz do alto para certo número de obras a que a necessidade de justiça ou de renovação ou o gosto de Debussy, ou o seu capricho, ou algum intuito que ele talvez não tivera havia acrescentado as de Chopin. Apregoadas pelos juízes em quem todos tinham a maior confiança, beneficiando-se da admiração que provocava *Pelléas*, tinham elas encontrado um brilho novo, e até aqueles que não as tinham novamente ouvido tão desejosos estavam de as amar que o faziam sem querer, embora com a ilusão da liberdade.[8]

Esses motivos, não desprovidos de razão, provocariam a passagem do erro à certeza de julgamento, se pudermos confiar em Debussy (1862-1918), que, embora reconhecido e estimado, pôde ser influenciado na sua apreciação, tendo reencontrado em Chopin (1810-1849), um dos seus antecessores, frases musicais que tinha desenvolvido sem saber a origem delas. Em outras palavras, qualquer que seja a escolha, a favor ou contra Chopin, motivos pessoais, que não decorrem de critérios objetivos, intervêm muitas vezes, se não sempre. Mas esses critérios objetivos existem?

No caso das obras de arte, parece difícil, já que não se trata de erros ou de verdades, mas de uma correspondência ou não de gosto. O que é questionado não é o talento do artista, mas se o quadro, a melodia, a escultura ou a escritura responde ou

---

[7] *Sodoma e Gomorra*, p. 259.
[8] Ibidem, p. 258.

não ao gosto do público e não somente da crítica. Não se trata, portanto, de erros em si, mas de critérios de gosto.

Os gostos da crítica dependem muitas vezes de uma escola, sabendo que as teorias e as escolas, como os micróbios e os glóbulos, entredevoram-se e asseguram, com a sua luta, a continuidade da vida[9]. É o que mostra o comentário de Camille Bellaigue, crítica da *Revue des Deux Mondes*, que escrevia contra Chopin no *Le Figaro*, em 28 de abril de 1888: "Por uma frase elegante ou comovente, quanto dilúvio de notas, quanta tagarelice inútil, qual guirlanda insuportável de toda melodia, (ele teria colocado) pompons a *Vênus de Milo*."

Entre a apreciação do crítico Bellaigue e a de Debussy, o que escolher?

A decisão é tanto mais difícil que o crítico às vezes adota critérios temporários.

Por outro lado, como o público irá distinguir quais artistas e escritores são talentosos e que outros não? Enquanto o escritor Marcel Proust estimava escritores de seu tempo, hoje esquecidos, seu narrador dá conselhos bastante vagos em *O Tempo Redescoberto*, e recomenda apoiar-se na "vida instintiva do público":

Porque há maiores analogias entre a vida instintiva do público e o talento de um grande escritor, que não é senão um instinto religiosamente ouvido em meio ao silêncio a tudo o mais imposto, um instinto aperfeiçoado e compreendido, do que entre este e a verbosidade superficial, as normas flutuantes dos juízes oficiais.[10]

O que é a vida instintiva para o narrador?

Atrás dos signos percebidos no mundo que o cerca pelo conjunto dos leitores de sua obra, signos que todos deveriam perceber 'instintivamente', o narrador ultrapassa a primeira percepção muitas vezes falsa ou mal focalizada, e nesse movimento está sua arte e a aprendizagem do herói Marcel.[11]

Esse além da primeira percepção reenvia ao texto sobre a escuta da sonata de Vinteuil, da qual a repetição permite ultrapassar a primeira percepção não falsa, mas incompleta:

---

9   Ibidem, p. 256.
10 *O Tempo Redescoberto*, p. 238.
11 P. Willemart, *Proust, Poeta e Psicanalista*, p. 163.

Foi num desses dias que lhe aconteceu tocar-me a parte da sonata de Vinteuil em que se encontra a pequena frase que Swann tanto havia amado. Mas, muitas vezes não se entende nada, quando é uma música um pouco complicada que ouvimos pela primeira vez. E, no entanto, quando mais tarde me tocaram duas ou três vezes aquela mesma sonata, aconteceu-me conhecê-la perfeitamente. [...] Provavelmente o que falta, na primeira vez, não é a compreensão, mas a memória. Pois a nossa (memória), relativamente à complexidade de impressões com que tem de se haver, enquanto escutamos, é ínfima e tão breve quanto a memória de um homem que, dormindo, pensa em mil coisas que em seguida esquece, ou do homem que, na segunda infância, não recorda no minuto seguinte o que acabamos de lhe dizer. A memória é incapaz de fornecer imediatamente a lembrança dessas múltiplas impressões.[12]

Não se trata da memória da melodia ouvida, o que deve reter um músico, mas de impressões ressentidas na escuta. A lembrança é progressiva e tem necessidade da repetição para se constituir:

Mas essa lembrança se vai formando nela pouco a pouco, e com obras ouvidas duas ou três vezes [...] Somente que, até aquele dia, eu nada tinha ouvido da referida sonata [...], esta se achava tão longe de minha percepção clara como um nome que se procura recordar e em cujo lugar só se encontra o nada, um nada de onde uma hora mais tarde, sem que o pensemos, irão se lançar por si mesmas, de um único salto, as sílabas inutilmente solicitadas antes.[13]

A lembrança já foi gravada na memória, na primeira escuta. É preciso apenas tempo, uma noite de sono ou uma segunda escuta, já que ela surge como um nome esquecido, o tempo de percorrer um longo caminho, o tempo para que os neurônios se conectem, diria em termos de neurociência, ou que o pré--consciente chegue à consciência, se retomarmos os termos freudianos. Além disso, as lembranças se constituem não só gradualmente, mas escolhem o que vem em primeiro lugar:

E não apenas somos incapazes de reter de imediato as obras verda-deiramente raras, mas até no seio de cada uma dessas obras, como me aconteceu com a sonata de Vinteuil, o que de início percebemos são exatamente as partes de menor valor. De sorte que eu não só me

---

12 *À Sombra das Raparigas em Flor*, p. 135.
13 Ibidem, p. 136.

enganava ao pensar que a obra não me reservava mais nada [...] logo que a Sra. Swann me executou a frase mais famosa.[14]

Da mesma maneira, uma obra musical complexa é composta de uma soma de partes diferentes mais ou menos geniais. Na primeira abordagem, a obra dá apenas "as partes menos preciosas" e nos faz acreditar que conhecemos toda ela, o que nos dispensaria de ouvi-la de novo. É um primeiro erro. "Quando se me revelou o que se acha mais oculto na sonata de Vinteuil, já aquilo que distinguira e preferira no princípio começava a escapar-me, a fugir-me."[15]

O hábito erra ao esconder da sensibilidade as riquezas da melodia e mesmo ajuda o auditor a pular em cima das partes essenciais que teriam sido agradáveis. Portanto, é preciso saber colocar de lado o gosto inicial para ouvir

o que estas grandes obras-primas têm de melhor [...] Por só ter podido amar em épocas sucessivas tudo quanto me trazia aquela sonata, nunca cheguei a possuí-la inteiramente: assemelhava-se à minha vida. Mas, menos decepcionantes que a vida, essas grandes obras-primas não começam por nos dar o que têm de melhor. Na sonata de Vinteuil, [...] quando estas (as partes mais fracas) se afastaram, ainda nos ficou, para amar, uma ou outra frase que, pela ordem demasiado nova para oferecer a nosso espírito nada mais que confusão, se nos tornara indiscernível e guardara intata para nós[16].

A ordem instaurada pelo que há de melhor parece no início desordenada ao espírito. Qualificada de barulho ou sem harmonia na primeira escuta, a percepção da ordem que perturba nossos hábitos não é sempre possível. É preciso aceitar outros critérios ou regularidades às quais nosso espírito deve se submeter e "se acostumar".

Ironia do espírito que não pode se impedir de procurar regularidades, ou certo determinismo, outro nome do hábito, para que possa se encontrar. Encontrar o estável na instabilidade, ou melhor ainda, descobrir o caminho que leva do instável ao estável parece ser o caminho adequado, aprendizagem que leva tempo e que exige várias escutas.

14 Ibidem.
15 Ibidem.
16 Ibidem, p. 136-137.

Em seguida, o herói estende sua reflexão para o grande público:

> E esse tempo de que necessita um indivíduo – como aconteceu a mim com essa sonata – para penetrar uma obra um tanto profunda é como um resumo e símbolo dos anos, e às vezes dos séculos, que têm de transcorrer até que o público possa amar uma obra-prima verdadeiramente nova.[17]

A distância entre o público e uma nova obra de gênios, como Mahler, parece intransponível, no começo. Será somente com a força de repetições e do reconhecimento das impressões deixadas nos homens que as obras serão valorizadas.

O narrador proustiano acaba de traçar o percurso do erro à verdade na interpretação de uma obra musical: primeiro, a escuta, desconfiando da crítica que nem é preciso ler; depois, vencer o hábito da primeira escuta; escutar novamente, deixando-se levar por uma nova ordem, um novo rearranjo; deixar o tempo passar (expressão popular em que não acredito, deixar o cérebro se habituar é mais exato); e, enfim, gozar de todas as partes da melodia.

A repetição seria o remédio ao erro da primeira escuta.

5. O ESBOÇO DO PINTOR

Não posso deixar de citar o manuscrito dos escritores e dos músicos, os esboços dos pintores e dos escultores como testemunhos de erros felizes dos artistas.

Quem viu Picasso pintando *Les Demoiselles d'Avignon*, filmado por Clouzot (1956), tinha vontade de dizer ao pintor: "Para, já é bonito", mas ele continuava rabiscando, apagando e recomeçava sem fim. O que me faz perguntar: em nome do que ele apaga? Quem ou o que guia o artista nesse projeto, já que o que para nós é um acerto, para ele é um fracasso. O que sabemos e o que ele sabe? De fato, o artista não sabe. Talvez Proust nos dê uma resposta.

---

[17] Ibidem.

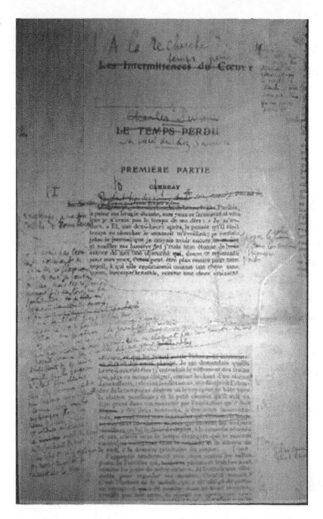

6. O INÍCIO DE "EM BUSCA DO TEMPO PERDIDO"

Voltando aos Cadernos Bodmer, dos quais tratamos no primeiro capítulo da primeira parte, constatamos que as análises das versões da datilografia de 1909-1910, do início de *Em Busca do Tempo Perdido*, são ritmadas pela cadência 2/7 que, impondo-se aos poucos, forçam o escritor a eliminar parágrafos, a substituir algumas palavras e, assim, a reorganizar ao mesmo tempo a métrica e o "movente", segundo a terminologia de Henri Meschonnic[18].

---

18 Cf. H. Meschonnic, *Traité du rythme*; A.H. Pierrot, Notes sur la mort de la grand-mère, *Bulletin d'Informations Proustiennes*, n. 36, 2006.

MENTE E FÍSICA 115

A segunda camada da datilografia de 1909-1910 já encurtava a primeira, deixando aparecer a última, que será retomada no início, mas não sem algumas perturbações:

pendant les derniers mois	6
que je passais dans la banlieue de Paris	11
avant d'aller vivre à l'étranger,	9
le médecin me fit mener	7
une vie de repos.	7
Le soir	2
je me couchais de bonne heure.	7
Souvent	2
à peine ma bougie éteinte,	7
mes yeux se fermaient si vite	7
que je n'avais pas le temps	7
de me dire "je m'endors".	7
Et une demi-heure après,	7

E já anuncia o início de *Em Busca do Tempo Perdido*:

Longtemps	2
je m´[e] suis couché de bonne heure.	7
Parfois,	2
à peine ma bougie éteinte,	7
mes yeux se fermaient si vite	7
que je n'avais pas le temps	7
de me dire "je m'endors".	7
Et une demi-heure après,	7

No entanto, três anos mais tarde, na prova 1 Bodmer de 1913[19], Proust, como releitor, rasura os dois primeiros versos e os substitui por "Pendant bien des années, chaque [le] soir, quand je venais de me coucher, je lisais quelques pages d'un [Traité d'archéologie monumentale]", frase riscada de novo para reintroduzir na margem a frase mágica que conhecemos.

Esse acréscimo, embora substituído logo, traz algo de estranho à leitura de *Em Busca do Tempo Perdido*, se ouvirmos o ritmo:

Pendant bien des années,	6
chaque [le] soir,	2
quand je venais de me coucher,	8

[19] Cf. C. Mela, Placard 1, 31 mars 1913, em M. Proust, *Du côté de chez Swann, Combray, Premières épreuves corrigées 1913*.

> *je lisais quelques pages* 6
> *d'un[Traité d'archéologie monumentale],* 1/[2, 5, 5]

O ritmo 2/7 desapareceu, o que provavelmente explica, em parte, a rasura imediata do acréscimo. Com o ritmo retomando força, o narrador só podia retranscrever "Longtemps, je me suis couché de bonne heure", como Charles Méla também constata: "Essa pesada referência para o narrador? Ele interrompe o retocar para restabelecer na margem a frase simplesmente ritmada. O reenvio ao passado perde assim toda determinação temporal ou anedótica para que subsista somente a voz interior do sujeito que fala."[20]

O que é essa voz interna senão, a meu ver, o ritmo 2/7 que, só depois e emergindo do ritmo anterior, retoma seus direitos para colaborar com o som do narrador? Nathalie Mauriac Dyer reforça a hipótese, citando a carta a Mme Strauss de novembro de 1908: "cada escritor é obrigado a produzir sua língua assim como cada violonista é obrigado criar seu som"[21]. O narrador prefere "sua entonação":

E ainda levando em conta aquela originalidade adquirida, [...] é realmente uma entonação única a que se elevam, a que retornam, mau grado seu, esses grandes cantores que são os músicos originais, a qual é prova da existência irredutivelmente individual da alma. [...] Cada artista parece assim como que o cidadão de uma pátria desconhecida, esquecida dele mesmo, diferente daquela de onde virá, rumo à terra, outro grande artista.[22]

Os seis casos citados mostram ao mesmo tempo o caminho da "falha como acerto", mas também da "falha para o acerto". Os meios usados se resumem nos conselhos encontrados em *Em Busca do Tempo Perdido*: fugir do hábito e do acomodado a fim de ultrapassar a estabilidade provisória, mergulhar na instabilidade descoberta até encontrar uma estabilidade maior, que abrange a totalidade ou a quase totalidade do fenômeno, tentando corresponder a essa voz interna tão bem descrita pelo narrador proustiano.

---

20 Ibidem, p. 1.
21 N.M. Dyer, Memnon barométrique, ou Spleen à la manière de Proust, em P. Chardin, *Originalités proustiennes*, p. 198.
22 *A Prisioneira*, p. 295.

2. Tempo e Memória[1]

Do que lembramos? Do que lembra o escritor quando trabalha?

Quando falamos de memória, nossa memória, a memória do escritor, a da comunidade, de um povo, falamos forçosamente do tempo, do tempo que passou, ou melhor, dos momentos vividos com os seres queridos ou odiados, dos livros lidos que nos marcaram, das aulas seguidas de debates, dos filmes vistos etc., memória que não será a mesma para todos, ainda que tenham vivido os mesmos acontecimentos. O desejo é um dos elementos que produz diferenças na memória.

Todavia, falar de memória após Freud e as neurociências é um desafio, falar de tempo depois de Einstein, que sempre associa a ele o espaço, é uma verdadeira aposta, falar de tempo após a física quântica, que nega o tempo que passa, subentende uma reflexão considerável.

"Tempo e memória" será o assunto de minha intervenção, mas não partirei da astrofísica nem das neurociências, nem da psicanálise, ainda que essas abordagens contribuam para o que desenvolverei aqui. Meu ponto de partida será a literatura.

---

1 Conferência pronunciada na XVI Jornada Nacional de Literatura, promovida pela Universidade de Passo Fundo (RS), em outubro de 2017.

Na última página de *O Tempo Redescoberto*, de Marcel Proust, ao constatar que o velho duque de Guermantes, de 83 anos, tinha dificuldade de se levantar da cadeira, o narrador comenta:

Tempo e memória será o assunto de minha intervenção, mas não partirei primeiramente da astrofísica nem das neurociências nem da psicanálise, ainda que essas abordagens contribuam para o que vou desenvolver aqui. Meu ponto de partida será a literatura.

Na última página do *Tempo Redescoberto* de Marcel Proust, ao constatar que o velho duque de Guermantes, de 83 anos, tinha dificuldade para se levantar da cadeira, o narrador faz a comparação bastante esclarecedora das pernas de pau citada na primeira parte[2].

Como e por que o narrador guarda esse passado e retém tal acontecimento e não outro? O livro se construirá a partir da "recriação, pela memória, das impressões que depois seria mister aprofundar, esclarecer, transformar em equivalentes intelectuais"[3].

Aqui, desenha-se, eu poderia dizer, a antropologia do narrador. Não é uma memória dos fatos da História que teriam marcado os contemporâneos nem de encontros excepcionais, nem de filmes, fotos, livros ou jornais, mas a memória das impressões provocadas por esses fatos ou experiências. O exemplo-mor é a experiência da *madeleine* por demais conhecida. Da sensação à impressão, isto é, a conjugação do sabor da *madeleine* com o odor do chá provoca uma efervescência de lembranças inacreditável: a cidadezinha de Combray, as férias na casa de tia Léonie, o drama do deitar etc. Será preciso lembrar o texto?

Sublinhamos apenas que o sabor misturado ao odor se revela mais eficaz na pesquisa de lembranças ou na invenção do que a inteligência. Notamos também que o contato com o passado esquecido *não* se fará pela pulsão do olhar que aciona o registro do Imaginário *nem* do ouvir que faz entrar o sujeito no registro do Simbólico, mas pelas pulsões oral e olfativa, pulsões primitivas, já que são as primeiras que nos trabalham desde o útero e contribuem para construir nosso mapa erótico, pulsões que dividimos com o reino animal (localizadas no sistema reptiliano). No entanto, pelo pouco que sabemos,

---

2   *O Tempo Redescoberto*, p. 406.
3   Ibidem, p. 401.

distinguimo-nos dos animais porque amarramos essas pulsões a "um edifício imenso de recordações"[4].

Em outro episódio, o narrador proustiano, agindo como crítico, sustenta que as experiências entram em nossa mente pelos sentidos ou pela percepção, não sem passar, antes de chegar à consciência, por um trabalho na mente; é a *cosa mentale*, citada por Leonardo da Vinci. A sensação percorre três etapas: o contato da experiência com a mente, a passagem pela mente, ou *a cosa mentale*, e a consciência do fato.

O narrador proustiano concorda assim com o neurocientista darwiniano Gerald Edelman, já citado no capítulo anterior que sublinha que para ada percepção é preparada pela história do indivíduo e da construção de seu cérebro.

As experiências entram pelos sentidos, sim, mas supõem um trabalho mental preliminar antes de serem percebidas. Podemos imaginar o trabalho imenso da mente, os erros, desvios, distorções e infinitas associações possíveis nos fluxos de impulsos neuronais para cada percepção e o caminho até a memória consciente!

Depois de serem captadas, as experiências se imprimem na mente. De que maneira? Como um depósito heteróclito ou juntando-se segundo alguns critérios? Duas respostas são possíveis:

1. O neurocientista Robert Jaffard, do Instituto de Neurociências Integrativas e Cognitivas da Aquitânia, CNRS e Universidade de Bordeaux, mostrou que a atividade cerebral, medida no momento de encodar, distingue as informações a serem retidas ou reconhecidas como lembranças – que serão percebidas como familiares – daquelas que serão esquecidas[5]. Sem invocar o inconsciente do ponto de vista da psicanálise, distinguir informações que permanecem daquelas sem efeito, memorizar algumas e não outras não está em nosso poder, nem no poder do inconsciente.

2. François Ansermet, psicanalista suíço, e Pierre Magistretti, neurocientista também suíço, escreveram um livro com o título

---

4 *No Caminho de Swann*, p. 74.
5 R. Jaffard, *Conférence La Mémoire dans tous ses états*. Disponível em: <https://www.youtube.com/>.

bastante significativo *À chacun son cerveau : plasticité neuronale et inconsciente* (Para Cada um Seu Cérebro: A Plasticidade Neuronal e Inconsciente), no qual estabelecem alguns pontos de referência que podem ajudar a entender a relação entre a memória e o discurso. Vou retomar alguns elementos do livro, citados por Ansermet numa conferência em Montreal, em outubro de 2004.

2.1. Ponto de convergência entre neurociências e psicanálise.

Embora a psicanálise e a neurociência não tenham um denominador comum, há um ponto de convergência entre a inscrição sináptica, ou a impressão material no corpo (no ponto de encontro dos neurônios, no cérebro), o traço mnésico (ligado à imagem de um acontecimento, provindo da memória) e o significante (forma e sintaxe da língua). Há três tipos de marcas ou de engramas (termo antigo) que poderiam coincidir.

2.2. Lacan, leitor de Freud, distingue duas vertentes do inconsciente, prossegue Ansermet: o inconsciente da repetição (autômaton) e o do imprevisto (tiquê) ou a repetição, ou necessidade de um lado e a contingência do outro[6]. O primeiro acumula o que está inscrito, impõe ao sujeito uma trajetória orientada desde o passado, enquanto o segundo está direcionado para o futuro em suas dimensões imprevisíveis e impossíveis de predizer. O que gera duas espécies de plasticidade:

2.2.1. A plasticidade durável ou repetitiva, quando uma impressão permanente é gerada – o amor pela mãe ou pelo pai, por exemplo. São significantes formais arcaicos, segundo Bertrand Golse[7]. Acontece quando a inscrição sináptica, o traço mnésico e o significante continuam relacionados.

2.2.2. A plasticidade potencial de mudança ainda infinita – o amor pela amante, pelo amigo, pela amiga etc. Quer dizer, somos determinados, mas para sermos indeterminados, isto é, somos obrigados a ter de escolher, por exemplo, entre parceiros e amigos.

---

6   *O Seminário. Livro 11: Os Quatro Conceitos Fundamentais em Psicanálise*, p. 55.
7   B. Golse, Les Signifiants formels comme un lointain écho du bébé que nous avons été, *Le Carnet Psy*, n. 117, p. 3-6.

Sem saber, provavelmente, o psicanalista repetia Sartre, que já dizia em sua conferência L'Existentialisme Est un Humanisme, em 1946: "O homem está condenado a ser livre." ("L'homme est condamné à être libre.")

Haveria também dois tipos de memória decorrentes dessa plasticidade repetitiva ou potencial: uma memória previsível, ligada ao determinismo da vida, e uma não memória ou uma memória volátil, ligada ao significante.

2.3. Percepção e memória se excluem reciprocamente.

A experiência de satisfação deixa um engrama/traço que faz com que não possamos mais voltar à experiência, segundo Freud, no Capítulo VII da *Interpretação dos Sonhos*, o que é a grande descoberta freudiana do ponto de vista neurobiológico: *percepção e memória se excluem reciprocamente*. É impossível manter os traços de tudo o que vivemos. Não podemos manter os milhares de percepções de cada dia; temos de esquecê-las. É o papel da memória: selecionar e esquecer.

2.4. Plasticidade neuronal.

Os traços estão lá, mas se modificam e se associam uns aos outros, e, por isso, mergulhamos toda manhã num homem diferente, segundo Alain Prochiantz, do Collège de France. Portanto, conforme Ansermet, a questão da plasticidade neuronal é muito paradoxal. A experiência deixa um traço, e a inscrição da experiência, sob a forma de traço, separa, corta, torna até inacessível a experiência, não somente a imagem da lembrança, mas a experiência ela mesma.

Essa constatação denota a dificuldade que temos de lembrar; lembramos de um fato bom ou ruim e não da data de sua inscrição, ou lembramos da inscrição e não mais do fato: lembramos ter passado nessa cidade um dia, mas não em que época, ou lembramos ter vivido uma experiência especial tal dia sem lembrar de qual experiência se trata.

Evidentemente, falamos aqui não somente da vida de todos os dias, mas da experiência vivida que choca, assusta, transtorna: um acidente, um atentado, um roubo, uma agressão. E nos referimos também aos acontecimentos felizes: um nascimento, um êxito, um campeonato vencido, uma bolsa obtida, uma viagem-surpresa etc. Como Freud escreve, em *Interpretação dos Sonhos*, esses eventos deixam um traço no cérebro, um traço psíquico ou um traço na linguagem com o afeto positivo ou negativo: a paixão, a angústia, o medo, a alegria etc. Lembramos, por exemplo, do ódio por tal pessoa, mas esquecemos o motivo; a separação do afeto e do fato causador das brigas está na origem da maioria das desavenças entre famílias (vendeta siciliana).

2.5. Como integrar o tempo à descrição de um estado do cérebro?

A esse respeito, Ansermet afirma que a plasticidade obriga a repensar a questão da temporalidade, a integrar esse tempo que faz esquecer o que é em dado momento. O tempo da plasticidade é um tempo descontínuo, feito de rupturas. Questiona a ideia contínua, cronológica do desenvolvimento.

Anotamos a descontinuidade do tempo nas inscrições, que seguem outra lógica próxima da do inconsciente (e do caráter discreto das ondas gravitacionais na teoria quântica). A descontinuidade estabelece uma relação necessária entre dois eventos próximos: isso quer dizer que uma impressão fixada há dois anos, por exemplo, pode ter uma influência retroativa no presente e estar escondida, ou é ignorada, ou, ainda, permanece inconsciente até lá.

Se houver ruptura entre a experiência e a impressão, não mantemos nenhuma lembrança a não ser o afeto?

Não exatamente! Precisamos voltar a Proust, que distingue a memória voluntária, que decorre da inteligência e do raciocínio – o calendário e a agenda do celular ajudam –, e a memória involuntária, que resulta do acaso e da surpresa. Mas cada uma dessas memórias tem um tempo bem definido: o primeiro segue o calendário ou pelo menos tenta segui-lo; o segundo está fora do tempo, no sentido que surge sem avisar, sem plano, sem programa, a mercê de uma coincidência, para não falar do acaso. A experiência da *madeleine* no herói proustiano é exemplar nesse ponto.

A descontinuidade da inscrição da impressão é diferente do caso anterior? Sim, no sentido de que o acaso não interfere, como sustentava Freud, contrariamente a Lacan; estaríamos determinados desde o início por nossas impressões, segundo Freud, enquanto Lacan, admitindo o acaso, encarava as múltiplas probabilidades inerentes à vida a partir de uma mesma impressão (probabilidade e memória quântica).

Como provocar a memória involuntária? Um dos meios seria utilizar a psicologia no espaço, inventada pelo narrador proustiano. Girar ao redor do objeto desejado à maneira de um planeta ao redor do sol, sentir a força de gravitação, quer seja um amigo, uma amiga, um livro, a basílica São Marco de Veneza, um trem ou um carro, criando assim um espaço entre ele e eu, espaço original que poderia gerar o desencadeamento da lembrança. O tempo, nesse caso, não seria mais cronológico, mas dependeria do espaço formado entre mim e o objeto e do número de voltas que farei até o desencadeamento da lembrança. A *madeleine* continua o exemplo modelo; despertado pelo anúncio de um gozo desconhecido, o herói insistiu, experimentando o sabor e o odor do chá e do bolo várias vezes, até que apareceram as lembranças de Combray.

2.6. Como funciona a mente ou a memória voluntária no ato de escrever?

2.6.1 Em *Waltenberg*, o escritor franco-tunisiano Hedi Kaddour[8] traz uma conversa entre André Malraux e convidados de um jantar, na embaixada francesa de Singapura, em julho de 1965, em que o ministro das Relações Exteriores do general Charles de Gaulle descreve um de seus processos de escritura: "Pasticho Faulkner ou os russos dos anos de 1920 (Boris Pasternak, por exemplo), o pastiche se torna um filtro para olhar o mundo com um olhar diferente [...] olhar Xangai através de um simulacro de policiais, ou fazer pastiche dos *Pensées* de Pascal através de uma HQ [...] isso termina por fazer uma obra."

Em outras palavras, Malraux via Kaddour recomenda aos escritores retomar a escritura de um antecessor, qualquer que seja o assunto ou o gênero; por exemplo, reler um romance policial como *A Condição Humana* e descobrir que a cidade, Xangai nesse caso, na qual vivem as personagens, é percebida diferentemente, o que dará uma obra original.

2.6.2 Os pastiches de Balzac, Flaubert, Michelet, Renan etc. por Proust não são inocentes em sua obra magistral. Retomar a memória literária dessa maneira permite ao escritor continuar

[8] H. Kaddour, *Waltenberg*, p. 481.

a tradição sem se submeter a ela e insistir em seu papel de *scriptor* a serviço da língua.

Por outro lado, se acreditamos em uma melhora, ou até mesmo em uma evolução do gênero, apesar das bifurcações operadas no decorrer dos séculos, o novo autor partirá de mais longe e poderá dispensar-se de retomadas constantes do passado ou da memória do passado e não somente de invenções pessoais. Voltando à metáfora de Proust, o novo escritor partirá das pernas-de-pau de seus antecessores para acrescentar as dele.

2.6.3 Terceiro exemplo.

O escritor alemão, que foi comparado a Proust, Winfried Georg Maximilian Sebald (1944-2001), ficcionaliza os crimes nazistas em seus romances, filtrando os acontecimentos a partir de sua história individual. A obra é composta "de farrapos de memória e fragmentos de reflexão, que desenham uma história individual despedaçada pela história"[9]. Trata-se de uma escrita elíptica, segundo Leyla Perrone-Moisés.

2.6.4 Quarto exemplo: *Camilo Mortágua*, de Josué Guimarães. A memória estranha de Camilo, indo ao cinema, que revê, através do filme *Cleópatra*, toda sua vida passada em detalhes, como se a infância, a adolescência, a juventude e a maturidade precisassem da sétima arte para ser rememorados ou como se sua vida fosse ficção.

A escritura elíptica de Sebald encontra o conceito de memória de Quignard, contrária à escritura de Guimarães que retém tudo: "Reter é uma operação que consiste em organizar o esquecimento de tudo o que 'resta', que deve cair a fim de preservar aquilo que desejamos que volte.[10]" A memória teria por função organizar o esquecimento e separar informações que queremos manter de outras que nos interessam menos.

2.7. Admitindo que o "reter" de Quignard surte efeito tanto na memória voluntária quanto na involuntária, quem organiza o esquecimento e separa as informações? Os neurocientistas respondem: o cérebro. Valéry, sem conhecer a neurociência, concorda: "todo um trabalho se faz em nós sem nosso

---

9   *Mutações da Literatura no Século XXI*, p. 239.
10 P. Quignard, *Le Nom sur le bout de la langue*, p. 63-64.

conhecimento [...] nosso estado consciente é um quarto que arrumam em nossa ausência"[11].

Freud completa Valéry na *Interpretação dos Sonhos*: "problemas não resolvidos, preocupações muito penosas, excesso de impressões prorrogam a atividade do pensamento no sono e mantêm processos psíquicos no sistema que chamamos pré-consciente [...] as atividades de pensamento as mais complicadas podem ocorrer sem que a consciência participe"[12].

E como se arruma o quarto? Quem é esse "se" do qual fala Valéry? A teoria da auto-organização sustentada por Francisco Varela[13] vai ao encontro da teoria de Ilya Prigogine[14] num campo totalmente diferente, um falando do cérebro e o segundo da química. Os mecanismos do cérebro decorrem do mesmo princípio defendido por Varela e Prigogine: a auto-organização. Eles reúnem cientistas, literatos e artistas nesse sentido. A auto-organização das impressões e das informações no cérebro é reconhecida desde Freud e é sustentada por Valéry, Ansermet, Quignard e a maioria dos cientistas[15].

Uma pesquisa divulgada na *Folha de S. Paulo* do dia 18 de maio de 2017 confirma a autonomia do cérebro, relatando como os médicos pensam. Após estudos de imagens do cérebro usando ressonância magnética funcional, constataram que um médico, só depois de colher informações (indicativos de febre, exames etc.) e falando, não antes disso, tem a possibilidade de conhecer ou se dá conta de um diagnóstico ou de sua decisão. A linguagem é crucial para o pensamento racional, conclui Gabriel Alves, autor da reportagem.

Não é a mesma coisa que observamos em nossos trabalhos? Raramente conseguimos escrever de maneira voluntária sobre uma pesquisa ou um assunto qualquer e terminar tudo isso no mesmo dia. Não direi que o tempo amadurece a reflexão, como nos afirma a sabedoria popular. A respeito disso, diria melhor, "deixemos a mente pensar e trabalhar à vontade";

---

11 P. Valéry, *Cahiers*, I-II-III, p. 355.
12 S. Freud, *L'Interprétation des rêves*, p. 471 e 504.
13 F.J. Varela, *Connaître: les sciences cognitives, tendances et perspectives*, p. 74-75.
14 Cf. I. Prigogine; I. Stengers, *La Nouvelle alliance*; I. Prigogine, Un Siècle d´espoir, *Temps et devenir*.
15 R. Benkirane, *La Complexité, vertiges e promesses*, p. 113 e 166.

bastará estarmos suficientemente à espreita para nos tornarmos instrumento da pesquisa e não somente seu condutor.

Em outras palavras, o cérebro trabalha sem nossa consciência ou em nossa ausência, como Valéry pensava.

3. A memória da escritura

Antes de aprofundar a noção de tempo, devo ainda falar de outro conceito de memória esboçado há alguns anos no decorrer dos estudos sobre o manuscrito: a memória da escritura, que chamei às vezes de memória do manuscrito.

Não se trata da memória voluntária nem da memória involuntária de Proust, mas de uma memória seletiva que se desencadeia quando o escritor elege o assunto, ou, melhor ainda, quando o escritor se submete a um assunto soprado num encontro, num sonho ou em outro tipo de chamada.

Essa memória é constituída de um não saber que pertence ao *scriptor*, na medida em que ele se faz *porta-voz* de seus conhecimentos, dos encontros, da tradição literária e dos livros lidos. Esse não saber (*insu*) é acessível ao crítico genético paciente, que tem coragem de reler continuamente os manuscritos ou de colocá-los na memória do computador. Assim, a memória da escritura corresponde a fatos ignorados pelo leitor do texto publicado; ela dá novos elementos ao crítico genético que, armado do manuscrito, não poderá associar elucubrações gratuitas, mas textos distribuídos ao longo de seu objeto de estudo e comparar a elaboração do texto com o texto editado.

A memória da escritura nunca será definitiva e continuará juntando informações que entram no mesmo espaço e que se auto-organizam nos dois sentidos, ascendente e descendente, como salienta Varela[16], transformando o escritor em instrumento de sua escritura, ou em *scriptor*. A acumulação de informações durará até a última rasura e, às vezes, transbordará o romance, o conto ou o poema do momento. Uma vez na memória, a informação entra no sistema à procura de outras por caminhos desconhecidos do escritor, que, atento a esse jogo, traduz e/ou transfere à página o que convém.

---

16   Ibidem, p. 166.

4. O tempo

Como dizia no início, o conceito de tempo mudou profundamente desde a teoria da relatividade de Einstein, no começo do século XX.

Emmanuel Kant considerava a categoria de tempo um *a priori* e uma das referências de nossa sensibilidade. "Heidegger acentuou o fato de que moramos no tempo."[17] Einstein, pelo contrário, sustentava que o tempo constitui uma quarta dimensão. Proust parecia estar a par das descobertas do físico de Zurich, já que seu narrador, retomando a teoria da relatividade, dava a quarta dimensão do tempo à igreja de Combray e, mais tarde, à personagem Albertine, sublinhando as diferentes épocas evocadas nas tapeçarias da igreja ou os momentos vividos com a amante.

Mas, em *O Tempo Redescoberto*, o narrador prolonga Einstein, inventando um novo conceito, o "tempo incorporado". O tempo faz parte do corpo e cada um o faz seu à sua maneira[18]. Estamos em plena relatividade. Como salienta Henriete Karam, numa tese rara sobre as relações entre Proust e Einstein, defendida em Porto Alegre: "nos seres humanos o tempo *incorporado*, que transparece no corpo – nas pernas que vacilam incertas, no tremular senil que faz com que homens velhos, como o duque de Guermantes, ao se locomoverem deem a impressão de estarem se equilibrando 'sobre pernas-de-pau vivas'"[19].

O tempo incorporado no corpo de cada um desde o nascimento nos fragiliza aos poucos até a morte. Concentrando todas as energias no início, como o universo no *big bang*, o tempo incorporado avança inexoravelmente de espaço em espaço, segundo as circunstâncias, de maneira descontínua, e transforma os homens em gigantes, como no caso do duque de Guermantes, "como se tivesse o comprimento, não de seu corpo, mas de seus anos de vida, como se a estes devesse, tarefa cada vez mais pesada à qual por fim sucumbe, arrastar após si quando se move"[20].

---

17 C. Rovelli, *Sept brèves leçons de physique*, p. 69.
18 *O Tempo Redescoberto*, p. 404.
19 H. Karam, *Espaço-Tempo e Memória: A Subjetividade em "Le Temps retrouvé", de M. Proust*, p. 562.
20 *O Tempo Redescoberto*, p. 404.

Acrescentarei que a dimensão do tempo afeta o corpo tanto quanto a mente e a memória, como testemunha o sino ouvido pelo herói até o final da obra, quando Swann deixava enfim os pais, em O Caminho de Swann. "A data em que ouvira o ruído, tão distante e, todavia, interior, da sineta do jardim de Combray era um marco na dimensão enorme que eu ignorava possuir. Dava-me vertigem ver, abaixo de mim e não obstante em mim, como se eu tivesse léguas de altura, tantos anos."[21]

O narrador constrói assim personagens gigantes tanto em tamanho como em memória, que podem observar os anos em um telescópio em todos os seus detalhes, mas que dependem, entretanto, da força do eu.

O medo do herói de não poder manter esse gigantesco passado não se justifica inteiramente. Fisicamente, os anos estão lá e é impossível suprimir um ou outro ano senão pela doença e a morte. O herói pode esquecer, mas o bom método não é usar a memória voluntária ou involuntária, e sim a memória muito mais ampla da qual falei antes, aquela que surge da escritura.

Quando da lembrança do sino de Combray que reconhece nele, constata que "não se supunha carregar" essa dimensão enorme do tempo nem que tinha o poder de juntar nele o tempo vivido[22].

Como deixar seu eu agir?

Tomando uma atitude atenta contrária ao eu voluntário, ele apanhará esse passado carregado no decorrer da escritura dos cem cadernos de rascunhos preenchidos de 1908 a 1922. Sabemos, por outro lado, que Proust iniciou a escritura bem antes com a redação de *Jean Santeuil*, texto não publicado, e de uma massa de fólios reencontrados após sua morte e publicados sob o nome de *Contre Sainte-Beuve*.

Atitude que se completará se deixando levar pela pulsão invocante: "o moço que em mim [...] tem o ouvido aguçado e preciso para sentir entre duas impressões, entre duas ideias, uma harmonia muito fina que nem todos sentem"[23].

21 Ibidem, p. 405.
22 Ibidem.
23 Idem, *Contre Sainte-Beuve*, p. 304; J. Pâque, Proust aux frontières de a légitimité : écrire ou publier ?, em S. Triaire; J.-P. Bertrand; B. Denis (orgs.), *Sociologie de la littérature : la question de l'illégitime*. Disponível em: <http://books.openedition.org/pulm/1065>.

Insistindo sobre as relações entre Proust e a física do ponto de vista do tempo, o astrofísico Thibault Damour retoma o texto citado no início e vê nele uma aproximação com a teoria quântica do tempo[24]. Não há tempo sem espaço e vice-versa.

como se os homens se equilibrassem sobre pernas-de-pau vivas, sempre crescentes, algumas mais altas que campanários, tornando-lhes difícil e perigosa a marcha, e de onde subitamente caem. [...] Horrorizava-me ver tão elevadas as minhas, temerosos de já não ter mais forças para manter por muito tempo preso a mim esse passado que já se prolongava tanto para baixo e que tão dolorosamente eu carregava[25].

As mudanças no tempo sempre estão acompanhadas de espaços diferentes que se sobrepõem ao longo das respectivas pernas-de-pau. Como sempre, levamos nosso passado conosco, o presente não existe, ou melhor, existe, mas jamais independentemente do passado. Nesse sentido, "não é mais possível definir o agora", segundo Thibault Damour[26].

É uma das consequências mais impressionantes da mecânica quântica, que sempre surpreende. Não somente o tempo não existe sem o espaço, mas também "o presente some", o que é difícil explicar; por isso, reenvio o leitor à longa citação do astrofísico Rovelli, no capítulo anterior.

Retomando a tese de Ansermet, as impressões ou pegadas de nossas emoções e dos acontecimentos vividos são muito mais numerosas do que imaginamos. As combinações entre elas, mais complexas ainda, e a distância entre as experiências e as impressões, já sublinhadas por Freud, mais diversas do que podemos nos afigurar.

Diante de tal quadro, o que fazer senão escrever, falar, desenhar, pintar esculpir ou compor música, sabendo que estas atividades são os únicos meios dos quais dispomos para enquadrar os movimentos inumeráveis que nos cercam.

Reencontramos aqui a problemática de minha intervenção: a memória e o tempo. A memória dos anos passados está

---

24 T. Damour, *Physique et réalité : le temps existe-t-il?* Disponível em: <https://www.dailymotion.com/>.
25 *O Tempo Redescoberto*, p. 406.
26 T. Damour, *Une Conférence passionnante de Thibault Damour. Théorie de la double causalité*. Disponível em: <http://www.doublecause.net/>.

ligada não necessariamente à memória voluntária ou involuntária, mas, para o escritor e o crítico, ela é dependente de uma escuta escrevente, uma escritura profundamente ligada à língua que se ouve e que se escreve.

PARTE IV
O ESTRANHO EM BAUCHAU E MURAKAMI

1. O Divino e o Inconsciente em "Édipo na Estrada", de Henry Bauchau

Não é difícil determinar o que é o divino no romance *Édipo na Estrada*[1], na medida em que aos poucos surgem, na escrita do romance, vários testemunhos: Apolo, o povo das pedras, o pequeno deus da aldeia, o deus dos peixes ou do mar. Desde as primeiras linhas da primeira versão, o autor expõe claramente os efeitos das relações entre os deuses e Édipo: "Às vezes o deus se encarna no cego e é ele quem pensa, quem age e quem às vezes canta. Além disso, ele é um homem abalado com o infortúnio e a culpa que se arrasta, sem conhecer o termo ou o significado de sua viagem, mas que a presença incerta e fugaz do deus transforma."[2]

---

1   Após a descoberta de seu parricídio e do incesto, Édipo, cego, deixa Tebas com Antígona, filha e irmã, e encontram um famoso bandido, Clios, que se torna companheiro. Os três caminham, sem saber, em direção de Colono, onde serão recebidos por Teseu, apesar das intrigas de Creonte, o tio de Antígona. No percurso, o narrador convoca as artes e os sonhos, a dança e a escultura, a loucura e a ternura, o delírio e o canto, como meios de liberação do herói. É com a escultura de uma onda gigante, símbolo das provas, que esse vaguear encontra sua expressão mais acabada e mais visionária. H. Bauchau, Contracapa, *Œdipe sur la route*.
2   H. Bauchau, *Œdipe sur la route*, primeira versão datilografada de *Édipo na Estrada*, p. 1.

Essas personagens estão atuando sob o efeito do inconsciente ou devemos distinguir duas instâncias, os deuses e o inconsciente? É certo que, no início, tais instâncias, emprestadas pelo narrador para as personagens, têm relações com o inconsciente ou com os deuses do escritor Henry Bauchau, mas, afastando-se das condições iniciais ou da primeira versão, elas bifurcam desde a primeira complexificação, e assim adquirem uma autonomia relativa que impede o crítico de confundi-las com o escritor.

Sabemos também que o inconsciente das personagens é construído por Bauchau a partir de seus sonhos, suas leituras, e da dinâmica imposta pelos ou para as personagens. Seguiremos Marie-Claire Boons para quem:

A relação que Henry Bauchau mantém com o inconsciente está apoiada numa paciência infinita. O poeta ouve, portanto, o seu inconsciente e, através de um trabalho árduo, cansativo, deixa surgir nele a forma nascida do desconhecido, do sonho, e a coloca em frases e versos, num encontro envolvendo uma chamada e uma resposta: chamada das imagens caóticas do sonho, resposta que escolhe, dá uma ordem, torna-se palavra.[3]

A enorme força do sonho via real de acesso ao inconsciente tem sido repetidamente sublinhada por Bauchau, especialmente em seu longo e belo poema "A Surda Orelha ou o Sonho de Freud", ao qual remeto o leitor[4].

Além disso, os deuses são verdadeiras personagens, tal como Édipo, Antígona ou Clios, que têm em comum com o inconsciente o agir sem o conhecimento dos três protagonistas, embora vivendo com eles. A força usada pelas instâncias faz a diferença. Enquanto o inconsciente, se seguirmos Lacan em sua segunda maneira[5], transparece no gozo do sujeito, os deuses são levados por uma força externa que decorre mais da comunidade a que pertence a personagem. Isso significa que as duas instâncias podem agir em conjunto, como no primeiro dos exemplos seguintes.

---

3   M.-C. Boons, Henry Bauchau le rêveur, le poète, em A. Neufschafer; M. Quaghebeur (dir.), *Les Constellations impérieuses d'Henry Bauchau*, p. 29-43.
4   H. Bauchau, *Poésie complète*, p. 220-246.
5   "A partir dos anos de 1970, Lacan concebeu o inconsciente de modo diferente, não mais como a cadeia significante do sujeito na qual circula seu desejo, mas como um saber cifrando seu gozo." C. Soler, *Qu'est-ce qui fait lien ?*, p. 88.

O manuscrito da primeira versão relata vários episódios que envolvem os deuses.

Quando Clios tenta salvar Édipo do afogamento, no capítulo intitulado "O Rio", ele é atingido por um tronco de árvore, afunda e se encontra na beira do rio com Édipo, que lhe faz evacuar a água que engoliu. "Ele pergunta a Édipo como fez isso. [...] Ele diz que não sabe."[6] Nesse episódio, uma força, que mais tarde terá um nome de deus, intervém, mas momentaneamente o escritor a nomeia "visão"[7].

Uma força sem nome domina Édipo e Clios e entrega-os a um indizível gozo:

Eles não são mais dois, há no meio deles uma força feroz que não podem nomear, da qual não podem falar, mas que ele sente que Édipo a percebe como ele. Mas ele se libera pela dança, enquanto Édipo gira, oscila, fere-se e, finalmente, cai de joelhos, como que dominado por um vencedor. [...] O homem gira e Édipo gira sob a lua sangrenta, eles estão indo até o fim, até o fim do deus. Eles estão nus, eretos, o prazer os prende sem que eles saibam, eles continuam a girar e, de repente, estão no fim, no fim do deus que os ceifa e eles caem.[8]

Esse acontecimento extraordinário é comentado por Édipo e o homem (Clios):

O homem sente que é pior para Édipo. Ele nunca conheceu isso. Nunca. Mesmo quando furei meus olhos, fiz o que o deus queria, talvez, mas fui eu quem o fez. Ontem, não fui eu. [...] Meu centro não estava mais em mim. A partir daí, a angústia, o sofrimento, algo que tem sido um momento, um prazer indizível. [...] Acho que meu centro não pode mais retornar. Algo foi rachado, foi perfurado. O meu navio afundou.[9]

---

6 Œdipe sur la route, primeira versão datilografada, p. 33.
7 O escritor comenta esse fato que aparenta ser um milagre: "como tal acontecimento é possível? Não sei. Pelo contrário, tive a visão dessa ação impossível. Tenho, portanto, de escolher entre o verossímil e a realidade da visão. Escolhi a visão e ficarei com essa escolha durante todo o livro. É um fantasma? Não acredito. Se devo dar uma explicação aos acontecimentos inverossímeis de meu livro, arriscarei somente esta: quando vejo Édipo nas dimensões ultrapassando as da verossimilhança, eu o vejo como uma criancinha que vive no meio de gigantes, os adultos, que têm ações que ultrapassam de longe as próprias possibilidades". Páginas datilografadas comentando sua escritura. Manuscrito datilografado de L'Écriture à l'écoute. 9.
8 Œdipe sur la route, primeira versão datilografada, p. 36, 41.
9 Ibidem, p. 4.

A dança provocada pela força do deus levou ao gozo, mas deslocou a imagem que Édipo tinha de si mesmo. Ele já não se sente dono de si, não só durante o dia, mas também à noite. Falando com Clios, ele chega a dizer:

> Não penso, sou pensado, é o deus que lhe agita e que lhe pensa. Qual deus? Aquele do qual você fala às vezes, quando dorme [...] o deus talvez tenha encontrado seu lugar. Ele não mais me agita, ele não mais me pensa. É o que dá medo a Antígona. Ela disse que você não é um deus.[10]

No entanto, Édipo é visto como Apolo depois de ter conseguido esculpir a parte superior da onda: "quando voltou aqui, no sol nascente, eu achava que era Apolo que saía do mar"[11]. Um Apolo que vive no Édipo e que, apesar de sua cegueira, vê o sorriso de Antígona: "Você tem seu sorriso de pequeno deus sem forma."[12]

O narrador anuncia então, claramente, que Édipo trabalha com o deus: "a venda sob o qual se esconde o deus que esculpe"[13].

As três personagens, Édipo, Clios e Antígona, rolando no chão após terem derrotado a onda, são também possuídos pelos deuses, mas sem a nota sexual da dança anterior:

> [Clios para Antígona]: Ele ganhou o jogo, o que é incrível. Em seguida, jogamo-nos um sobre o outro de alegria. Como no estádio. Como os homens. Está ouvindo? O entusiasmo. Possuídos pelos deuses. Também você, como um homem, não negue.[14]

Édipo não é o único que falou com os deuses.

> [Antígona]: (falo) do povo das profundezas, das pedras, da terra, o povo cego que vê mesmo assim. Aquele do qual fala Édipo? Ele falou sobre ele? Você não se lembra destas palavras: é a pedra quem sabe.[15]

Às vezes, o deus é derrotado por Édipo: "Por que razão ele disse que os deuses são sua vítima? Quando estão nele, eles

---

10 Ibidem, p. 14.
11 Ibidem, p. 33.
12 Ibidem, p. 38.
13 Ibidem, p. 54.
14 Ibidem, p. 64.
15 Ibidem, p. 81.

amam e sofrem. Como acreditar que os deuses amam e sofrem? Quando você esculpia o piloto, você não os sentiu sofrer."[16]

Nestes trechos da primeira versão, o inconsciente, como tal, não aparece senão em dois casos: o primeiro, ligado à posse do impronunciável do qual Clios e Édipo se liberam pela dança que, por si só, provoca o gozo; e o segundo, nessa alegria extrema ressentida após o triunfo de Édipo sobre a pedra.

CINCO VERSÕES DE "ÉDIPO NA ESTRADA"

Bauchau deixou cinco versões de *Édipo na Estrada*. A primeira e uma parte da segunda são classificadas nas cotas ML 7406/1 a 5, ML 7161/5 e ML 7406/5, para a primeira versão, e ML 7406/6 a 13, para a segunda versão, nos Arquivos e Museu da Literatura (AML) da Biblioteca Real da Bélgica, em Bruxelas, e as outras estão no Acervo Bauchau da Universidade de Louvain-la-Neuve, nas cotas A 2383 a A 12670 e A3607 a A 9250.

Proponho a leitura de trechos dessas versões ilustrando o divino e/ou o inconsciente segundo a ordem defendida por Freud, pressupondo que o passado tem sentido a partir do presente.

A VERSÃO PUBLICADA

A versão publicada não recobra necessariamente os textos da primeira versão. Ao despertar, Clios vê um Apolo cego e cansado, que não é diferente de Édipo: "Durante a madrugada, desperta por um instante e vê brilhar, acima dele, Apolo cego. O deus resplandece debilmente, alquebrado pelo trabalho noturno."[17]

O pequeno deus da aldeia tem o sorriso que Antígona retomará em sua escultura:

A cabeça não tem rosto e, todavia, algo sorri nessa forma tão humilde e maltratada quanto o próprio vilarejo. O pequeno deus rústico, cuja matéria não se destrói, subsistirá.

16 Ibidem, p. 105.
17 *Édipo na Estrada*, p. 96.

Édipo finalizou-o (o corpo de Antígona), dando-lhe um rosto surpreendente em que todos os traços expressam o esforço, a respiração compassada, sem a menor sombra de um sorriso. É a cabeça inteira, é todo o corpo que, como o pequeno deus do vilarejo, deixam transparecer um sorriso cuja luz diáfana emana da própria pedra.

Até que enfim, aí tens o teu sorriso do pequeno deus sem forma. [...] Ela se surpreende. Como ele sabe disso? Ele se contenta em sorrir brevemente como se dissesse: Eu sei, eu sei quem és, muito mais do que pode imaginar.[18]

Édipo, que acaba de esculpir Antígona, identifica-a com esse pequeno deus venerado pelo vilarejo, colocando, dessa forma, sua filha ao lado da divindade. Duas moradoras do vilarejo, Cloé e Ísis, também atribuem divindade ao piloto esculpido por Antígona: "À tardinha, ela (Antígona) vai à casa de Cloé ou de Ísis. Há sempre fogo e uma refeição a esperá-la. As duas mulheres falam entre si do piloto gigante como de um deus do mar."[19]

A própria Antígona sente-se apoiada pelo povo das profundezas:

Quem poderia ainda falar em direito? O que aconteceu é que ela foi a mais forte. Conseguiu chamá-lo por um destino diverso, aquele que há meses o induz a esculpir a falésia com a força de um deus e a tenacidade de um operário. O mesmo destino que exige agora que ela erga, de frente para o mar, sua imagem gigante sobre aquela coluna vertebral vitoriosa que ainda não tem rosto [...].

Sente-se apoiada, como na véspera, pelo povo das profundezas e pelas atenções redobradas de Édipo e de Clios para com ela.[20]

O triunfo sobre a onda coloca em cena Édipo, transformado em deus:

Ela não pode resistir aos olhares de Clios e responde com gritos aos clamores que Édipo ou Zeus profere, juntamente com o mar. Sibila ou pítia, ela nada mais é que uma voz que arranca do próprio corpo o grito mais extremado, enquanto Édipo faz vibrar a falésia com suas ferramentas divinas e suas inacreditáveis espáduas.

[...] Levada pelo turbilhão da natureza, não tem mais noção do tempo. De repente, Clios estica a corda ao lado dela, gritando: Não

---

18   Ibidem, p. 96, 98-99.
19   Ibidem, p. 114-115.
20   Ibidem, p. 117 e 119.

tenhas medo, ele já vem! Duas mãos imensas atingem a beira da falésia, apoiando-se com força e, súbito, aparece o gigante ainda cercado por faíscas. Desamarra a corda da cintura, rindo, levantando o corpo muito acima dela, num movimento magnífico. Como é bonito, cego, radiante, quase saltitando. Como é poderoso, quando, com um gesto largo e negligente, deixa cair suas enormes ferramentas no mar. Ele está diante dela, de braços abertos. A boca, a testa, os olhos cobertos pela venda branca irradiam uma bondade e uma alegria soberana.

Ela corre para ele, abraça sua perna com seus braços. Sua fronte descansa enfim no poderoso joelho que fica à altura de sua boca. Como é bom estar assim, sorrindo ou chorando, e deixar-se resvalar pelos joelhos até cingir e beijar seus tornozelos, seus pés descalços e feridos. Será que Édipo vai tomar um vulto ainda maior; será que vai se jogar no mar, ser alçado ao céu por uma carruagem flamejante puxada por cavalos de fogo?[21]

Édipo tornou-se gigante como o piloto do barco, e Antígona, deixando-se levar pela soberana alegria, goza nesse momento, como quando era pequena, e imagina o pai levado por uma carruagem de fogo. Será que o leitor assiste a um êxtase imaginário aliado a um gozo místico!?

Em outros capítulos, forças selvagens e antigas foram surgindo, como aquelas que possuíram Clios e Édipo na primeira versão:

Muitas daquelas pessoas sentem um arrepio percorrer-lhes a espinha ao ouvirem o lobo ancestral uivando para a lua. Um lobo originário do fundo das eras abomináveis, que seguia Apolo antes de tornar-se o guia do carro do sol. O lobo que precedia os ratos da peste e que ainda desencadeia, no coração dos homens, as forças de destruição. As pessoas que ainda tinham raízes fincadas naquele solo ancestral, erguem-se impulsionadas pelo desejo de uivar com Édipo e reunir-se, como uma malta em seu redor. [...] Clios prepara-se para iniciar a dança do povo das trevas em rodopios alucinantes. Se começar, várias pessoas o acompanharão, e essa dança dos sectários do Apolo noturno não será tolerada por outros que, venerando os leões, só se tornaram homens por causa do culto ao deus solar. O conflito entre essas forças originais certamente resultará em combate. Todos estão em transe ou, como Diotima e Narsés, petrificados pela luta interior entre sangue e espírito.[22]

O narrador opõe o clã dos lobos ao dos leões, representantes, respectivamente, da destruição e do deus solar. A dependência, no que respeita aos animais ancestrais, defendida por Pascal

21 Ibidem, p. 108-109.
22 Ibidem, p. 130.

Quignard em *Sur le Jadis*, é aqui exemplificada no nível psíquico. É pela dança rodopiante já citada que os homens chegam lá, mas o único meio de sair desse gozo causado pelos deuses é com a força do espírito.

Em outro capítulo, cantando sua história, Édipo disse ter sido apanhando pelo anzol do deus dos peixes[23], não hesitando, no entanto, em apresentar-se como um deus, que vai continuar a viver, mesmo após a morte: "Retornais a suas casas, viventes, sobreviventes efêmeros, não temais. Pois a vida terrena é desejo e Édipo ainda estará em vossos espíritos quando eu for apenas, depois de muito tempo, um deus morto."[24]

Ele mesmo duvida da identidade que fala, às vezes, por meio dele:

Ele pensa muito nessa novidade que lhe permite reproduzir suas canções e que, todavia, resulta numa forma diferente de transmiti-lo. Ao cantar, dirige-se a um povoado, aos que estão à sua volta, e a quem ele ouve sem ver. Se consegue captar a atenção pela força ou pela emoção daquilo que canta, as pessoas entram em comunhão com ele. É nesse momento que, às vezes, aflora por todos os seus poros o deus que fala em seu lugar, pelos caminhos tumultuados do sangue.[25]

O deus localizado no sangue aproveitou-se da porta de entrada do sentimento para transmitir sua mensagem, como se o deus utilizasse o caminho traçado pelo inconsciente para agir.

No último capítulo, Antígona e Édipo parecem deuses em viagem:

A pista dos dois, perdida por um tempo, foi recuperada. Um de nossos mensageiros nos avisa que um jovem pastor os encontrou. Pareciam deuses viajantes. Deuses muito pobres, mas que irradiam luz, sobretudo a jovem deusa com seu sorriso. [...] Dois sacerdotes do bosque sagrado chegam e a multidão se afasta para dar-lhes passagem. Quando se aproximam do pórtico de bronze, Édipo, saindo do nevoeiro, aparece. Muito alto, com sua venda negra e os longos cabelos brancos, parece um deus destituído que porta, todavia, uma coroa de nevoeiro. Apoia um joelho no chão, faz na direção dos sacerdotes o gesto dos pedintes e volta a erguer-se como uma autoridade soberana.[26]

---

23 Ibidem, p. 146.
24 Ibidem, p. 156.
25 Ibidem, p. 181.
26 Ibidem, p. 244 e 247.

A luz que eles emitem e o sorriso de Antígona caracterizam as duas personagens. Não se trata de força, nem de um deus que os ajuda numa tarefa hercúlea, mas, simplesmente, de uma presença divina que os ilumina.

A terceira personagem importante, Clios, também parece um semideus, segundo Narsés: "Diante deste semideus (Clios) que brilha sob a couraça, Antígona [...]"[27]

No final da história, as três personagens já não parecem ter necessidade de deuses, uma vez que, aos olhos do público, elas se assemelham a eles e são tratadas como tal, como se o longo caminho percorrido correspondesse a uma iniciação que prepara para entrar na esfera do divino.

Três páginas antes do fim, Clios pergunta a Édipo "por que dera tantas voltas em torno de Atenas em vez de vir diretamente, como poderia ter feito", ao que Édipo responde: "Tracei sem saber, no solo desta região, uma forma quase perfeita, mas não entendo o que significa nem o que possa anunciar. Como no último sonho que tive, é sempre o desconhecido que vem ao meu encontro."[28]

O desconhecido, ou o deus, encontra Édipo pelo sonho, a via real do inconsciente, e manda seguir num caminho "uma forma quase perfeita" que o leva ao encontro de Teseu, o que quer dizer que o deus transmite um saber por meio do inconsciente.

Do ponto de vista genético, a relação entre o primeiro conjunto de citações da primeira versão e o texto publicado não está clara, mas a divindade flui sem qualquer dúvida desde o início e sendo frequentemente aliada ao inconsciente, definido como refúgio do gozo.

A ONDA

Retomando um dos episódios da intervenção evidente dos deuses no capítulo "A Onda", vou segui-los nos manuscritos, indo do texto publicado à primeira versão, para constatar, num primeiro momento, como o *depois* comanda o *antes* ou, dizendo

---

27 Ibidem, p. 252.
28 Ibidem, p. 259.

de outro modo, como "O depois se fazia de antecâmara para que o antes pudesse tomar seu lugar"[29] e delinear, num segundo momento, alguns processos de criação que favoreceram a escrita da última versão do episódio.

Citarei por inteiro a versão publicada e a primeira versão para que o leitor se dê conta das diferenças. Nas segunda e terceira versões, retomarei apenas as variantes.

Como foi que ele subiu? – Jogou-se como para atacar berrando, e conseguiu. – Ele não estava passando bem, eu vi. – De repente, disse Clios, alguma coisa aconteceu. Nada mais pode oferecer-lhe resistência. Escuta, é a onda ela mesma que está esculpindo.[30]

Com efeito, não são mais os golpes regulares, o ritmo paciente, contido, que é o de Édipo. São golpes que quebram e fazem a pedra voar em estilhaços, ou cair em pedaços inteiros. Tem-se a impressão de ouvir o ruído do mar desvairado, ou da tempestade que avança loucamente na direção deles. Ouvem-se os trovões ainda longínquos e as primeiras gotas começam a cair [...] Dir-se-ia que um gigante fura e bate na falésia. [...] Será que Clios está vendo o mesmo que ela? [...] Ele [Clios] vira-se na direção de Antígona, obrigando-a a olhar, compreender e suportar, ela também, a violência do ato que se desenrola no rochedo.

Ela não pode resistir aos olhares de Clios e responde com gritos aos clamores que Édipo ou Zeus profere, juntamente com o mar. Sibila ou pítia, ela nada mais é que uma voz que arranca do próprio corpo o grito mais extremado, enquanto Édipo faz vibrar a falésia com suas ferramentas divinas e suas inacreditáveis espáduas.

[...] Levada pelo turbilhão da natureza, não tem mais noção do tempo. De repente, Clios estica a corda ao lado dela gritando: Não tenhas medo, ele já vem! Duas mãos imensas atingem a beira da falésia, apoiando-se com força e, súbito, aparece o gigante ainda cercado de faíscas. Desamarra a corda da cintura, rindo, levantando o corpo muito acima dela, num movimento magnífico. Como é bonito, cego, radiante, quase saltitando. Como é poderoso, quando, com um gesto largo e negligente, deixa cair suas enormes ferramentas no mar. Ele está diante dela, de braços abertos. A boca, a testa, os olhos cobertos pela venda branca irradiam uma bondade e uma alegria soberana.

Ela corre para ele, abraça sua perna com seus braços. Sua fronte descansa enfim no poderoso joelho que fica à altura de sua boca. Como é

---

29 *O Seminário. Livro 2: O Eu na Teoria de Freud e na Técnica da Psicanálise*, p. 197.
30 "c'est la vague elle-même qui est en train de sculpter", que deve ser traduzido por "é a onda ela mesma que está esculpindo" e não "é a onda que ele está esculpindo", como consta na tradução brasileira de Ecilde Grünewald, *Édipo na Estrada*, p. 107.

bom estar assim, sorrindo ou chorando, e deixar-se resvalar pelos joelhos até cingir e beijar seus tornozelos, seus pés descalços e feridos. Será que Édipo vai tomar um vulto ainda maior; será que vai se jogar no mar, ser alçado ao céu por uma carruagem flamejante puxada por cavalos de fogo?[31]

A hesitação do narrador sobre a identidade de Édipo, também chamado Zeus e "o gigante", é significativa. Ele é homem ou deus? Como a onda pode esculpir com a força do mar? Ela é um sinônimo de Poseidon, o deus do mar e das tempestades? Édipo seria apenas um instrumento nas mãos do deus? É por isso que o narrador lhe dá ferramentas divinas e lhe faz uivar com o mar, como Zeus, e, ao mesmo tempo, soltar "gritos vitoriosos respondendo aos de Clios". Homem e deus ao mesmo tempo, assim é construído Édipo.

Além disso, caracterizar Édipo como um gigante lembra o conselho que ele dava a Antígona quando ela se queixava de não ser capaz de esculpir o piloto gigante do barco: "Eu nunca vi um gigante. – Sim, você viu. Quando era bem pequena, você vivia no meio deles. Você os conhece muito bem."

É essa, pois, a visão de Antígona que dá o narrador? Da mesma forma, o narrador hesita entre a Antígona sibila ou pítia que profetiza para os homens que vêm consultá-la, mas que, aqui, "arranca de seu corpo seu grito mais extremo" para "apoiar com sua violência o ato que se realizou lá", como se as forças liberadas desse modo se juntassem com aquelas que assistem ou substituem Édipo na escultura da onda. Podemos falar em forças pulsionais que movem e unem as personagens? Não é ela também que se perguntava se Édipo, como Elie, não seria levado pela carruagem com cavalos de fogo?

Aliando o deus e o mar, o escultor, sua filha e a amiga, "a violência do ato que se desenrola no rochedo", dá-se o fundamento de qualquer arte; é criar o novo, porém ligado profundamente à terra.

TERCEIRA VERSÃO

ele vê as mesmas coisas que ela? [...] Ele se vira para ela, ele a força a ver, a compreender, a apoiar também, com sua violência, o ato que se realiza

---

31 *Édipo na Estrada*, p. 108-109.

lá. Ela não pode resistir a seu olhar e responde com gritos seus clamores, àqueles que Édipo ou Zeus profere juntamente com o mar. Sibila ou pítia, ela nada mais é que uma voz que arranca do próprio corpo a palavra fundamental, seu grito mais extremo, enquanto ele abala a falésia com seu buril, com suas ferramentas divinas e suas inacreditáveis espáduas. [...] Ele quebra, rindo, a corda que lhe cercava a cintura, elevando com um soberbo movimento seu corpo muito acima dela. [...] Como verdeja quando, com um gesto amplo e descuidado, rejeita suas enormes ferramentas no mar. Clios exulta, e ela, por que não ela? Ela também, pois a alegria aumenta, transborda e a faz rir, como outrora em Tebas, quando ele lhe dava um presente inesperado. Ele está diante dela, de braços abertos, a sua boca, a sua testa, os seus olhos cobertos pela venda branca <são> permeados por uma bondade, uma jovialidade soberana.

Ela corre para ele, abraça sua perna com seus braços. Sua fronte descansa enfim no poderoso joelho que fica à altura de sua boca. [...] Será que ele vai crescer de novo, saltar no mar, ser elevado ao céu pela carruagem ardente puxada por cavalos de fogo?[32]

A onda se esculpe enquanto, no texto, ela esculpe a falésia. Essa passagem do pronominal para a voz ativa reforça a ação do deus identificado com a onda, que não é mais um deus qualquer, mas um nome que representa o povo de pedra com quem as três personagens dialogam.

"A palavra fundamental", que se tornou "o grito mais extremo", empurra Antígona às origens do discurso, o grito, "essa pré-língua, essa matéria-palavra, como se o artista se esforçasse para engajar a totalidade bruta de seu pensamento – não informado ainda pela linguagem – no jorrar nativo da obra"[33]. Não se trata mais de significantes articulados, embora suspeito, todavia sem prova, que a referência se encontra nas trocas entre Wilhelm Fliess e Freud, nas quais "as duas pontas dos estudiosos" não sabiam ainda o que descobriam e falavam sem saber[34].

A passagem da palavra ao grito faz Antígona voltar não somente até antes do discurso, ao som, mas ao desejo: "Deixamos seu nome e chegamos na semianimalidade do desejo e na semi-humanidade da linguagem nascente."[35]

32 Œdipe sur la route, terceira versão, p. 193-196.
33 V. Jago-Antoine, La Transposition du geste pictural dans le cycle oedipien d'Henry Bauchau, em M. Quaghebeur; A. Neuschäfer (dir.), Les Constellations impérieuses d'Henry Bauchau, actes du colloque de Cerisy-la-Salle en juillet 2001, p. 426.
34 O Seminário. Livro 2: O Eu na Teoria de Freud e na Técnica da Psicanálise, p. 158.
35 P. Quignard, Sur le Jadis, p. 172.

O grito pode também levar a um fragmento de escrita transformado e próprio ao estilo do escritor. Basta decompor a palavra: es-cri-ta, a escrita ejeta ou põe em evidência o *cri* (grito, em francês), o que acentua a ideia de Quignard: "Um livro deve ser um pedaço de linguagem rasgado, um pedaço que se arranca à palavra. Cada fragmento de Quignard conserva a força de um grito. Lendo-o, é preciso esticar bem as orelhas: o que se escuta não é uma voz, nem mesmo uma música, sobretudo não uma musiquinha, mas algo único em um escritor, um som."[36]

É difícil separar o gozo violento que faz Édipo agir, entre outros, pelo grito proferido por Antígona, da força do deus que esculpe. Gozo, força e desejo trabalham juntos na construção da onda.

SEGUNDA VERSÃO

De repente, disse Clios, ele transformou isso em furor. Nada pode resistir a ele. Ouça, é a onda ela mesma que está se esculpindo.

[...] Dir-se-ia o próprio mar, que não economiza suas forças ou a tempestade <que se atira descontroladamente na direção deles> [...] Pelo contrário, ele está triunfante, está contente e quando Édipo grita com sua voz de bronze, ele lhe faz eco de todas <as> forças <Da sua>. Ele se vira para ela, ele a incita, ele a força a ver, a compreender, a apoiar também, com <sua violência>, o ato que se realiza lá. Ela não pode resistir a seu olhar e responde com gritos aos que Édipo <ou Zeus> profere com o mar. É <Sibila ou>- pítia, ela não é nada mais do que uma voz que arranca de seu corpo a palavra fundamental, enquanto ele abala a falésia <com seu buril e com> suas inacreditáveis espáduas. [...] Ele quebra, rindo, a corda que lhe cercava a cintura, elevando com um soberbo movimento seu corpo muito alto acima dela. Como ele é bonito, cego, irradiando, <e saltando> talvez. E canta. Como verdeja, quando, com um gesto <amplo> e descuidado, <lança> suas enormes ferramentas no mar. Clios exulta, e ela, por que não ela? Ela também, pois a alegria aumenta e transborda <em e> a faz rir, como outrora em Tebas, quando ele lhe dava um presente inesperado. Ele está em frente dela, os braços abertos, a boca, <a> testa, os olhos cobertos com a faixa branca permeados por uma bondade, de uma jovialidade soberana. [...] Sua testa descansa enfim no poderoso joelho que está à altura de sua

---

36 Cf. A. Eyries, Pascal Quignard : la voix du silence, *Loxias*, n. 14, set. 2006. Disponível em: <http://revel.unice.fr/>.

boca. [...] Será que ele vai crescer de novo, saltar no mar, ser elevado ao céu pela carruagem ardente puxada por cavalos de fogo?[37]

A divindade, que já está sob o nome de onda que se esculpe com a força do mar, toma aqui o nome do deus dos deuses, Zeus, quando Antígona hesita ainda acerca da natureza de seu interlocutor. Ela repete cenas alegres de sua infância e parece rever seu pai quando ele lhe parecia um gigante. A sobreposição de imagens a engana sobre a verdade do que vê e do que não vê? Seu imaginário a compele a aumentar ainda mais o gigante Édipo e a fazer dele um profeta.

PRIMEIRA VERSÃO

Em um instante, ele transformou tudo isso em raiva. Nada pode resistir a ele. Ouça-o, através dele é o deus, é a onda ela mesma que esculpe. Com efeito, não são mais os golpes regulares, o ritmo paciente contido, que é o de Édipo. São golpes que fazem rolar em torno dele e que não param. Ouvem-se os rugidos ainda distantes do trovão e as primeiras gotas começam a cair. Ela vê que ele segura entre seus dentes um buril que lhe parece enorme. [...] Ela tem a impressão de que um gigante bate a falésia. [...] Ela está embasbacada pela chuva torrencial. [...] Seu olhar não está mais embaçado pela chuva e pelo medo. Ela o vê, sua cabeça e seus ombros enormes cercados de faíscas [...] este rosto de gigante com sua faixa sobre os olhos. [...] Ela sente que (o homem) vê a mesma coisa que ela, mas não se assusta. Ele está contente, ele está triunfante, e quando Édipo grita com sua voz de bronze, ele lhe responde com todas as suas forças, gritando de alegria. Ele se vira para ela, ele a encoraja com um gesto a ver, a compreender, a gritar também. E ela não pode mais resistir a este olhar e a cada grito de Édipo, a este profundo arquejo que está nele e que quer triunfar e sair, ela responde com gritos. Ela é a Sibila, a Pítia, ela profere o grito da terra, enquanto ele, com todo o peso de seu buril ou de sua lança, com toda a força do temível martelo e do ombro invencível, abala a falésia, até em seus fundamentos.

[...] Há primeiro duas imensas mãos que se colocam sobre a borda da falésia e subitamente seu pai gigante salta sobre a falésia todo cercado de faíscas, quebra, rindo, a corda que cerca sua cintura e a enorme massa com as quais trabalhava.

---

37   H. Bauchau, 30 Cahier de la 2a version 25/10 au 12/10 1986, *Œdipe sur la route*, primeira versão datilografada, p. 210-212.

Como ele é bonito, cego, irradiando, cantando, saltando de repente muito alto, jogando com um gesto alegre, descuidado, suas enormes ferramentas no mar. O homem o vê também, exulta. Por que não ela? Sim, a alegria aumenta também nela, aquece-a, ela ri, ri como outrora em Tebas, quando ele lhe dava um presente inesperado. Ele está lá, de pé, as pernas e os braços abertos, olhando-a com a bondade de sua boca, de sua testa, e sua larga faixa branca sem olhos. Ela corre na direção dele, abraça com seus braços sua perna. Repousa enfim seu rosto sobre o admirável joelho que está à altura de sua boca. Como é bom estar assim, rindo, chorando, suplicando e deslizar sobre os joelhos, apertando apenas as batatas da perna, os calcanhares, beijando com seus lábios os amplos pés imóveis e quentes. Será que ele vai crescer de novo, mergulhar no mar, levantar voo, ser elevado pela carruagem ardente puxada por quatro cavalos de fogo? Ela murmura, já que é isso que ele quer: Ensine Édipo a suplicar, a suplicar com toda sua força, com toda a sua.[38]

Aliando a demanda do homem (Clios) pelo olhar aos gritos e arquejos de Édipo, Antígona responde com outros gritos. Essas respostas são, diria, instintivas, já que vêm do corpo, religam-no à origem, à terra. Diálogo entre os golpes de buril, o arquejar e o ritmo dos gritos, como se eles se chamassem um ao outro. Ou melhor, o buril, exigindo o esforço, sufoca Édipo, que responde aos gritos de Antígona com um novo golpe. É como se cada golpe de buril correspondesse a um grito da terra que sofre por ser trabalhada e ordenada de uma maneira violenta. Isso não é o mesmo que dizer que toda arte deveria ser ligada profundamente à terra e está manchada de violência?

É o que sustenta Pascal Quignard: "Até mesmo a língua adquirida tem de voltar a ser internamente projetada. A língua penosamente adquirida, perdida, criativa, perdida de novo, falha, deve encontrar um ritmo, um ataque, uma violência assertiva, uma fragmentação massacrada, bruta, brusca, que tem a ver com o ódio originário e com o impulso vivo que a antecede."[39]

A oração de Antígona, no final do texto, não será explicitamente repetida, contudo anuncia que Édipo se tornará um suplicante na estrada, e não mais um rei tirano; mas quanto caminho a trilhar para quem sai da estatura de um deus!

A primeira versão acentua o gozo de Antígona perto do pai que, pela semelhança com um deus, reencontra o pai da

---

38 *Œdipe sur la route*, primeira versão datilografada, p. 58, 60-61.
39 P. Quignard, *Sordidissimes*, p. 161.

infância, com a diferença de que ela o viu cercado por faíscas e pela violência dos elementos, o que reforça e diviniza a relação filial. Gozo e divindade já estão diferenciados na primeira escritura.

OS PROCESSOS DE CRIAÇÃO

Encontramos alguns processos de criação relevantes nas diferentes versões. Lembremos primeiro o contexto da versão publicada. Clios, sentindo-se incapaz de terminar a onda, fala com Antígona, que se propõe a fazer o que precisa. Suspeitando que é perigoso demais para ela, Clios lhe pede para falar com Édipo, que, entendendo imediatamente a situação, compromete-se, apesar de sua cegueira, sem objeção.

O primeiro processo de criação observado é a aparição de uma pequena frase, que é acrescentada unicamente na versão publicada e dá um sentido pleno e o tom às outras versões, quero dizer, que coloca ordem no antes e justifica a posição de Freud e Lacan sobre o depois: "De repente, disse Clios, alguma coisa aconteceu."[40]

Frase-chave que determina o que vem antes e dá uma unidade lógica às diferentes versões, no sentido que, vindo em primeira posição, ocupa o lugar do campo de possibilidades que se inscreveram antes no manuscrito, nomeando Zeus, o mar, a onda e o gigante. Esse "de repente alguma coisa aconteceu" é "o campo de inscrição [...] das impossibilidades não inscritas ainda, é o campo das possibilidades possíveis", diria Charles Peirce, relido por Recanati[41]. Mas o "de repente alguma coisa aconteceu" está invertido no tempo, já que está escrito depois das inscrições. Embora paradoxo, ele rege o antes e age como se estivesse sempre estado lá na memória da escrita, só atingindo a versão publicada para surgir na escrita e reunir as inscrições.

Contada por Clios, esse acréscimo extraordinário, que vem ao socorro de Édipo e que toma a figura de uma dimensão divina anônima, emerge subitamente sem avisar, como em Gustave

---

40 *Édipo na Estrada*, p. 101.
41 F. Recanati, em J. Lacan, *Le Séminaire. Livre XIX : ...Ou pire (1971-1972)*, p. 156.

Flaubert, em que o "de repente"[42] sugeria a ilusão ou a alucinação, se não uma visão ou um salto fora da realidade[43]. Bauchau, sabendo-o ou não, continua a tradição da intervenção divina no conto ou romance após Flaubert.

Entretanto, o "de repente alguma coisa aconteceu" não é inteiramente novo e aparece, embora sem a urgência que liga Bauchau a Flaubert, sob outras formas já citadas, que quero aqui relembrar:

Meu centro não estava mais em mim. A partir daí, a angústia, o sofrimento, *algo* que tem sido um momento, um prazer indizível. [...] Acho que meu centro não pode mais retornar. Algo foi rachado, foi perfurado. O meu navio afundou.[44]
A cabeça não tem rosto e, todavia, *algo* sorri nessa forma tão humilde e maltratada quanto o próprio vilarejo.[45]

Em duas ocasiões, no Capítulo 7, intitulado "O Labirinto", o "alguma coisa" volta como se fosse o divino:

Ontem, não era eu quem cantava, mas alguma coisa em meu lugar. – Alguma coisa que possuía a tua voz, o teu pensamento, a tua vida.[46]
Nadamos bastante, a margem nos parecia sempre próxima, mas alguma coisa nos afastava dela incessantemente.[47]

É um primeiro processo de criação que surge da escrita e que não é necessariamente desejado pelo escritor.

Como justificá-lo? Referindo-me a Proust e Valéry, repito o que escreve o narrador proustiano: "fez sua caderneta de croquis sem o saber"[48]. Dito de outra forma, seu espírito ou sua memória virtual possuía informações bem antes de escrever. O narrador proustiano situa-se no cruzamento entre uma percepção inconsciente no passado e uma percepção muito aguda no momento da escrita, aliadas a uma observação de detalhes que ficaram na lembrança. Já Valéry reiterava de outro modo

---

42 P. Willemart, Le Désir du narrateur et l'apparition de Jean-Baptiste dans le manuscrit d'Hérodias. *L'Inconscient dans l'avant-texte Littérature*, p. 112.
43 G. Flaubert, Fólio 755, Hérodias, em P. Willemart, *O Manuscrito em Gustave Flaubert*, p. 54. Disponível em: <http://flaubert.univ-rouen.fr>.
44 *Œdipe sur la route*, primeira versão datilografada, p. 43.
45 *Édipo na Estrada*, p. 96.
46 Ibidem, p. 133.
47 Ibidem, p. 137.
48 *O Tempo Redescoberto*, p. 245.

a mesma tese já citada: "todo um trabalho se faz em nós sem que o saibamos"[49].

Esse predeterminado não sabido me autoriza a completar a definição da memória da escritura. Devo considerá-la uma zona invisível ou virtual na qual se acumulam e se precipitam, no sentido químico do termo, dados que tocam no assunto escolhido pelo escritor, dados que, na sequência, serão transferidos segundo as necessidades da escrita durante o tempo consagrado ao romance ou ao conto, e que serão visíveis no manuscrito.

A leitura dos manuscritos me obriga a mitigar a interpretação desse "alguma coisa" dada por Véronique Jago-Antoine, apesar de sua contribuição excelente no Colóquio de Cerisy sobre Bauchau. Ela sustenta que "o recurso deliberado a um indefinido que estigmatiza a impotência do texto em dizer tudo, dominar tudo, não é indiferente. Ele acolhe a incerteza no coração das palavras e libera uma energia semântica considerável que me parece, com certeza, o melhor emblema – discreto, mas eficaz – da coerência do projeto escritural de Bauchau"[50].

Os poucos exemplos citados parecem indicar a intervenção divina e nem sempre a impotência do texto. Essa mesma pequena frase não somente anuncia o que vai seguir, mas introduz um segundo processo de criação, uma quarta personagem muito especial, divina, que às vezes é o duplo de Édipo, e que desaparece quando o herói retoma "sua condição de homem", alguns momentos mais tarde[51], personagem volátil, pois que reaparece segundo as necessidades da ação no romance, mas que raramente age sozinho. Poderemos estudá-lo em detalhe em outras análises.

O terceiro processo é a posição de Antígona, desejada pelo narrador. Muitas vezes, ela parece conarradora. O leitor sabe o que ela pensa, "o raio vai atingir Édipo"[52]; ela se pergunta se Clios "vê as mesmas coisas que ela"; diz a si mesma que "a tempestade e o mar devem já ter lavado o vômito de Édipo"[53];

---

49 P. Valéry, *Cahiers 1894-1914*, t. II, p. 355.
50 V. Jago-Antoine, La Transposition du geste pictural dans le cycle oedipien d'Henry Bauchau, em M. Quaghebeur; A. Neuschäfer (Dir.). *Les Constellations impérieuses d'Henry Bauchau, actes du colloque de Cerisy-la-Salle en juillet 2001*, p. 434.
51 *Édipo na Estrada*, p. 111.
52 Ibidem, p. 156.
53 Ibidem, p. 157.

e pensa: "Tomara que os pescadores já tenham voltado"[54]. O leitor vê a ação do tempo e Édipo através dela.

Ela sempre foi a narradora nas versões precedentes ou trata-se de um processo posterior, que guia as outras versões? Seu pedido endereçado a não se sabe quem, a um deus, sem dúvida, para que Édipo se torne um suplicante, na primeira versão, não se explica, se for colocado na terceira pessoa e fora da ação imediata. Não é também por essa razão que Clios não abraça mais o joelho de Édipo nas três últimas versões e que, em todas as versões, ela parece ser a única a ver aparecer um gigante quando Édipo volta a subir a falésia?

Esse processo de criação não anuncia o romance *Antígona*, contado pela personagem de uma ponta a outra e no qual ela é também caracterizada por um grito, impossível de controlar, que chama a solidariedade dos tebanos?[55]

Concluindo, posso dizer que o divino e o inconsciente aparentam ser duas faces de uma mesma força inventada por Bauchau, e que o cume extremamente tênue que os separa não permite uma divisão nítida entre os dois lados?

No entanto, o gozo que conduz as personagens sem que elas saibam define o inconsciente que responde, de certa maneira, ao divino, e coloca o enigma, dando um sentido a uma situação incompreensível[56].

Dois testemunhos dados por Henry Bauchau após a escritura do romance confirmam a existência, a união e a distinção entre as duas instâncias. É somente durante ou após a escritura do romance que o autor pode testemunhar.

O primeiro testemunho é um artigo escrito em 1994, que aparentemente retoma um rascunho do último capítulo, do qual infelizmente não achei o original, o outro é uma entrevista dada a Myriam Watthee-Delmotte, em 1966.

No artigo intitulado "O Templo Vermelho", o narrador Clios conta como foi fabricado "o afresco que evoca os anos de nossa jornada"[57], isto é, o longo percurso de Tebas até Atenas:

---

54 Ibidem, p. 158.
55 Ibidem, p. 259.
56 C. Soler, *Qu'est-ce qui fait lien ?*, p. 94.
57 *Édipo na Estrada*, p. 259.

Contemplamos durante muito tempo este novo e misterioso nascimento de dois e de um só deus. Clios perturbado [...] murmura: Não somos nós que fizemos isto, somente passou pelas nossas mãos. Ele se vira para mim (Antígona). Enquanto pintávamos, dançávamos, nessa loucura, Édipo estava lá como antes. [...]

[Teseu]: pouco importa por outro lado, o triunfo é breve e a beleza é somente uma passagem, uma travessia em direção de um país desconhecido. Com seus companheiros, Clios, você foi mais longe e expressou a esperança de Atenas. Esta na qual o nascimento perpétuo do novo deixa ao antigo e ao monstruoso este lugar, esta liberdade sem a qual, como as erínias, eles se vingam. Olhei seu afresco com meus olhos e a encontrei em mim mesmo, vi que ele era um objeto de meditação.[58]

Clios reconhece que alguém trabalhava no afresco com ele pelas suas mãos e Teseu sublinha que a beleza exige deixar um lugar ao monstruoso, isto é, a este antigo deus, para que nasça o novo. A arte, o deus e o monstruoso estão ligados.

Numa entrevista dada seis anos após a publicação do romance, o escritor define o papel de cada uma das instâncias, confirmando o que foi deduzido a partir das diferentes versões:

O deus que fala através do poeta cantor é Dionísio, mas é um deus com o qual precisa lutar. Há nele a força e a riqueza do inconsciente, mas seu desejo é de empurrá-los até a transgressão. Precisa, portanto, que Édipo transforme a ação dionisíaca em atos humanos e na própria palavra. Não é a voz de um deus que o poeta cantor deve fazer ouvir, mas a sua, numa luta constante contra e para o ego que Dionísio tenta, que explode em delírio.[59]

A frase "Dionísio reúne nele a força e a riqueza do inconsciente" exalta claramente não apenas a aliança entre as duas instâncias, já observadas nas citações anteriores, mas também a estratégia usada para agir sobre o homem e que o homem deve seguir para conviver com a força do deus e do inconsciente.

---

58 Idem, Le Temple rouge, *La Revue Générale*, n. 11, p. 11.
59 M. Watthee-Delmotte, L'Émergence de la parole poétique: Entretien avec Henry Bauchau, *Sources*, n. 16.

2. Os Estranhos Processos de Criação em "Édipo na Estrada" (1990) e em "1Q84" (2009)[1]

Como o Encontro está centralizado no século XXI, selecionei dois romancistas contemporâneos: um belga, Henry Bauchau, nascido em 1914, recentemente falecido, autor, entre outras obras, de *Édipo na Estrada,* e um japonês, Haruki Murakami, nascido em 1949, que escreveu *1Q84*. Ambos criaram uma espécie diferente de personagens: "o povo das pedras", imaginado por Bauchau, e o "little people", inventado por Murakami. Parecidos, no que diz respeito ao tamanho, com os liliputianos encontrados por Gulliver no romance *As Viagens de Gulliver*, de Jonathan Swift, essas personagens originais trabalham e interferem na vida das outras personagens para o bem ou para o mal.

Pergunto o que esses povos imaginários representam simbolicamente na arte de contar e de que maneira eles definem um processo de criação inédito, parecido com a voz em *off* no cinema.

Uma descrição de cada personagem ajudará a entender.

1. "O povo das pedras ou das profundezas", do romance *Édipo na Estrada*, de Henry Bauchau, interfere quando três personagens

[1] Conferência pronunciada na Universidade Federal da Bahia, em Salvador, no XII Congresso Internacional da APCG, Estudos de Processo no Século XXI: Multilinguismo, Multimídia e Multiverso, em outubro de 2015.

principais, Édipo, sua filha Antígona e o amigo, Clios, esculpem um barco com três marinheiros, enfrentando uma onda gigante num rochedo em cima do mar, escultura que lembra *A Grande Onda de Kanagawa*, a famosa estampa de Katsushika Hokusai.

Numa noite, "Antígona sonha que entra em comunicação com outros homens que, perseguidos e dizimados pelos homens da superfície, mergulharam nas profundezas da terra."[2]

A metáfora de Bauchau esclarece a colaboração entre a matéria e o artista. Diferente de um físico que verá um movimento intenso de átomos agitados pelas partículas elementares, atrás da superfície de um rochedo, por exemplo, Bauchau imagina um povo vivendo na pedra que, oprimido pelo povo da superfície, fugiu e ultrapassou a morte. Embora cego, "o povo das pedras" usa um olhar interno, atravessa a matéria e se comunica com quem trabalha a pedra. Disseminado na rocha, esse povo está na origem da criação da escultura da onda e "inspira" os três artistas. Basta ouvir e senti-lo na falésia para conseguir esculpir as personagens e o barco. "É a pedra que sabe"[3] ou o povo das profundezas que sabe. Não há discursos nem deduções inteligentes, nem projeto que planeja, nem estratégia; há,

2   *Édipo na Estrada*, p. 115.
3   *Œdipe sur la route*, primeira versão datilografada, p. 81.

sim, um trabalho paciente da mão que se deixa dirigir pela pedra, desenha o futuro e confia que o sentido virá "só depois". A pedra age como um significante e sugere a Antígona fazer um retrato de seu pai sem forma prévia, senão da lembrança.

A matéria usada pelo artista é questionada por Bauchau. Aqui, é a pedra, mas poderia ser a letra, a cor, a nota musical. Essa outra maneira de encarar a criação resulta de um diálogo com a matéria e não simplesmente de seu uso instrumental. Tal concepção é parecida com a da pintora Fayga Ostrower, apresentada em *A Sensibilidade do Intelecto*, que considera o movimento interno intenso da cor, apesar da calmaria e da solidez aparente, ou com a de Edson Pfützenreuter, em *Matéria Digital: Considerações Sobre o Uso de Meios Digitais*, que afirma que a matéria resiste ao artista. Tentar dominar a matéria não adianta, o artista deve compor com ela.

Assim ocorre com o escritor frente ao computador ou à folha em branco. O povo das profundezas é parecido com o conjunto das letras e das palavras que poderíamos imaginar como um povo. A história da língua ou desse povo da língua está nos dicionários e na literatura desde a emergência dessa língua. Cego, esse povo se orienta pelo querer dizer dos falantes, dos poetas e dos escritores. Apesar da dureza semântica manifesta nas comunicações de todos os dias, inclusive nesta minha fala, em que há um sentido para cada palavra, os poetas e os romancistas conseguem aliviar esse fardo para voar alegres e encontrar outros sentidos inéditos, visando a beleza interna ou a musicalidade da língua ou desse povo da língua.

A metáfora do povo das profundezas insiste no poder de criação composto, em grande parte, por uma escuta atenta ao material usado nesse rochedo, por exemplo. Antígona sonha com o povo das pedras e se dá conta da presença dele durante o dia, esculpindo. Manifestação do inconsciente de certo modo, o povo das pedras desloca o foco da obra e faz dela não somente o cumprimento do desejo da artista, mas, metaforicamente, do desejo de um povo, das mil pedras que constituem a comunidade que cerca a obra. A questão da autoria cai ou, pelo menos, é deslocada do sujeito escritor para a instância do autor. Nada de novo para um geneticista.

Por isso, além do povo das profundezas, vamos entrar num mundo que Bauchau compartilha com Murakami, que gira ao redor do misterioso e talvez ultrapasse as instâncias do escritor e do autor inscritas na roda da escritura, já comentada nos capítulos anteriores. Para quem acompanhou a elaboração da roda, o centro seria enriquecido por outros elementos do texto móvel, que definirei mais tarde.

2. A história do "little people" ou "povo pequenino", como é traduzido em português, surgiu dentro do romance *1Q84*, de Haruki Murakami. O título alude ao romance *1984*, de George Orwell.

Dentro do romance, ficção dentro da ficção, uma adolescente de 17 anos, Fukaeri, escreve um romance intitulado *A Crisálida do Ar*, que é corrigido e reescrito por Tengo, um amigo do editor. Sem revelar a coautoria, o livro ganha um prêmio literário famoso, no Japão. A narradora conta o que aconteceu quando, com 10 anos, foi punida na seita onde vivia por ter deixado uma cabra morrer de fome. A punição consistiu em conviver dez dias com a cabra morta, num lugar fechado. Mas, numa noite, surgiram da boca da cabra sete pequenos homens, cada um com uma voz diferente, que, de 10 cm, atingiram 60, e propuseram à menina a construção de uma crisálida do ar. A crisálida, que, para nós, é o estado intermediário entre a larva e a borboleta, no romance, uma vez feita, envolve a sombra do corpo da própria heroína nua. A partir dessa revelação, Fukaeri serviu de passagem para a atuação do "little people".

Mais tarde, recusando-se a continuar a ser porta-voz desse povo, foge da seita, vira inimiga deles, não sem deixar de adquirir um poder misterioso de vidência. Antes de partir, no entanto, ela passa o poder de ouvir as vozes ao pai, o chefe da seita, que se torna aquele que escuta as vozes do povo pequenino e, por não poder resistir, executa os desejos desse povo. O importante, para nós, é entender que a função do líder é ouvir as vozes dos deuses, ser aquele que ouve as vozes.

Constatamos que os dois romancistas precisam de um mundo que não é o nosso para montar a trama. Os dois mundos, o "povo das pedras" de Bauchau e o "little people" de Murakami, devem ser ouvidos, pouco importa a função efetiva, a dimensão artística para o povo das pedras ou a dimensão nefasta do "little people"[4]. É a pulsão invocante ou do ouvir que está sublinhada, mas que não é uma simples escuta destinada ao diálogo, é uma voz exigente que transmite conselhos aos artistas ou ordens aos membros da seita.

Tanto em Bauchau quanto em Murakami, há um lado misterioso e fascinante, porque contam com um mundo distinto do inconsciente de cada um, bem próximo dos deuses antigos, renegado habitualmente pela crítica racional, mas admitido por antropólogos, como James Frazer, e seus leitores, entre outros, Sigmund Freud, Rudyard Kipling, Ezra Pound, William Butler Yeats e James Joyce.

Se não se trata do inconsciente freudiano, como entender a existência, mesmo ficcional, desses mundos que os artistas escultores, Édipo e Antígona, ou o chefe de uma seita religiosa e sua filha, devem ouvir, sabendo que sem essa escuta não há artista nem arte, nem chefe reconhecido por uma seita?

Será que há uma trama maior que, articulando outro mundo e o nosso, faz-nos descobrir que as "ideias fragmentárias, aparentemente sem relação, faziam parte de uma camada ou estrato especial de pensamento e memória e, portanto, que tinham algo em comum", como pensa a poetiza americana Hilda Doolittle?[5]

Marcel Proust pensava de outra maneira: "as obras, elas mesmas, poderiam ser reagrupadas como pedaços dispersos de um mesmo universo, pintado somente com menos amplidão e força, lá onde a colina de Jean le Rouge estaria ligada ao prado ceifado aos pés por Levine"[6].

Haveria uma resposta nos manuscritos? Talvez para Bauchau, de quem disponho das cinco versões de *Édipo na Estrada*, mas não para Murakami, de quem tenho apenas a versão editada de *1Q84*.

O manuscrito de *Édipo na Estrada* mostra a hesitação de Bauchau entre o divino e o inconsciente: "Às vezes, o deus encarna-se no cego [Édipo] e é ele que pensa, que age e às vezes canta.

---

4   O restabelecimento do equilíbrio entre o bem e o mal. Cf. H. Murakami, *1Q84*.
5   H. Doolittle, *Por Amor a Freud*, p. 47.
6   M. Proust, *Correspondance*, t. IX-XVII, p. 366. Jean le Rouge é uma personagem de *Marie-Claire*, de Marguerite Audoux, e Levine é uma personagem de *Anna Karenina*, de Tolstói.

É também um homem sobrecarregado pela infelicidade e culpabilidade que arrasta, sem saber o fim nem o sentido de sua viagem, mas que a presença incerta e fugaz do deus transforma."[7] Os deuses, entre os quais incluo o povo das profundezas, são verdadeiras personagens que têm em comum com o inconsciente o agir sem o conhecimento dos protagonistas. A força usada pelas instâncias faz a diferença. Enquanto o inconsciente – se seguirmos Lacan em sua segunda maneira[8] – transparece no gozo do sujeito, os deuses são levados por uma força externa que decorre mais da comunidade a que pertence a personagem.

Além de sua presença na pedra, o deus, às vezes localizado no sangue, aproveita-se da porta de entrada da emoção provocada pelo canto de Édipo para transmitir a mensagem[9]. Em outro momento, o narrador volta no tempo e opõe o clã dos lobos ao dos leões, representantes, respectivamente, da destruição e do deus solar[10]. A nossa dependência dos animais ancestrais, defendida também por Pascal Quignard, em *Sur le Jadis*, é aqui exemplificada no nível psíquico. Como os homens chegam lá? Pela dança rodopiante, mas o único meio de sair desse gozo causado pelos deuses é com a força do espírito. Enfim, após o desaparecimento de Édipo, Clios pinta um belíssimo afresco no qual Apolo luta com um monstro. Teseu, o rei de Atenas, admirado, comenta: "[...] deixa ao antigo e ao monstruoso este lugar, esta liberdade sem a qual [...] eles se vingam."[11]

O outro mundo de Bauchau é feito de pequenos homens, monstros, deuses e forças animais que, embora lutem com o homem, não são aniquilados e têm seu espaço para atuar. Esse convívio lembra, além de *A Luta de Jacó Com o Anjo*, de Delacroix (1861), *Macunaíma*, de Mário de Andrade (1928), que vive num mundo não necessariamente dominado pela razão, cheio de monstros e de bichos.

Monstros minúsculos, que também querem dominar o mundo, o "little people" de Murakami é assimilado ao Grande Irmão, do romance *1984*, de George Orwell, porque vigia e sabe

---

7 *Œdipe sur la route*, primeira versão datilografada, p. 1.
8 C. Soler, *Qu'est-ce qui fait lien ?*, p. 88
9 *Édipo na Estrada*, p. 181.
10 *Édipo na Estrada*, p. 130.
11 Le Temple rouge, *La Revue Générale*, n. 11, nov. 1994, p. 11.

tudo, embora precise de uma porta de entrada privilegiada para emitir mensagens. Sem o portador, desaparece, embora ainda manifeste seu poder pela chuva e pelo trovão, como se fosse o senhor da natureza. Cortada a comunicação, não há mais artista em Bauchau nem mundo diferente em Murakami, como se faltasse uma dimensão misteriosa no mundo em que vivemos.

Voltando à minha inquietude inicial, pergunto se temos de aceitar as teses de Sir James George Frazer que, embora relativizadas por ele mesmo[12], foram admitidas pelos poetas, romancistas e psicanalistas citados antes, que defendem a existência de um mundo fora do mundo aparente, diferente das religiões, próximo dos mitos, que atue no campo artístico, político e até religioso.

Seria um mundo invocado pelo artista por reconhecer a fragilidade de seu poder de invenção, limitado à pobreza do nosso universo realista? Não são duendes, fadas e feiticeiros que, por um ato mágico, transformam as coisas, mas sim personagens trabalhadores, o "little people", que leva dias para construir a crisálida de ar, e o povo das profundidades, que segue o tempo do artista para esculpir a onda. Ele acompanha sempre personagens escolhidas e insiste na escuta. Grande Irmão, sim, mas de um modo diferente de *1984*.

No romance *1984*, a personagem Wilson vivia sob o olhar constante do Grande Irmão que filmava, além de registrar o som nos apartamentos por meio de um telecran. Sempre visto e ouvido, Wilson teve de se esconder na alcova para escrever seu diário sem ser visto e não sofrer a pena de prisão ou de morte. Como o "little people", o Big Brother vigia e pretende saber de tudo, mas não tem transmissores privilegiados; todos ouvem as vozes. Ninguém pode escapar do Grande Irmão, ao

12 "Amoroso das lendas e dos mitos, escritor talentoso, Frazer não dava às próprias teorias uma importância excessiva. No prefácio de *O Ramo de Ouro*, escreve que 'ninguém pode entender melhor do que nós o risco que há em levar uma hipótese muito longe, em juntar uma multidão de detalhes incongruentes sob uma etiqueta estreita, reduzir o imenso, ou a inimaginável complexidade da natureza e da história, a uma simplicidade teórica aparente e mentirosa'. E acrescenta, com uma rara honestidade: 'Agora que elaboramos até nos detalhes essa teoria, não podemos nos impedir de sentir que, em alguns pontos, levamo-la muito longe. Se tal é o caso, estamos prontos a reconhecer nosso erro e retratá-lo.'" (J.-F. Dortier, Le Rameau d'or et les mythes du roi sacré. *Sciences Humaines*). Disponível em: <http://www.scienceshumaines.com/>.

contrário das personagens principais de *1Q84*, Aomame e Tengo, que conseguem se livrar do "little people", no final do romance.

Em Murakami, o mundo diferente não é nem das religiões, nem dos mitos, nem de um mundo misterioso *à la* Frazer, mas se constitui a partir de um processo de criação inédito, o do jogo entre uma letra, em japonês, o Q, que tem a mesma pronúncia que o 9. A partir dessa transferência do número para a letra, Murakami criou o universo do "little people", o de duas luas e o da crisálida do ar. Não posso averiguar a origem e a formação desse processo de criação, já que não tenho os manuscritos, mas, pela versão editada, parece que ele reside na tensão entre a letra e o número, cobertos pelo mesmo som. Da letra para o número, há o caminho de volta ao mundo empírico sem dupla lua, sem "little people", sem crisálida do ar. O romance trabalha com a ambiguidade do som, que sustém a letra Q e o número 9.

9/Q
som

O transtorno e o romance começaram quando, aproveitando a ambiguidade do som, 1984 virou 1Q84[13]. Não houve uma metáfora no sentido de transporte do número para a letra, mas uma insistência ou um *zoom* na letra, escondendo o número. No entanto, é somente na escrita que a sequência de números é interrompida por uma letra, e não na leitura a voz alta. O olhar deve dominar ou esquecer a pulsão invocante para entender a mudança. A entrada no mundo de 1Q84 supõe a retração da pulsão invocante, sabendo que a distorção só acontece no mundo da escritura e da leitura silenciosa em japonês, e não funciona em outras línguas. O narrador mudou a lógica de uma língua escrita, normalmente feita de letras ou de números, quando misturou letras e números numa mesma data[14].

---

13 Haveria um discurso sob o discurso, como os Anagramas de Saussure segundo Jean Starobinsky, em *As Palavras Sob as Palavras*? O número 9 constituiria um subdiscurso em cada citação do título *1Q84*. O 9 representaria "o mundo anterior" oposto ao mundo novo (H. Murakami, *1Q84*, livro 1, p. 160).

14 "Quebrar a linguagem para atingir a vida é fazer ou refazer o teatro: e o importante não é acreditar que esse ato deve ficar sagrado, isto é, reservado" (A. Artaud, *Le Théâtre et son double, Oeuvres Complètes*, p. 19).

Como caracterizar esse novo mundo senão como um universo linguístico estranho?

No entanto, no romance, esse jogo com o som não parece interferir. A personagem Aomame, constatando que entrou num mundo novo, decide batizá-lo: "1Q84 com a letra Q de *Question Mark*; um quê de dúvida, de interrogação"[15]. Vejo essa interpretação como uma explicação para leitores de outras línguas ou como uma justificativa ao nível racional da personagem, mas não para o autor que queria, certamente, incomodar o leitor com um título tão ambíguo.

Se uma data é uma referência ou uma maneira de situar-se na cronologia, ler uma data estranha perturba e desloca as personagens e, *a fortiori*, o leitor. Vários fenômenos acontecem em função da diminuição do valor da pulsão invocante nesse universo linguístico estranho, mas, por incrível que pareça, ela se manifesta de outro jeito, insistente, acusadora e perseguidora, como no caso da cobrança de um fiscal da televisão que irá bater várias vezes na porta do apartamento onde se esconde Aomame, após ter assassinado o líder da seita[16], ou como as falas repetitivas do "little people", palavras que somente as personagens do mundo de duas luas ouvem.

É como se a pulsão invocante se limitasse a seu pior desempenho quando perde a primazia, ou quando está a serviço do olhar, ou do imaginário. As personagens, vivendo nesse universo linguístico estranho, perdem as referências simbólicas, estão literalmente viajando ou fantasiando, misturam os pontos de arrimo do calendário, esquecem eventos importantes da sociedade japonesa, como a luta violenta entre uma seita e a polícia, veem armas de policial de outro tempo etc. O universo linguístico estranho de *1Q84* está desarrimado como um navio sem âncora, dominado pela pulsão do olhar ou da imagem sem som nem música, nem palavra.

Em *Édipo na Estrada*, não há datas relevantes, mas uma relação estranha com a arte: "Sem a ação de Édipo, pensa Antígona,

---

15 H. Murakami, op. cit., 160.
16 "Essa voz que o sujeito não pode calar, porque não fala, foi imaginada sob a forma de imprecações das erínias, que não dizem nada, mas perseguem o sujeito com seus terríveis gritos desarticulados. Voz do gozo que Lacan aproxima do estertor do gozo da morte do pai da horda primitiva" (J.-M. Vives, Pulsion invocante et destins de la voix, *Insistance*, 23 dez. 2008).

a onda que era delírio, somente delírio, estaria agora nos afogando e nos separando."[17]

Isto é, sem a coragem de Édipo para esculpir o barco e a onda, junto com o povo das profundezas, a loucura tomaria conta das três personagens. O que parece loucura para o leitor, a crença nesse povo das pedras, salva os artistas do delírio. Contrariamente ao narrador de *1Q84*, as personagens de Bauchau colaboraram com o mundo estranho, não tentam sair dele e até deixam um lugar para ele em suas vidas.

Ainda assim, as personagens dos dois romances se unem na mesma desorientação. O tempo é outro para Édipo, que sai de Tebas, aparentemente sem rumo, já que constata, no final, que andou em círculos, até chegar em Colona. Ele viaja sem referência geográfica, contudo um tempo interior o guia, um tempo de cego[18], com seu labirinto interior[19]; ele sai do quadro espaço-tempo comum e se localiza entre coordenadas fora do mundo.

Enquanto o povo das profundezas de Bauchau usa a pulsão invocante como a entendemos, uma voz amiga, conselheira, que indica o caminho, o "little people" está mais do lado de um superego persecutório e rígido, que exige obediência. Exagerando, diria que a diferença entre uma religião dogmática e a arte criadora reflete as tensões atuais entre os talibãs ou os jihadistas que destroem as obras de arte e a maioria das culturas que as valorizam.

No entanto, a atitude de quem escuta é a mesma, no início: uma capacidade de escuta reservada a poucos, em Murakami, e aos três artistas, em Bauchau. Os dois mundos desregulam os ouvintes e os leitores. Uns, como Édipo, seguem as coordenadas de tempo e do espaço internos, e outros, como as personagens de Murakami, devem compor com as coordenadas de todos e as de quem vê duas luas.

Será que inventar mundos fora do nosso faz parte da estratégia dos dois autores para desorientar o leitor, mudar seus pontos de referência e transformar sua mente? Talvez seja uma consequência, mas não o objetivo de ambos. Não somente inventar,

---

17 *Édipo na Estrada*, p. 109.
18 Ibidem, p. 178.
19 Ibidem, p. 224.

mas invocar a existência de mundos estranhos supõe uma resposta deles.

À guisa de conclusão, sabemos que o homem procura sempre um mínimo de satisfação, de prazer e até de gozo em todas as suas atividades. O escritor, escrevendo, não escapa a essa norma do desejo humano.

Portanto, o que anima o escritor não é somente a satisfação de publicar um livro, ter leitores, o prazer de escrever e descobrir novos mundos; ele é também trabalhado sutilmente por um grão de gozo que o puxa, sem que ele saiba, em certa direção, exercício de força que cessa normalmente na entrega do manuscrito ao editor.

Gozo quer dizer excesso de prazer, que pode doer ou perturbar o releitor, que é o escritor e seu leitor. No entanto, criar um universo linguístico estranho ou uma concepção da arte que ultrapassa o artista e incomoda o leitor supõe, desde o início, a colaboração de outra força, além do grão de gozo. A vontade de explicar ou de tornar inteligível o inexplicável não é suficiente.

Inversamente, se tomamos o ponto de vista do *scriptor*, aquele que se submete à linguagem e à escritura, com quais forças ou com quem ele quer dialogar? Por que supor um mundo além do nosso que não seja de fadas nem de espíritos, nem de ciência-ficção, nem sobrenatural, no sentido religioso da palavra?

Bauchau deu um esboço de resposta às questões quando inventou os deuses ou os monstros ligados não ao indivíduo, mas à comunidade das quais eles fazem parte. Isto é, o grão de gozo profundamente ligado à comunidade na qual o escritor se insere estaria, eu diria, grávido dos sofrimentos, males, defeitos, dores e recalques dela. Escapar desse contexto é difícil.

Para Murakami, basta lembrar o envenenamento com gás sarin no metrô de Tóquio pela seita fanática Verdade Suprema, em 1995, além dos terremotos contínuos que assolam o Japão e das bombas atômicas lançadas sobre Nagasaki e Hiroshima, em 1945.

Para Bauchau, os sofrimentos dos europeus durante as duas guerras mundiais e, atualmente, com o terrorismo islâmico, que provoca as reações que conhecemos, *Je suis Charlie*, e as emigrações vindo principalmente da Síria e da África.

O grão de gozo está assentado em cima dessas infelicidades, que têm por origem o que Artaud chamou de crueldade do homem, e dos terremotos e catástrofes naturais. É disso que Freud tratou, em 1927, na obra *O Mal-Estar na Civilização*, quando caracterizou o homem como fundamentalmente agressivo.

Junto com o grão de gozo, associo, portanto, a crueldade que fundamenta o apelo a outros mundos dos dois autores e torna mais compreensíveis tanto a linguística estranha e o "little people" de Murakami quanto o povo das profundezas e os monstros de Bauchau.

Assim, por um lado, podemos ligar as criações poéticas de Bauchau e de Murakami a mitos/histórias decorrentes do desconhecimento que sempre invadiu os povos para explicar os medos, a angústia e o terror provocados pela natureza e pelo próprio homem. É na continuação de Charibe e Sylla, sereias, Loch Ness, Leviatã, extraterrestres etc. que se situam o estranho mundo linguístico de Murakami e os deuses assustadores de Bauchau.

Por outro lado, o povo das profundezas de Bauchau e as personagens de Murakami, Fukaeri, Tengo e Aomame, quando fogem do mundo de duas luas não pertencem a esse mundo de gibis dos heróis salvadores do mundo, como o Capitão América, o Super-Homem, o Homem Aranha, o Quarteto Fantástico e outros. Bauchau e Murakami mostram outra solução, a do artista que se envolve no material de sua arte. E poderíamos citar aqui nossos heróis, os autores e os artistas que analisamos e com quem trabalhamos, ou a solução do homem comum, que reintegra a sua comunidade, apesar dos dramas e das tragédias que viveu.

Para concluir, lembro um texto de nosso grande antropólogo e fundador da Universidade de Brasília, Darcy Ribeiro, texto que pode ser encontrado no museu da universidade, que insiste na convivência da crueldade e da ternura no homem brasileiro.

Todos nós brasileiros somos carne daqueles pretos e índios supliciados.
Todos nós brasileiros somos, por igual, a mão possessa que os supliciou.
A doçura mais terna e a crueldade mais atroz aqui se conjugaram
para fazer de nós a gente sentida e sofrida que somos
e a gente insensível e brutal que também somos.[20]

20 *O Povo Brasileiro*, p. 120.

PARTE V:
O EFEITO DA LEITURA

1. Do Texto Móvel ao Gozo do Leitor, em "A Carta Roubada"

A leitura de *A Carta Roubada*, de Edgar Allan Poe, por Jacques Lacan é uma demonstração das teorias recentes de como nós, críticos, podemos e talvez devamos ler a literatura. Ela resulta de uma posição analítica, a saber, de não querer entender um sentido em primeiro lugar, o que decorre da hermenêutica, mas de almejar ouvir primeiramente o que me diz o texto; o "me" significa, nesse caso, a singularidade da escuta que é somente minha, que pode ser compartilhada, mas que, no início, decorre de minha pulsão de leitura (de saber, de devorar, de olhar invocante), ligada a meus desejos.

Trata-se da terceira leitura que faço de *A Carta Roubada* analisada por Lacan, mas em momentos diferentes. A primeira foi realizada na Escola Freudiana de São Paulo, cujo texto saiu em *Além da Psicanálise, as Artes e a Literatura*. A segunda ocorreu na disciplina oferecida por Cleusa Rios P. Passos, em 2009, transcrita em *Psicanálise e Teoria Literária*.

Com esta terceira intervenção, convidado também por Cleusa Rios P. Passos, a quem agradeço a oportunidade, tentarei articular a maneira com a qual Lacan interpreta o conto de Poe com a roda da leitura e o texto móvel que a empurra.

1. Como funciona a minha relação ou a de Lacan com o texto? Vejamos a roda da leitura:

A RODA DA LEITURA

Primeiro movimento. Por que Lacan, por que nós escolhemos e lemos o conto? Qual satisfação procuramos ao ler o conto? Ou, como pergunta Adam Phillips, qual frustação queremos evitar quando escolhemos o conto[1]?

Tentei responder por Lacan na primeira leitura, sublinhando sua vontade de confirmar a insistência subjetiva ou o automatismo de repetição e seu desejo de vingança e de ódio para com a princesa Marie Bonaparte, ex-paciente de Freud e uma das introdutoras da psicanálise na França.

Por que lemos o conto? Suspeito que, além das respostas singulares, há um desejo de saber ou de engolir literalmente o conto de Poe, assimilá-lo para que seja nosso, cada um à sua maneira, à medida que gostamos dele. Ou então pode ser que nos sintamos impotentes ou dependentes da cultura representada pelo orientador e pelos professores e queiramos responder ou satisfazer nosso desejo de autonomia[2].

Numa segunda etapa ou num segundo movimento, mergulhamos no texto, revestimo-nos dele e adotamos a atitude do

---

1   A. Phillips, *La Meilleure des viés*, p. 55.
2   Idem, *Trois capacités negatives*, p. 87.

Ministro, muito próxima da atitude feminina que se contenta em ver, admirar e contemplar o texto. No terceiro movimento, escutamos o texto como Dupin, que tenta entender em qual lugar o Ministro escondeu a carta, sem levar em conta as hipóteses imbecis do Chefe de Polícia.

O quarto movimento corresponde à descoberta da carta por Dupin, que está "pendurada por uma desbotada fita azul, presa bem no meio do consolo da lareira". Esse momento não é de êxtase, mas pelo menos se trata de um momento privilegiado, que faz com que o leitor e Dupin não abandonem a procura nem o livro. Como lembra Cleusa Rios P. Passos, citando Cortázar, no quarto movimento, o leitor fica desamparado, tem a impressão de que "algo nos tirou do chão"[3]. Para o leitor que somos, estes são momentos em que perdemos nossas referências habituais. Descobrimos coisas inéditas que mexem conosco e fazem com que nos apeguemos a outras referências para podermos nos ressituar no simbólico. Felizes, magoados ou chocados, continuamos ou abandonamos o livro.

LEITURA DA "CARTA ROUBADA"

No conjunto de conferências que são os *Escritos*, o conto está no primeiro capítulo, como se o leitor devesse seguir essa pista e entender a obra de Lacan, aí condensada até 1966, através deste prisma ou filtro da literatura:

Condescendemos-lhe um patamar na escala de nosso estilo, dando à *Carta Roubada* o privilégio de abrir sua sequência, a despeito de sua diacronia. Cabe a esse leitor devolver a carta/letra em questão para além daqueles que um dia foram seus endereçados, aquilo mesmo que ele nela encontrará como palavra final: sua destinação. Qual seja, a mensagem de Poe decifrada e dele, leitor, retornando para que, ao lê-la, ele diga a si mesmo não ser ela mais fingida do que a verdade quando habita a ficção [...] Queremos, com o percurso de que estes textos são os marcos e com o estilo que seu endereçamento impõe, levar o leitor a uma consequência em que ele precise colocar algo de si.[4]

---

3 C.R.P. Passos, O Fantástico e as Formas do Unheilich: Borges e Seus Duplos, em C.R.P. Passos; Y. Rosenbaum (orgs), *Interpretações: Crítica Literária e Psicanálise*, p. 124.
4 J. Lacan, *Escritos*, p. 10-11.

Duas perguntas: como funciona esse filtro da literatura? E como se estabelece a relação da ficção ou da literatura com a verdade?

Será que devemos interpretar os fatos da vida por meio da literatura ou do cinema como as pessoas que dizem: "Ah! Aconteceu-me algo parecido com o que ocorreu ao herói proustiano e sua *madeleine*"; ou, "lembrei do Bruce Willis quando reagiu..."; ou "fiquei com pena da Julia Roberts, em *O Casamento do Meu Melhor Amigo*"; ou "gostei da Sandra Bullock, em *O Acordar de um Campeão*". Evidentemente, não é isso que Lacan quis dizer.

Ler os *Escritos* como se fosse ficção significa lê-los como se fossem uma história, a história da psicanálise desde Lacan, que não para, anuncia novos conceitos e novos esquemas da compreensão da psique sem fazer deles dogmas ou verdades absolutas, sem engessar os conceitos – nem a psicanálise, nem as escolas de psicanálise são igrejas com seus dogmas, embora a tentação exista –, mas, pelo contrário, relativizar a teoria à luz dos fatos da vida, dos campos abertos pelas ciências e pela experiência do divã, questionar continuamente a teoria.

Quanto à segunda pergunta, como se estabelece a relação da ficção ou da literatura com a verdade, a resposta decorre da primeira: não há verdade definitiva, há somente meia verdade, ficcional nesse sentido.

Lendo *A Carta Roubada*, Lacan quer destacar a primazia da cadeia simbólica ou do registro do Simbólico sobre o do Imaginário[5], o que o conto ilustra perfeitamente. O psicanalista estrutura o conto como o desfile de uma carta atravessando a vida de cinco personagens, se contarmos dois Dupin, como o faz Jacques Derrida:

O Rei, a Rainha, o Ministro
A Polícia, o Ministro, Dupin
O Ministro, Dupin I, Dupin II

As posições definem a qualidade das personagens:

---

5   Mais tarde, Lacan valorizará o terceiro registro, o do Real inventado por ele e, em seguida, o nó borromeano, e, por fim, insistirá sobre o gozo que cobre e une os três registros; *O Seminário. Livro 19: ... ou Pior*, p. 51-52.

A primeira posição deixa seu ocupante cego. O rei está investido, de acordo com a "anfibologia natural ao sagrado, da imbecilidade" que decorre justamente do sujeito. Essa posição lembra Édipo que, arrancando os olhos, prefere ficar cego e não ver as consequências de sua cegueira inicial, que provocou a morte de seu pai e o casamento com a mãe[6].

A segunda abriga as personagens à sombra da carta. A rainha, presa pelo olhar do rei, não pode impedir o roubo da carta pelo ministro, que, em seguida, imaginando a carta invisível, "esquece-a" e se deixa enganar por Dupin. Os ocupantes da segunda posição sabem de suas neuroses, mas preferem esquecê-las ou não pensar nelas, porém, em compensação, eles são forçados a adotar uma atitude passiva, para não dizer feminina, a seu respeito, isto é, sofrer a neurose. O Ministro, recebendo Dupin, ilustra essa languidez (*nonchalance*): "Encontrei D... em casa, bocejando, vadiando e perdendo tempo como sempre, e pretendendo estar tomado do mais profundo tédio. Ele é, talvez, o homem mais enérgico que existe, mas isso unicamente quando ninguém o vê."[7]

Lacan comenta o disfarce da carta:

Esse endereço passa a ser o dele mesmo. Seja por seu punho ou pelo de outro, ele aparecerá numa escrita feminina muito delicada, e o lacre, passando do vermelho da paixão ao negro de seus espelhos, ele imprime ali o próprio sinete. Essa singularidade de uma carta marcada com o sinete de seu destinatário é ainda mais impressionante de notar em sua invenção, na medida em que, vigorosamente articulada no texto, nem sequer é destacada depois por Dupin, na discussão a que ele submete a identificação da carta.

Seja essa omissão intencional ou involuntária, e ela surpreenderá no agenciamento de uma criação cujo rigor minucioso é visível. Mas, em ambos os casos, é significativo que a carta que em suma o ministro endereça a si mesmo seja carta de uma mulher: como se, por uma convenção natural do significante, essa fosse uma fase pela qual ele tivesse de passar.

Do mesmo modo, a aura de displicência que chega a afetar uma aparência de languidez, a ostentação de tédio próximo do fastio em suas palavras, a ambição que o autor da filosofia do mobiliário sabe fazer surgir de observações quase impalpáveis, como a de instrumento musical sobre a mesa, tudo parece arranjado para que a personagem marcada por todos os seus ditos com os traços da virilidade exale, ao aparecer, o mais singular *odor di femina*.[8]

---

6   *O Seminário. Livro 11: Os Quatro Conceitos Fundamentais em Psicanálise*, p. 45.
7   E.A. Poe, *A Carta Roubada*, p. 10.
8   *O Seminário. Livro 11: Os Quatro Conceitos Fundamentais em Psicanálise*, p. 39.

Não é boa a posição do crítico? Colocar-se na posição do Ministro, sofrer o *odor di femina*, aparentar o tédio, sonhar, associar, devanear.

A terceira posição, enfim, permite "ver a situação simbólica" sem participar dela. É a posição do narrador, que escuta Dupin, e a de Dupin II, que expõe os fatos a seu amigo. É também a de Lacan.

Adotamos essa terceira posição depois de sonhar com o texto ou a frase, ou a palavra. Precisamos sair do imaginário e entrar no simbólico da escritura para ver a situação simbólica do texto e analisá-lo, como fizeram Dupin II e Lacan.

O que faz Lacan? Invocando sua definição do inconsciente, "o inconsciente é o discurso do Outro", fala claramente: o que nos interessa hoje é a maneira pela qual os sujeitos se revezam no seu deslocamento no curso da repetição intersubjetiva. As personagens serão vistas, portanto, como elos de uma cadeia, e não de acordo com suas perspectivas singulares.

Se quisermos fazer uma leitura psicanalítica, como Lacan, não podemos nos identificar com as personagens do romance que analisamos, quer seja Riobaldo ou Diadorim, de *Grande Sertão: Veredas*, Julien Sorel, de *O Vermelho e o Negro*, Emma Bovary, de *Madame Bovary*, Natacha Rostov, de *Guerra e Paz*, ou Orion, de *L'Enfant bleu* etc.

Não poderíamos também nos valer de um crítico consagrado ou não, Antonio Candido, Cleusa Rios, Davi Arrigucci, Jacques Lacan etc., para ler um romance. Devemos deixar aparecer nosso desejo, nosso texto móvel ou nosso grão de gozo.

O texto móvel para o escritor já foi bastante comentado nos capítulos anteriores. Mas o que o texto móvel é para o leitor?

Sabendo que não há um sentido ou uma verdade preestabelecida, um depósito de verdade ou uma referência segura (ilusão da Academia), quando leio um livro ou quero interpretá-lo, não encontrarei um sentido definitivo para caracterizar uma personagem ou uma relação entre personagens, ou com determinado objeto etc. Lacan ilustra isso, dando como exemplo o jogo do *furet*, ou brincadeira de passar o anel, no Discurso de Roma, *Função e Campo da Fala e da Linguagem em Psicanálise* de 1953[9], ou em *A Instância da Letra no Inconsciente* de 1957[10], ou no seminá-

---

9   J. Lacan, *Escritos*, p. 239.
10 Ibidem, p. 521.

rio *Le Désir et son interprétation* de 1958[11]. Nesse jogo, o sentido sai quando o responsável manda parar o anel. Quem o detém dirá o sentido. Isto é: "Palavras que, para qualquer ouvido atento, deixam claro com que ambiguidade de jogo do anel escapa de nossas garras o anel do sentido no fio verbal."[12]

O sentido ou o imaginário voa, é sempre diferido (é a *différance* de Derrida ou a deriva, ou a pulsão, de Freud). Não há um sentido ou uma verdade nem depósito de verdade, nem referência segura, nem sentido definitivo.

No conto, a carta não fica com a Rainha, com o Ministro, com Dupin I ou com o Chefe de Polícia. Somente depois de ter sido possuída por todos, ou melhor, depois de possuir todos eles, após ter feminizado ou provocado a paixão em todos (amor do Ministro, apego ao lucro e devoção à Rainha pelo Chefe de Polícia, ira de Dupin I), a carta volta para sua proprietária contra um cheque bem salgado, mostrando que ela, a carta/letra, é um significante além de todas as significações e aberta a todos os sentidos: "Acreditas agir quando te agito ao sabor dos laços com que ato teus desejos. Assim, estes crescem como forças e se multiplicam em objetos que te reconduzem ao despedaçamento de tua infância dilacerada."[13]

O significante "carta" se importando pouco com o conteúdo e o sentido contido, perturba os laços ou o pacto de fidelidade entre o Rei e as outras personagens: a Rainha, o Ministro e a Polícia. Todos vão ter de assumir a quebra do pacto e reescrever a história ou o futuro. O sentido do futuro vai decorrer do efeito das relações entre os significantes; aqui, entre as personagens[14].

Não se trata somente de comer seu *Dasein*[15], como deduz Lacan, em 1953, inspirado por Heidegger, ou de aceitar nossa maneira de ser sujeito, resumindo grosseiramente o que é o *Dasein*, mas, quando lemos, trata-se de relacionar esse *Dasein* com as leituras que fazemos.

Se, numa primeira leitura, o texto móvel decorre para o leitor de uma paixão pelo texto a partir de um significante – por

---

11 Idem, *Le Séminaire. Livre VI : Le Désir et son interprétation*, p. 22.
12 Idem, *Escritos*, p. 521.
13 Idem, *O Seminário. Livro 11: Os Quatro Conceitos Fundamentais em Psicanálise*, p. 45.
14 T. Simonelli, De Heidegger a Lacan. Disponível em: <http://www.psychanalyse.lu/ >.
15 J. Lacan, *Escritos*, p. 45.

exemplo, a estranheza para Cleusa Rios em alguns de seus textos, o ritmo, o capacho, a voz, a roda para mim –, num segundo momento, esse mesmo significante, para nossa leitura, questiona posições anteriores e nos obriga a reavaliar nossa situação no simbólico. Sacudido por esse significante, continuamos a leitura já com um pé atrás e observando outros significantes – é o exemplo da carta e das personagens do conto –, encontramos um sentido original para articulá-los. Passamos então do sintoma para o *sinthoma*, de uma posição de sofrimento para uma posição ativa e herética, como sublinha Lacan, e nos distanciamos da paixão por esse significante a fim de, por nossa vez, escrever[16].

No entanto, a posição herética ou a posição que nos obriga a sair da repetição da linguagem comum ou do discurso acadêmico tradicional, obriga-nos também a sair de nós mesmos, a nos afastar do que é profundamente nosso, o *Dasein*, e caminhar por outras redes. Caminhar por outras redes significa ouvir melhor e nos submeter mais ao livro lido, submissão que Quignard caracteriza como "consentida (e) astúcia da presa que sabe que é uma presa"[17]. Escutar o texto equivale a se deixar prender, literalmente aprisionar, sabendo que entramos numa rede de significantes que não é nossa, a rede aberta pelo autor que lemos e que vai nos cercar e nos obrigar a sair do comum.

É outra maneira de considerar a terceira etapa da leitura: perder suas referências supõe entrar num vazio ou mergulhar num abismo, isto é, cair até ser apanhado por outra rede. Observemos a voz passiva. O instante de contato toca, roça o maravilhoso, a surpresa, o inesperado, o não previsto.

Compararia esse mergulho ao momento fora do tempo evocado pelo narrador proustiano: "na verdade, o ser que então em mim gozava dessa impressão e lhe desfrutava o conteúdo extratemporal, repartido entre o dia antigo e o atual, era um ser que só surgia quando, por uma dessas identificações entre o passado e o presente, conseguia se situar no único meio onde poderia viver, gozar a essência das coisas, isto é, fora do tempo"[18].

Quando acontece esse "fora do tempo" no conto?

---

16 P. Willemart, *Psicanálise e Teoria Literária*, p. 17.
17 C. Lapeyre-Desmaison, Genèse de l'écriture, em P. Bonnefis; D. Lyotard (orgs.), *Pascal Quignard, figures d'un lettré*, p. 336.
18 *O Tempo Redescoberto*, p. 212.

O fora do tempo não se dá quando Dupin entrega a carta ao Chefe de Polícia contra o cheque de cinquenta mil francos? Dupin obrigou o Chefe de Polícia a sair de suas redes e a entrever outra. Entrever, mas não entrar, entrever um gozo possível, mas não gozar. O cheque o livrou dessa aventura perigosa para sua profissão, mas que ficou surpreso, ficou.

Como não há nenhum cheque que nos espera quando estamos fora do tempo descobrindo outras redes, somos forçados a entrar, gozando, sofrendo, continuando a leitura. A dificuldade virá de nossa fidelidade ou não ao pacto com a escritura do autor lido.

Nesse sentido, não podemos somente "reivindicar algo que está separado de nós, mas nos pertence, e [...] nos completa"[19], algo que decorre do texto móvel, mas, a partir dele, pular no desconhecido, ultrapassar essa apropriação, sofrendo e penando para entrar nessa rede nova ou nesse simbólico novo.

Como as infidelidades das personagens ao pacto inicial com o Rei abriram outro simbólico no qual deverão se situar todos os participantes, assim o leitor que somos deverá, a partir do encontro ou do choque do texto móvel com o texto lido, sentir a pressão de outros grãos de gozo que não vêm necessariamente do escritor, mas da comunidade à qual ele pertence e responde.

A mudança na roda da leitura

Mudaria, portanto, dois elementos na roda da leitura.

O leitor deverá compor com ou levar em conta também os grãos de gozo (alegrias e angústias) que animam o texto lido, isto é, do autor e da comunidade na qual ele vive. Sou, portanto, obrigado a pluralizar o centro da roda e a multiplicar o grão de gozo no meio da roda. Meu gozo está interligado com esses gozos que empurram o texto. Não estou mais sozinho, mas conectado, para usar um termo de hoje, com o autor, com o contexto no qual escreveu e com as repercussões que teve o texto.

Em consequência disso, no quinto movimento, o leitor continuará lendo, entrando em outra rede, ou recusará e abandonará

---

19 *O Seminário. Livro 11: Os Quatro Conceitos Fundamentais em Psicanálise*, p. 185.

a leitura. Não terá de abandonar totalmente as redes nas quais estava inserido até então. Lendo *Fedra*, de Jean Racine, por exemplo, a paixão de Fedra por Hipólito, da madrasta pelo filho do esposo, Teseu, ou lendo *Em Busca do Tempo Perdido* sobre os amores homossexuais do barão de Charlus com Jupien, ou de Albertine com Mlle de Vinteuil, irá ser obrigado a abrir o leque dos amores possíveis. Em outra situação, preso ou admirado pela capacidade do narrador proustiano de criar e definir experiências privilegiadas – a *madeleine* é a mais conhecida – ou pela maneira de aproximar experiências do passado ao presente através da sensação e da impressão, o leitor vai se abrir a outra concepção do tempo e a outra maneira de silenciar após uma impressão forte para explorá-la e escrever em seguida. Cada um de nós deve ter exemplos do impacto provocado por suas leituras.

Portanto, o leitor vai ter de reformular, reenquadrar, ressituar-se, como a rainha que, se quiser manter sua posição para com o rei e o amante, ajeitará os dois no espaço e no tempo. Não se trata, portanto, de abandonar o passado ou o que o leitor pensou até então, mas de refazer seu mapa erótico, filosófico, literário e artístico, de alargá-lo a outras dimensões, reconhecendo que a parte dele implicada serviu de gancho.

Refazer o mapa não é simplesmente acrescentar elementos. Integrar um novo elemento numa estrutura muda toda a estrutura. Se pensarmos em termos de psicologia no espaço, teoria defendida em *O Tempo Redescoberto*, por Marcel Proust, a revolução ao redor de uma sensação de estranheza ou de um livro, como os seminários de Lacan ou a obra estudada para uma tese, ou uma frase, até mesmo uma palavra que não para de nos perseguir, essa revolução, que nos coloca fora do tempo e suscita um novo espaço-tempo enriquecedor, relativiza as revoluções anteriores, ultrapassando a psicologia plana.

Mudança total, espaço-tempo novo, bifurcação são consequências desse quinto movimento na roda da leitura. A mudança exigida não se limitará a uma dimensão inconsciente pouco perceptível, mas afetará certamente a abordagem dos textos literários. Cada um de nós poderá conferir isso e ver o impacto da leitura na sua prática.

Mas, por fim, quem goza com a carta roubada? Respondo como indiquei: gozam os quatro detentores da carta, cada um à sua maneira – o Ministro, Dupin, a Polícia e a Rainha, para quem a carta chega, enfim.

E nós, leitores? Sucederíamos aos quatro lendo a carta roubada e a análise de Lacan? Lacan é o primeiro que teve muito prazer em reler o conto. Analisando-o, ele confirmou um elemento da teoria psicanalítica, o automatismo da repetição ou a insistência da cadeia significante e, em segundo lugar, pôde interpretar o conto de uma maneira totalmente diferente de Marie Bonaparte, sua concorrente imaginária na leitura da obra freudiana, na França.

Estou inclinado a dizer que tive muito prazer em descobrir que essa terceira releitura me orientou a enriquecer a roda da leitura e a entender melhor o caminho que me leva *do* texto móvel do autor (Poe-Lacan) *ao* gozo da descoberta e *ao* compartilhamento com o gozo levantado.

E vocês, ouvintes-leitores?

2. O Que a Escritura Joyciana Pode Trazer à Prática Psicanalítica[1]

Não posso esconder que a escritura joyciana me choca e me faz perder a maioria das referências; suponho que muitos de vocês compartilham esse sentimento. Abrindo *Ulysses*, primeiramente, e, em seguida, *Finnegans Wake*, o leitor não especialista se sente perdido num mundo que não parece o seu, inícios de ficção ou de frases, aproximações suspeitas para quem ignora o contexto, personagens que aparecem sem avisar ou sem serem apresentadas pelo autor. O leitor deve tentar unir pontos e entender sozinho ou recorrer a especialistas na *Wikipédia*, ou ao próprio Houaiss, que traduziu *Ulysses* para o português. O leitor deve se perguntar também em qual espaço atuam as personagens, outro enigma que se desvela aos poucos.

Resumindo, ler as obras de Joyce, sobretudo *Ulysses* e *Finnegans Wake*, sem ajuda, não é fácil. No entanto, Glaucia Nagem, quando me convidou em nome do Fórum Lacaniano, pediu para que eu mostrasse "A importância da escritura de Joyce para a psicanálise", e acrescentarei, "e para o psicanalista".

Com a finalidade de responder à proposta, sugiro três etapas.

---

[1] Conferência pronunciada no Fórum Lacaniano de São Paulo, em junho de 2013, na ocasião do Bloomsday.

Em primeiro lugar, devo lembrar rapidamente a "roda da leitura" que comentei na conferência que dei no Fórum, em 2010. Descrevê-la de novo permitirá a mim apresentá-la a quem não a conhece e será da máxima importância para tornar claro o processo de análise proposto por este artigo.

Em segundo lugar, faremos leitura da única peça de teatro escrita por Joyce, perguntando-me o que a leitura de *Exilados*, comentada, entre outros, por Lacan, pode nos fazer entender de certo discurso de analisando.

Enfim, procederemos à leitura de um capítulo de *Ulysses*.

A RODA DA LEITURA

Não vou repetir o que já apareceu nos capítulos anteriores, mas descrever a roda de outra maneira. No primeiro movimento, o leitor escolhe um livro. Empurrado por qual pulsão? Podemos falar da pulsão do saber, já que se trata, aqui, de um desejo de saber, ligado a um encontro com o Outro, o S2. Nesse sentido, não haveria um desejo de saber em toda pulsão, já que esta implica a intervenção do Outro ou de um significante?

Pergunto também se não há intervenção da pulsão oral na escolha de um livro, um início de transferências, uma vontade de engolir o saber do outro (saber, não como conhecimento, mas como procura de uma verdade) junto com a vontade de ser engolido ou vampirizado conforme Quignard, sublinhando assim a voz passiva e ativa da pulsão. Por exemplo, vontade de ser Madame Bovary, Swann, Diadorim, Riobaldo, Brás Cubas, uma personagem de novela etc. Vontade, enfim, de "reivindicar algo que está separado de nós, mas que nos pertence, e que se trata daquilo que nos completa", segundo Jacques Lacan[2].

No segundo movimento, o leitor, exercendo a pulsão escópica, não apenas deseja, mas se faz personagens, adota as situações, integra os significantes e se torna o objeto olhado.

O terceiro movimento se confunde com o segundo, dependendo de cada leitor, mas acrescento a pulsão invocante, o que

---

2 *O Seminário. Livro 11: Os Quatro Conceitos Fundamentais em Psicanálise*, p. 185.

faz a diferença. Deixar-se levar pela música da palavra, que facilmente se torna língua, ouvir outros sons que chamam outras associações etc.

Entretanto, lendo Lacan, Quignard ou ouvindo Proust, o leitor não consegue ler nem escutar sem parar; não por cansaço, tédio ou dificuldade de entender, mas porque algo chamou sua atenção ou o fascinou.

A parada na leitura é parecida à do escritor quando rasura. A descontinuidade constatada na leitura obriga o leitor a enxergar outras redes de significantes e a dar outro sentido à sua leitura, isto é, citando Manoel de Barros mais uma vez, ele para porque acha, sem tomar muita consciência disso, que dá para "escovar mais esta palavra", expressão ou situação contada. Ou, citando de novo Roberto Zular, porque "surgiu um ponto surdo a partir do qual o sujeito produz a própria voz"[3], ou ainda, porque a "transferência como amor endereçada ao saber"[4] foi acentuada.

A parada no quarto movimento acentua o exercício da pulsão invocante. Diferente do escritor parado frente à sua página, o leitor se deixa levar pelas associações ou, furioso por não poder prosseguir, quer resolver logo a parada, no duplo sentido da palavra, para continuar, sobretudo se for um romance e não quiser saber desse algo que o parou.

A novela televisionada tem essa a vantagem. Vista todo dia, ela força o espectador a parar e ficar num estado de tensão.

Se não estiver apressado, o leitor colabora com sua alma, para, faz silêncio e aguarda. O que acontece nessa parada? Como bem escreve Pascal Quignard, "a alma do leitor não vê o corpo lendo, mas já saiu a cavalgar, a navegar no mundo que a intriga narra"[5].

Incentivado pela escritura, o sujeito-leitor volta ao grande Outro (A), espécie de reserva das possibilidades, todas executáveis, que supõe um salto do imaginário, indo do que ele pensa que é, do pequeno "a" lacaniano, para o vazio. Há um pacto subentendido nessa parada que age como uma rasura ou, pelo menos, uma bifurcação inesperada, ou, melhor, uma volta também inesperada para o campo do Outro.

---

3   R. Zular, O Ouvido da Serpente, em C.R.P. Passos; Y. Rosenbaum (orgs), *Interpretações: Crítica Literária e Psicanálise*, p. 213.
4   J. Lacan, Introdução à Edição Alemã dos Escritos, *Outros Escritos*, p. 555.
5   P. Quignard, *La Barque silencieuse*, p. 76.

Enquanto parado, o leitor se transforma sem saber, eu diria. Um saber inconsciente, disfarçado pelos significantes, penetra, insinua-se, modifica o imaginário do leitor e, chegando à sua razão e a seus sentimentos, muda suas referências[6].

No quinto movimento, o leitor continua ou abandona o livro. Assim completamos a roda.

LEITURA DE "EXILADOS"

Sabemos que uma peça deve ser encenada e não é simplesmente um texto, mas, para a minha análise, vou considerar a peça apenas um texto que lerei à luz das "Notas Preparatórias", escritas em 1913. As *notas* explicitam um pouco mais a lógica do texto, o que pode ser um método de leitura e, talvez, de análise.

Exilados, peça em três atos, foi escrita entre 1913 e 1915 durante a Primeira Guerra Mundial, embora esse contexto não apareça, já que a ação se situa em 1912 e as "Notas Preparatórias" são de 1913, depois de escrito o primeiro de três atos[7].

Dois pares são as personagens principais: um escritor, Richard, e sua mulher, Bertha, um amigo, Robert, jornalista, e sua prima irmã, Beatrice Justice.

A intriga é complicada. Robert, amigo de infância de Bertha, deseja-a, mas namorou também a prima, Béatrice, quando eram jovens[8]. Richard e Béatrice se desejam também, e um dos romances de Richard expressa o que ela não podia dizer por orgulho ou desprezo[9]. Béatrice, por outro lado, confessa que via em Robert um pálido reflexo de Richard.

Em resumo, Bertha e Béatrice desejam os dois homens, Richard e Robert. Richard, casado com Bertha, amou Béatrice por correspondência durante seu exílio na Itália. Robert fez e faz a corte às duas mulheres, mas é mais próximo de Bertha, a quem ele chega a abraçar, no Ato II. Situação que devia fazer de Richard um marido potencialmente enganado e de Bertha, uma ciumenta.

---

6   Idem, *Le Nom sur le bout de la langue*, p. 94.
7   J.-M. Rabaté, Préface, em J. Joyce, *Exils*, p. 8.
8   J. Joyce, *Exilados*, p. 71.
9   Ibidem, p. 70.

No entanto, não há traição nem mentira entre eles, e tal fato me surpreendeu na primeira leitura. Parei, portanto, no terceiro movimento da roda da leitura, fascinado por esse aspecto das relações entre esposos.

O casal age "em total liberdade", isto é, rompe o pacto ou o laço[10], suposto ou subentendido, da fidelidade entre casados ou entre pessoas que vivem juntas. Eles querem ser absolutamente sinceros um com o outro. Bertha conta para Richard tudo o que se passa entre ela e Robert nos menores detalhes, e até anuncia o próximo encontro combinado com Robert; a franqueza é total a ponto de Richard ir também ao *rendez-vous*, embora antes de sua mulher. A mesma sinceridade é exigida dos dois amantes, Robert e Bertha, mas somente no Ato III. Robert ignorava que Bertha contava tudo ao marido. Nenhum segredo entre o casal, somente entre os amantes. Por outro lado, a sinceridade exagerada entre Richard e Robert, no Ato III, tendo como pano de fundo os gritos da vendedora de peixes, "Fresh Dublin bay herrings! Fresh Dublin bay herrings! Dublin bay herrings!", lembram demais a expressão "red herring", que quer dizer ocultar as pistas, deixando a entender que Robert conta demais e mente[11].

A partir desse choque, posso provavelmente reler a peça de outra maneira, observando algo além que um simples *affaire* de casais que se cruzam, e me perguntar o que significa a transparência sem limites na qual o segredo some, quando a palavra toda poderosa se quer reveladora dos menores movimentos da paixão. É como se nossas mentes não pudessem mentir, como se o outro tivesse direito a um saber total sobre a minha vida ou, forçando um pouco, como se minha identidade desaparecesse sob minha palavra, que revelaria todos os pormenores. A palavra desempenha, nesse caso, o papel de um Deus que vê tudo ou de um sol que não deixa nada na sombra, o que é parecido com a vida sob os holofotes do Big Brother ou do Facebook para seus seguidores permanentes.

No entanto, essa franqueza coloca pelo menos duas perguntas. A primeira almeja saber onde está o papel da mentira e da verdade nessa relação, já que:

10 Cf. C. Soler, *Qu'est-ce qui fait lien ?*
11 J.-M. Rabaté, Préface, em J. Joyce, *Exils*, p. 19.

A linguagem do homem, esse instrumento de sua mentira, é atravessada de ponta a ponta pelo problema de sua verdade: seja para traí-la [...], seja por manifestar essa verdade como intenção, abrindo-a eternamente para a questão de saber como aquilo que exprime a mentira de sua particularidade pode chegar a formular o universal de sua verdade."[12]

A segunda decorre da primeira: segundo Lacan, fingir de fingir seria uma característica do homem em relação ao animal que não pode fingir[13]. Tal comportamento não se mostra o contrário da atitude de Richard e Bertha, que não fingem nem fazem de conta que fingem? Nem animal, nem homem, quem são eles?

Não podemos ler essa franqueza como sendo um fingimento cultivado, para conseguirem se libertar do pacto de fidelidade implícito na vida em comum? Quando Bertha combina o encontro com Robert, mas não lhe diz que ela dirá tudo a Richard, ela não omite a metade da verdade?

No segundo ato, uma conversa entre Richard e Robert esclarece o leitor sobre a origem da franqueza:

ROBERT (*com animação cada vez maior*): Uma batalha das nossas duas almas, diferentes do jeito que são, contra tudo o que é falso nelas e no mundo. Uma batalha da sua alma contra o fantasma da fidelidade, da minha contra o fantasma da amizade. A vida toda é uma conquista, a vitória da paixão humana sobre os mandamentos da covardia. Quer isso, Richard? Tem coragem? Mesmo que reduza a pó a nossa amizade, mesmo que acabe para sempre com a última ilusão na sua vida? Havia uma eternidade antes do nosso nascimento: virá outra depois que nós tivermos morrido. O momento de cegueira da paixão – paixão livre, desavergonhada, irresistível – é a única saída pela qual podemos escapar da miséria do que os escravos chamam de vida. Não é essa a linguagem da sua juventude? Linguagem que eu ouvi tantas vezes de você, aqui mesmo onde estamos sentados agora? Você mudou.[14]

Os dois fantasmas, o da fidelidade entre Richard e Bertha e o da amizade entre Robert e Richard, deveriam ser vencidos pela paixão, liberadora da escravidão da vida. Só depois o leitor entende, ou eu entendi, que a fonte da franqueza entre os esposos e, em seguida, entre os amantes vem da paixão que gostaria de escapar à vida que escraviza, e assim fugir dos pactos.

12 J. Lacan, *Escritos*, p. 67.
13 Ibidem, p. 339.
14 J. Joyce, *Exilados*, p. 127; idem, *Exiles*, p. 138.

Esse querer desfazer os pactos chamados "fantasmas", tradução da palavra inglesa *spectre*, explica não somente a liberdade que os esposos se dão, mas também o exílio de Richard há nove anos, e o de Robert, no final da peça, quando se expatria em Surrey, na Inglaterra.

Richard partiu para escapar das convenções sociais (Bertha não era da mesma religião e é chamada "a protestante negra" pela mãe de Richard) e Robert parte para fugir de suas relações com Bertha e continuar fiel a seu amigo. Um soube se manter livre durante os nove anos de seu exílio, o outro preferiu romper uma relação amorosa para continuar fiel a seu amigo. Será que essa atitude constata o fracasso das ambições de adolescentes e a vitória da vida escravizante?

Como no mapa onde o significante do país deve ser lido, apesar dos espaços que separam as letras, referência a *A Carta Roubada* de Poe, assim do espectro da fidelidade e da amizade se lê entre as personagens, entre seus discursos e nas situações que eles vivem durante o drama. Um pouco como a carta do conto de Poe, que quebra diferentes pactos e transforma seu possuidor em *odor di femina*, como Lacan interpretou tão bem, assim ocorre também com o chamado "espectro", que liga as personagens e, ousarei dizer, modelisa-os. Ao mesmo tempo conhecidos e ignorados, os dois espectros amarram Robert e Richard, apesar do desejo de escapar.

Esse não é um meio de entender o discurso dos analisandos? Detectar os espetros que mobilizam o discurso e que se pormenoriza letra por letra no decorrer das consultas? A análise não pode ser lida como uma tentativa de libertação dos espectros?

SERÁ QUE AS *"NOTAS"* ANUNCIAM A LÓGICA DO TEXTO ENCENADO?

Lembro que as "Notas Preparatórias" são de 1913 e seguem o primeiro dos três atos[15]. As únicas notas datadas, as de 12 e 13 de novembro de 1913, comentam ou analisam dois sonhos de Nora Barnacle, esposa de Joyce, a partir do método psicanalítico

---

15   J.-M. Rabaté, Préface, em J. Joyce, *Exils*, p. 8.

(jungiano) da associação das palavras não necessariamente segundo o sentido; as outras notas não são fixadas no tempo senão pela ordem da escritura.

Além das datas e do primeiro ato, os comentários supõem um esquema da peça ou um primeiro esboço da totalidade dela, já que todas as personagens, Richard, Robert, Bertha, Béatrice e Archie, são citadas, salvo a empregada, Brigid. As notas supõem também uma versão que sofreu releituras, porque comporta rasuras na página do segundo ato[16].

Será que as "*Notas*" são comparáveis a um subdiscurso que estaria na origem do discurso no divã? Em outras palavras, o discurso ouvido no divã seria a metonímia, uma parte de um discurso mais amplo que o analisando desenvolve inconscientemente sem saber? É uma velha hipótese genética que defendo desde a análise do manuscrito de "Herodias", de Flaubert; todo texto publicado seria a metonímia do manuscrito, e Joyce não agiria de outra maneira.

Entretanto, engano nosso, Joyce perturba a hipótese, ele retranscreve palavras que Nora, a homenageada de hoje, reteve de dois sonhos e o que ela associou; em seguida, ele comenta essas associações e as aproxima de suas personagens, misturando deliberadamente Nora e Bertha, ele mesmo e Richard.

Vejamos a Nota 19, por exemplo:

N.(B) – 13 nov. 1913
Lua – (14,29 a, 71,105 f) o túmulo de Shelley em Roma. *He is rising from it* (Ele se ergue dele): louro, ela chora por ele. Ele lutou em vão por um ideal e foi assassinado pelo mundo. No entanto, ergue-se, *pigs*. Cemitério em Rahoon ao nascer da lua onde está o túmulo de Bodkin. Ele jaz no túmulo. Ela vê o túmulo dele (uma cripta familiar) e chora. O nome é pouco atraente. O de Shelley é estranho e bravio. Ele é moreno, não ressuscitado, assassinado pelo amor e pela vida, jovem. A terra o retém.

Bodkin morreu. Kearns morreu. No convento, chamaram-na de assassina/carrasco de homens. (Assassino/assassina de mulheres foi um dos nomes que ela deu a mim.) Vivo na alma e no corpo.

Comentário de James Joyce? Interpretação de dois sonhos de Nora.

---

16   D. Ferrer, Les Carnets de Joyce, *Genesis*, n. 3, p. 49 e 58.

Ela é a terra, escura, informe, mãe, tornada bela pela noite de luar, obscuramente consciente de seus instintos. Shelley, a quem ela reteve em seu útero ou túmulo, levanta-se: o papel de Richard sobre o qual nem o amor, nem a vida podem prevalecer: o papel pelo qual ela o ama: o papel que ela deve tentar assassinar, nunca ser capaz de assassinar, e exultar ante sua impotência. As lágrimas dela são de adoração, Madalena vendo o Senhor ressuscitado no jardim onde Ele fora sepultado. Roma é o mundo estranho e a vida estranha a que *Richard* a leva. Rahoon são os seus. Ela também chora por Rahoon, por aquele a quem o seu amor matou, a criança sombria/morena a quem, como a terra, ela abraça na morte e na desintegração. Ele é sua vida sepultada, seu passado. As imagens que a acompanham são as bugigangas e brinquedos da infância (pulseira, doces de creme, lírios verde-pálidos do vale, o jardim do convento). Os símbolos dele são a música e o mar, a terra líquida informe na qual estão enterrados e submersos a alma e o corpo. Há lágrimas de compaixão. Ela é Madalena que chora, lembrando os amores que não pôde retribuir.

O comentário perturba nossas categorias literárias. De sua mulher, Nora, ele passa para o poeta, Shelley, em seguida, para sua personagem, Richard, e, subentendido sem citá-la, a outra personagem, Bertha. Volta depois à realidade com o cemitério de Rahoon, as bugigangas e brinquedos da infância de Nora, e aos amores de Madalena, que ela representa.

Há, portanto, uma ida e volta contínua entre a realidade empírica e a ficção que nos impede de encontrar uma lógica evidente, se tiver uma. Provavelmente, há um prazer ou uma ironia pronunciada do escritor Joyce contra nossas categorias e nossa vontade de entender. Mas, por outro lado, essa não lógica aparente confirma certamente o desejo dele de ocupar os universitários durante trezentos anos, como ele afirmou.

O discurso associativo no divã poderia ser sem lógica, quanto ao acaso das palavras e das lembranças? Porque procurar uma relação entre a ficção ou a história contada e a vida do analisando? Afirmando isso, será que sou herético freudiano ou simplesmente joyciano?

Tentemos, apesar disso, entender algo nessas associações.

A palavra "lua" (p. 71 f) é o ponto de partida das associações de Nora e é retomada nos comentários de Joyce? "Elle est rendue belle par la nuit de clair de lune." (Ela se tornou bela com a noite de luar.)

Na peça, a palavra "lua" aparece quatro vezes na mesma página, quando Robert compara Bertha à lua.

ROBERT (*moves his hand slowly past his eyes*): You passed. The avenue was dim with dusky light. I could see the dark green masses of the trees. And you passed beyond them. You were like the *moon*.
BERTHA (*laughs*): Why like the *moon*?
ROBERT: In that dress, with your slim body, walking with little even steps. I saw the *moon* passing in the dusk till you passed and left my sight.
BERTHA: Did you think of me last night?
ROBERT (*comes nearer*): I think of you Always – as something beautiful and distant – the *moon* or some deep music.

E ainda deixa claro que se trata da lua quarto minguante ou da lua crescente, e não da lua cheia. Há, portanto, um avanço em relação ao comentário que fala apenas de uma noite à luz da lua. O texto publicado erotiza a lua, o que não é surpreendente da parte do autor Joyce, como veremos mais tarde.

Uma palavra do sonho de Nora teria relações com Bertha, ou nos diz como Joyce, do lugar de Robert, vê Nora? É possível! No entanto, nas "*Notas*", é de Richard que se trata, um Richard venerado por Bertha, o que explica o apego de Bertha a Richard, apesar das traições recíprocas. Essa ligação é encenada na última cena do Ato III.

Temos que remontar às "*Notas*", a partir da cena do primeiro ato entre Robert e Bertha[17] e da última cena do terceiro ato entre Richard e Bertha[18], para entender o sentido ou um dos sentidos ou, ainda, entender a lógica deles. As duas cenas sintetizam as relações de Bertha com os dois homens – a primeira fala da atração de Robert por Bertha e a segunda, da dúvida de Richard sobre o seu desejo por Bertha: "Não é nas trevas da fé que eu desejo você. Mas na febre e na tortura de uma dúvida bem viva que não cessa. Reter você sem usar nenhum laço, nem do amor, para me unir a você em corpo e alma, em nudez total… Era isso o que eu queria. E agora, estou cansado, Bertha. Minha ferida me esgota."[19]

A primeira cena fala do desejo de uma silhueta parecida com a lua e, por conseguinte, da ruptura de dois pactos, o da fidelidade

---

17 J. Joyce, *Exilados*, p. 71.
18 Ibidem, p. 235.
19 Idem, *Exiles*, p. 266.

conjugal para com Richard e o da amizade de Robert por Richard. A segunda sublinha a reativação dos dois pactos. As duas cenas realçam o desejo dos dois homens, mas como caracterizá-los?

Richard inventa laços sem amor, necessariamente, Robert, pelo contrário, conta com o amor. Mas como unir-se com outro ser sem o amor, que é a pulsão da unidade por excelência? Qual outra pulsão invocar? A pulsão sexual total, inexistente segundo Freud e Lacan, mas que é representada pelas quatro parciais, a do ver, a do engolir, a do devolver e a do ouvir? Ou, se falarmos em termos heideggerianos, uma união dos seres, fim dos sendos?

A mesma Nota 19 nos dará uma explicação melhor: "o papel de *Richard* sobre o qual nem o amor, nem a vida podem prevalecer; o papel pelo qual ela o ama; o papel que ela deve tentar assassinar, nunca ser capaz de assassinar, e exultar ante a sua impotência. As lágrimas dela são de adoração"[20]. E a relação Richard-Bertha é comparada àquela de "Madalena vendo o Senhor ressuscitado no jardim onde Ele fora sepultado."[21]

Veneração, adoração, devo dizer amor místico, quando o ser que ama ou o amante se joga no amado? Isso daria sentido às últimas palavras de Richard, se a equivalência fosse possível.

No entanto, nas "*Notas*", é Richard quem é o eromenos, ou o objeto amado ou venerado, enquanto, no texto, Bertha é o objeto amado, e Richard, o erastes que quer se unir a Bertha.

Transtorno de novo, as *notas* anunciam e o texto desmente.

Reencontraríamos Mallarmé, para quem toda afirmação caminha junto com seu contrário? Joyce seria mallarmeano e segue a última frase de "Um Lance de Dados Nunca Abolirá o Acaso": "todo pensamento emite um lance de dados".

O acaso mallarmeano foi definido por Quentin Meissalloux como a convivência dos contrários. Portanto, ele suportaria a aliança da mentira com a verdade tanto quanto a aliança da ficção com a realidade que, sabemos, misturam-se sem parar em nossas mentes, avessas à coerência e à teoria.

Não é também a lógica do sonho, descoberta por Freud, que Joyce aplicaria em sua escritura? Joyce seria mallarmeano ou freudiano?

20 Ibidem.
21 Ibidem.

Dando mais um passo, tomemos um trecho de *Mil Platôs*, de Félix Guattari e Gilles Deleuze, que sugerem um pensamento em rizoma, isto é, com origem múltipla e não limitada a uma única fonte:

diferente das árvores ou de suas raízes, o rizoma conecta um ponto qualquer a outro ponto qualquer, e cada um de seus traços não reenvia necessariamente a traços da mesma natureza, ele coloca em jogo regimes de signos muito diversos, e até mesmo estados de não signos. O rizoma não se deixa definir nem pelo Um, nem pelo múltiplo. Ele não é o Um que se torna dois nem mesmo que se tornaria três, quatro ou cinco etc.[22]

Será que posso dizer que a escritura joyciana se dá em rizoma, e que o discurso dos analisandos também se entende dessa maneira, sem lógica aristotélica, freudiana, nem mallarmeana do acaso, mas rizomática?

A esse respeito, porém, tenho de considerar os discursos do analisando – falados e não falados, espectrais, fantasmáticos ou não – fazendo parte do universo do mesmo "falaser" (*parlêtre*). Tal é a posição adotada por Jean-Michel Rabaté, em relação à escritura de Joyce: "precisaria considerar as '*Notas*' parte integrante da peça, com todos estes rascunhos preparatórios e estas variantes, que deslocam o sentido"[23].

É o que constata também outro especialista de Joyce, Daniel Ferrer: "Com o caderno VI.A (caderno de rascunhos), o circuito se fecha mais ainda: é ao próprio texto, a sua obra já publicada, que Joyce se refere para organizar o material de sua obra futura, como se os elementos exteriores devessem sofrer um estágio de pré-assimilação, atravessar uma peneira/região de aclimatação, antes de serem admitidos."[24]

Entretanto, insisto na consequência da consideração do mesmo universo: admitir uma escritura ou um discurso rizomático bifurcando sem aviso, sem linearidade e instável.

Por que as bifurcações e a não linearidade? Respondo com a teoria do texto móvel, que desenvolvi anteriormente. A virada

---

22 G. Deleuze; F. Guattari, *Mil Platôs 1: Capitalismo e Esquizofrenia*, 2. Introdução: Rizoma, p. 32.
23 J.-M. Rabate, Pour une cryptogénétique, em D. Ferrer; S. Kim; J. Derrida et al., *Genèse de Babel: Joyce et la création*, p. 31.
24 D. Ferrer, op. cit., p. 51.

acontece quando o grão de gozo satisfeito deixa lugar para outro grão de gozo, que se manterá até a próxima bifurcação, assunto que vou deixar para outra publicação.

QUANTO A "ULYSSES" (1914-1921)

A análise do penúltimo livro de Joyce, *Ulysses*, dá outra resposta.

"As Sereias" da segunda parte indicam uma mudança violenta no estilo do romance, já que o leitor assiste ao desmoronamento do sentido em sons ou ao triunfo do significante lacaniano, segundo Mary Mc Loughlin[25]. Vejamos um exemplo que mostra esse triunfo, que é corroborado pela dificuldade dos tradutores para devolver o trecho:

Bloom. Flood of warm jimjam lickitup secretness flowed to flow in music out, in desire, dark to lick flow, invading. Tipping her tepping her tapping her topping her. Tup. Pores to dilate dilating. Tup. The joy the feel the warm the. Tup. To pour o'er sluices pouring gushes. Flood, gush, flow, joygush, tupthrob. Now! Language of Love.[26]

Bloom. Influxo de cálido segredo lambível maravilha fluía, invadindo. Um som um sim unção um seio. Cio. Poros por se dilatar se dilatando. Cio. Amor ardor calor o. Cio. Escorrer por eclusas jorrando seus jatos. Reflui, jorra, flui, jorramor, cioseio. Agora! Linguagem do amor.[27]

Bloom. Un flot de fluide flasque fleurit le furtif pour le flanquer dans la musique, désirant, sombre à lécher, envahissant. La tâtant la tapant la taillant la tassant. Tâche. Pores à dilater se dilatant. Tâche. La joie la sensation la chaleur la. Pour lâcher les vannes, lâchons les eaux. Flux, jets d'eaux, flot, jets de joie, flonflon. C'est ça ! Le langage de l'amour.[28]

A tradução de Mc Loughlin para o francês ainda é diferente da de Jacques Aubert:

Bloom. Un flot de chaud lolo lichelope-le secret s'épanchait pour s'épandre en musique, en désir, sombre à déguster, insinuant. La tater,

---

25 Cf. M. Mc Loughlin, Joyce et les sirènes, *Essaim*, n. 9, 2002. Disponível em: <http://www.jcbourdais.net/>.
26 *Ulysse*, p. 288.
27 *Ulysses*, p. 455.
28 *Ulysses*, p. 396.

la tapoter, la tripoter, la tenir sous. Tiens ! Pores dilateurs qui se dilatent. Tiens ! Le jouir, le sentir, la tiedeur, le. Tiens ! Faire par-dessus les écluses gicler les jets. Flot, jet, flux, jet de joie, coup de bélier. Ca y est ! Langue de l'amour.[29]

Tradutor, traidor, seria exatamente isso, se nos limitássemos ao sentido. Quanto ao som, o francês é, sem dúvida, mais próximo do inglês, já que insiste na consoante "t", sonoridade parecida com "d", pelo menos em seu primeiro trecho. Entretanto, o capítulo "As Sereias", como todos os outros, conta uma história, ou várias, que se misturam e que, às vezes, param para deixar correr a música das palavras, quebrando a sintaxe a mais elementar, como acabamos de ler.

Constatamos a mistura de várias histórias. Segundo Mary Mc Loughlin, Joyce encena, em "As Sereias", "a potência funesta da sedução sonora", como o episódio da Odisseia, quando Ulysses, seguindo os conselhos de Circe, tampa as orelhas para não ouvir as sereias. Somente o argonauta Boutès, segundo Pascal Quignard, se deixa tentar.

Essa primeira história subentendida é substituída por aquela de Leopold Bloom, nosso Ulysses moderno, que não quer ouvir as sereias, as duas funcionárias ou *barwomen*, Miss Douce e Miss Kennedy, nem a música invasora do bar, e se refugia na sala de jantar. Ele sabe, por um lado, que vai ser traído pelo rival, Boylan; por outro, trai sua mulher com a amante, Martha, da qual recebeu uma carta e à qual tenta responder. Há, portanto, pelo menos quatro histórias que circulam no capítulo: a de Ulysses e a das sereias; a de Bloom; a de sua mulher, Molly; a dos amantes, Martha e Boyan. Mas existem ainda muitas outras.

No entanto, a ficção não é dominante. O leitor fica perdido, se não conhece a complexidade das histórias. O importante não é, portanto, o sentido evidente que, de vez em quando, emerge, mas, se lermos em inglês e seguirmos Mc Loughlin, damo-nos conta de que "a *fonética derruba* a semântica: 'A sail! A veil awave upon the waves', p. 229 ['Une voile, un voile voguant sur les voiles', p. 370]; ['Vela! Ondula um véu velando as ondas', p. 430]", de que "a *sintaxe* dá sentido quando o vocabulário fracassa: 'red rose rose slowly sank red rose', p. 258 ['le rose rouge au même

---

29 M. Mc Loughlin, op. cit., p. 187, nota 4.

rythme s´élevait, et sombrait rose rouge', p. 413]; ['rubra a rosa lenta, desce rosa e rubra', p. 471]"; e de que a "*captação visual*, tanto quanto sonora, impõem-se nas construções lexicais, tais como: 'Diddleiddle addleaddle ooddleooddle', p. 255 ['Dégoule goule roule roule coule coule. Sssiflent', p. 408]; ['Plim plum plem plem plom plum. Ssilvo', p. 406]"[30].

Esses três fatores provocam dois fenômenos: "As palavras se desligam e a linguagem se libera."[31] Loughlin conclui: "É o *isso* mesmo da linguagem que fala; uma linguagem cuja fonte é somente sexual. Sob o domínio de uma sedução visual e sonora, o leitor se torna testemunho de uma cena primitiva gigantesca. O texto inteiro segue os movimentos do ato sexual (*tap, tap, tap*), culminando num majestoso orgasmo."[32]

Se entendi bem, na medida em que nos ligamos apenas ao som, a interpretação é muito variável, como testemunham os tradutores. Será que podemos comparar o texto de Joyce ao discurso do analisando, que o próprio analisando ou o analista lerá ou traduzirá de maneira bem diferente, segundo as circunstâncias?

Todavia, quanto ao método de criação de Joyce e dos analisandos, concordo com a leitura de Mc Loughlin, que vai ao encontro de Lacan, para quem toda linguagem tem uma fonte sexual, a música das palavras domina a criação e, só depois, o sentido pode surgir.

No entanto, se encararmos o conjunto da obra, Joyce executou o movimento contrário. Como se não quisesse perder o sentido ou o eixo semântico, ele parte do sentido, como na coletânea de contos *Dubliners* ou na peça que analisamos, *Exiles*, para descobrir em *Ulysses* o valor musical ou fonético da linguagem, e, enfim, chocar-se com sua origem sexual, que será mais bem explorada em *Finnegans Wake*.

Lembremos, entretanto, que a leitura musical não é inocente nem involuntária. Joyce escrevia para seu amigo, Georges Borach:

Terminei esses dias o capítulo das "*Sereias*". Exercício difícil. Eu escrevi com os recursos técnicos da música. É uma *fuga* com todas as notações musicais: *piano, forte, rallentando* e assim por diante... Desde que

---

30 Ibidem, p. 187.
31 Ibidem.
32 Ibidem.

explorei os recursos e artifícios da música e utilizei-os neste capítulo, já não sinto qualquer interesse por música. Eu, o grande amigo da música, não posso ouvi-la. Sei todos os truques e não posso mais gozar dela.[33]

Finalizo com a seguinte pergunta: Descobrindo todos os truques do inconsciente, será que ficaremos cansados de escutá-lo? Não, respondeu Ana Gianesi, o inconsciente não é uma técnica, é uma ética.

---

33 R. Ellmann, *James Joyce*, p. 59.

Ao Leitor

Este livro reúne quatro anos de pesquisa e de escrita que são, em sua maioria, respostas a convites de encontros, seminários ou congressos que comprovam a vitalidade das pesquisas em nossas universidades, com as quais cruzam as minhas a respeito das relações entre psicanálise e literatura, mais especificamente, entre manuscritos literários e psicanálise. Esses convites me forçaram, de certa maneira, a alargar os conceitos estabelecidos até então ou desdobrá-los, diria Deleuze, para torná-los não somente mais acessíveis, porém adaptados às novas descobertas nos campos da psicanálise, da neurociência e da física.

É o caso dos conceitos ou das máquinas que aprecio de maneira especial: as rodas da escritura e da leitura, que giram ao redor do texto móvel. Entretanto, o conceito de tempo, já bem desenvolvido na obra proustiana, foi revisto à luz da física quântica, abordagem que Proust não desconhecia totalmente.

A "roda da escritura", que ousei renomear como "roda quântica", após encontro com o astrofísico Thibault Damour e leitura de seus escritos, em novembro de 2016, ficou mais móvel, porque sofre idas e voltas em três de seus movimentos e vê-se diante de escolhas tão numerosas no seu quinto movimento que somente o cálculo de probabilidades pode eventualmente explicar, se for preciso, a escolha determinada pela instância do autor.

A "roda da leitura", revista sob o ângulo da análise de *A Carta Roubada*, obrigou-me a multiplicar o centro da roda e suspeitar que a mudança produzida no leitor decorre de sua inserção em outras redes.

O "texto móvel", relido à luz dos textos de Murakami e de Bauchau, enriquece-se com a crueldade inerente à constituição humana, já sublinhada por Antonin Artaud. A pulsão invocante que fundamentalmente o constitui, abriga metaforicamente ao mesmo tempo os deuses antigos e os novos, as forças do terror, da angústia e do medo, que, com as da beleza, se fazem ouvir nas artes e na literatura.

As contribuições da psicanálise por François Ansermet, o conceito de "reentrada" de Gerald Edelman, o de "espaço-tempo" de Einstein nos confrontam com a neurociência e oferecem outra concepção do trabalho da mente e do cérebro.

As mudanças operadas nas rodas, em função dos aportes da neurociência e da física quântica que parecem superar os da psicanálise, questionam o homem e, particularmente, o escritor em suas decisões quando rasura, substitui ou aceita sugestões vindas de outras redes. Propõem as seguintes perguntas: Em que medida tomamos decisões baseadas em uma visão clara da situação? Nossas decisões decorrem somente de um cálculo de probabilidades de nossa mente, da qual somos apenas servos, ou podemos controlar essas forças poderosas com o livre-arbítrio? O lance de dados de Mallarmé, definindo o pensamento como fruto do acaso, já não previa considerações sobre a mente "redescobertas" por Edelman, que multiplicam tanto as conexões que parecem definir o acaso?

Com os ensaios aqui presentes, elaborados no decorrer dos últimos anos, espero ter contribuído para a aproximação entre abordagens científicas da psique, do cérebro e da terra e nossas análises literárias a partir dos manuscritos de vários escritores. Também tenho a esperança de ter abrido novos horizontes aos artistas de qualquer campo, aos filósofos preocupados com a ética e aos estudantes e pesquisadores de crítica genética nas artes e na literatura.

Bibliografia

ALVES, Gabriel. Cientistas Tentam Descobrir Como os Médicos Pensam. *Folha de S. Paulo*, 18 maio 2017.
ANDRADE, Mário de. *Macunaíma: O Herói Sem Nenhum Caráter*. Rio de Janeiro: Nova Fronteira, 2013.
ARNOLD, Vladimir Igorevič. *Les Méthodes mathématiques de la Mécanique classique*. Moscou: Mir, 1976.
ARTAUD, Antonin. *Le Théâtre et son double. Oeuvres Complètes*. Paris: Gallimard, 1964.
BARROS, Manoel de. *Memórias Inventadas*. São Paulo: Planeta, 2010.
BARTHES, Roland. *Roland Barthes par Roland Barthes*. Paris: Seuil, 1975.
BAUCHAU, Henry. *Poésie complète*. Arles: Actes Sud, 2009.
____. *L'Enfant bleu*. Arles: Actes Sud, 2004.
____. *Journal d´Œdipe sur la route' (1983-1989)*. Arles: Actes Sud, 2003.
____. *Jour après jour: Journal d'Œdipe sur la route' (1983-1989)*. Arles: Actes Sud, 2000.
____. *Journal d'Antigone' (1989-1997)*. Arles: Actes Sud, 1999.
____. *Édipo na Estrada*. Tradução Ecilde Grünewald. Rio de Janeiro: Lacerda, 1998.
____. *Antigone*. Arles: Actes Sud, 1997b.
____. Le Temple rouge. *La Revue Générale*. Bruxelles, n. 11, nov. 1994.
____. *Œdipe sur la route*. Arles: Actes Sud, 1990.
____. 3º Cahier de la 2ª version 25/10 au 12/10/1986. *Œdipe sur la route* (manuscrito).
____. *Œdipe sur la route*. Terceira Versão. A13182 a A13185. Louvain: Fonds Henry Bauchau, 1986.
____. *Œdipe sur la route*. Primeira versão datilografada de *Œdipe sur la route*. ML 7161/5. Bruxelles: Archives et Musée de la Littérature, 1985.
BÉGOIN, Jean. Introduction. *Revue Française de Psychanalyse*. Paris: PUF, 1989. T. 53.

BENKIRANE, Réda. *La Complexité, vertiges e promesses.* Paris: Le Pommier, 2005.
BOIE, Bernhild; FERRER, Daniel. Les Commencements du commencement. In: BOIE, Bernhild; FERRER, Daniel (Eds.). *Genèse du roman contemporain: Incipit et entrée en matière.* Paris: CNRS, 1993.
BONNET, Henri. Introduction. In: PROUST, Marcel. *Matinée chez la Princesse de Guermantes.* Paris: Gallimard, 1982.
BOONS, Marie-Claire. Henry Bauchau le rêveur, le poète. In: NEUFSCHAFER, Anne; QUAGHEBEUR, Marc (Dir.). *Les Constellations impérieuses d'Henry Bauchau: Colloque de Cerisy 21-31 juillet 2001.* Bruxelles: Archives et Musée de la Littérature/ Éditions Labor/ Archives du Futur, 2003.
BROCH, Hermann. *Les Somnambules.* Paris: Gallimard, 1990.
BRUN, Bernard. Les Cent cahiers de Marcel Proust : Comment a-t-il rédigé son romance ? Disponível em: <http://coquelicot2007.centerblog.net>.
____. Le Destin des notes de lecture et de critique dans "Le Temps Retrouvé". *Bulletin des Etudes Proustiennes*, Paris, n. 13, 1982.
____. Le Temps retrouvé dans les avant-textes de Combray. *Bulletin d'Informations Proustiennes*, Paris, n. 12, 1981.
____. L'Édition d'un brouillon et son interpretation: Le Problème du "Contre Sainte-Beuve". In: HAY, Louis (Ed.). *Essais de critique génétique.* Paris: Flammarion, 1979.
CACCAMO, Cécile. *Physique quantique: Ce qu'elle nous apprend sur la réalité.* Disponível em: <http://www.cecilecaccamo.com>.
CAILLOIS, Roger. Roger Fará Conhecer Entre Muitos Outros a Obra de Jorge Luis Borges e Octavio Paz. Disponível em: <http://www.gallimard.fr/>.
CECCATTY, René de. A Propos de "Les Pas de la voyageuse, Dominique Rolin" de Frans De Haes. *Monde des Livres*, Paris, 2007.
CHEILAN, Sandra. *Poétique de l'intime: Proust, Woolf, Pessoa.* Rennes: Presses Universitaires de Rennes, 2015.
CLOUZOT, Henry-Georges (Dir.). *Le Mystère Picasso.* Paris: Magnus Opus, 1956. DVD, v.o. em francês, 78'.
COMBIS-SCHLUMBERGER, Hélène. Roland Barthes, du cœur à l'ouvrage. *France Culture.* Disponível em: <http://www.franceculture.fr/>.
DAMOUR, Thibault. Une Conférence passionnante de Thibault Damour. *Théorie de la double causalité.* Disponível em: <http://www.doublecause.net/>.
____. *Si Einstein m'etait conté.* Paris: Flammarion, 2016.
____. *Physique et réalité: Le Temps existe-t-il?* 2016. Disponível em: <https://www.dailymotion.com/>.
DAMOURETTE, Jacques; PICHON, Edouard. *Des mots à la pensée: Essai de grammaire de la langue française.* Paris: D'Artrey, 1911-1940.
DELEUZE, Gilles; GUATTARI, Félix. *Mille plateaux: Capitalisme et schizophrénie*, t. II. Paris: Minuit, 1977.
____. *Mil Platôs 1: Capitalismo e Esquizofrenia.* 2. ed., 5. reimp. São Paulo: Editora 34, 2007.
DELEUZE, Gilles. *Proust et les signes.* Paris: PUF, 1983.
DE LUYNES, Honoré Théodore Paul Joseph d'Albert. *Voyage d'exploration à la mer Morte, à Petra et sur la rive gauche du Jourdain.* Paris: Arthus-Bertrand, 1871-1875.
DOOLITTLE, Hilda. *Por Amor a Freud: Memórias de Minha Análise Com Sigmund Freud.* Rio de Janeiro: Jorge Zahar, 2012.

DORTIER, Jean-François. Le Rameau d'or et les mythes du roi sacré. *Sciences Humaines*, n. 107, jul. 2000. Disponível em: <http://www.scienceshumaines.com/>.

DYER, Nathalie Mauriac. Memnon barométrique, ou Spleen à la manière de Proust. In: CHARDIN, Philippe (Dir.). *Originalités proustiennes*. Paris: Kimé, 2010.

____. Introduction. In: PROUST, Marcel. *Cahier 54*. Turnhout: Brepols, 2008. V. 2.

____. *Proust inachevé: Le Dossier "Albertine disparue"*. Paris: Honoré Champion, 2005.

EDELMAN, Gerald M. *La Science du cerveau et la connaissance*. Paris: Odile Jacob, 2006.

____. *Plus vaste que le ciel: Une nouvelle théorie générale du cerveau*. Paris: Odile Jacob, 2004.

ELLMANN, Richard. *James Joyce*. Oxford: Oxford University Press, 1983.

EYRIES, Alexandre. Pascal Quignard : La Voix du silence. *Loxias*, n. 14, set. 2006. Disponível em: <http://revel.unice.fr/>.

FERRER, Daniel. Les Carnets de Joyce : Avant-textes limite d'une oeuvre limite. *Genesis*, n. 3, 1993.

FLAUBERT, Gustave. A Louise Colet, 1 set. 1857. *Le Gueuloir (Perles de correspondance)*. Edição apresentada por Thierry Gillyboeuf. Paris: Le Castor Astral, 2016.

____. *Correspondance v (janvier 1876-décembre 1880)*. Edição apresentada, organizada e comentada por Jean Bruneau e Yvan Leclerc, com a colaboração de Jean-François Delesalle, Jean-Benoît Guinot e Joëlle Robert. Paris: Gallimard, 2007. (Coll. Bibliothèque de la Pléiade.)

____. Fólio 755, Herodias. In: WILLEMART, Philippe. *O Manuscrito em Gustave Flaubert*, 1994. Disponível em: <http://flaubert.univ-rouen.fr/>.

____. *Voyage en Egypte: 1849-1851*. Ed. Pierre-Marc de Biasi. Paris: Grasset, 1991.

____. *Oeuvres manuscrites de Gustave Flaubert*. Disponível em: <http://gallica.bnf.fr/>.

FORTON, Louis. Les Pieds nickelés. *L'Epatant 9*, Paris, n. 9, 4 juin. 1908.

FREUD, Sigmund. *Malaise dans la civilization*. Paris: PUF, 1973.

____. *L'Interprétation des rêves*. Paris: PUF, 1967.

FRYE, Northrop. *Anatomie de la critique*. Paris: Gallimard, 1970.

GADAMER, Hans-Georg. *Vérité et méthode*. Paris: Seuil, 1976.

GOLSE, Bertrand. Les Signifiants formels comme un lointain écho du bébé que nous avons été. *Le Carnet Psy*, n. 117, mai 2007.

GOUJON, Francine. Écriture réflexive et genèse d'Albertine dans le "Cahier 54". *Bulletin d'Études Proustiennes*, Paris, n. 35, 2008.

GRÉSILLON, Almuth; LEBRAVE, Jean-Louis; FUCHS, Catherine. Flaubert "Ruminer 'Hérodias'". In: FERRER, Daniel; LEBRAVE, Jean-Louis et al. (Eds.). *L'Écriture et ses doubles: Genèse et variation textuelle*. Paris: CNRS, 1991.

GUIMARÃES, Josué. *Camilo Mortágua*. Porto Alegre: L&PM, 2006.

GUYON, Etienne. De l'importance en science des archives de la création. *Manuscrítica: Revista de Crítica Genética*, São Paulo, n. 7, 1998.

HACHEZ, Willy. La Chronologie et l'âge des personnages de "À la Recherche du temps perdu". *Bulletin de la Société des Amis de Marcel Proust et des Amis de Combray*. Paris, n. 6, 1956.

HAMBURGER, Käte. *A Lógica da Criação Literária*. São Paulo: Perspectiva, 2013.

HAWKING, Stephen. *Une Brève histoire du temps*. Paris: Flammarion, 1988.

HAY, Louis. *A Literatura dos Escritores*. Belo Horizonte: Editora UFMG, 2007.

HEIDEGGER, Martin. *Qu'appelle-t-on penser?* Paris: PUF, 1983.
_____. *De l'origine de l'oeuvre d'art (1931-1932)*. Disponível em: <http://nicolas.rialland.free.fr/>.
JAFFARD, Robert. *Conférence La Mémoire dans tous ses états*. Irasca ENSC INP. Bordeaux, 21 maio 2015. Disponível em: <https://www.youtube.com/>.
JAGO-ANTOINE, Véronique. La Transposition du geste pictural dans le cycle oedipien d'Henry Bauchau. In: QUAGHEBEUR, Marc; NEUSCHÄFER, A. (Dir.). *Les Constellations impérieuses d'Henry Bauchau, actes du colloque de Cerisy-la-Salle en juillet 2001*. Bruxelles: AML/Labor, Archives du Futur, 2003.
JOSÈPHE, Flavius. *La Guerre des juifs contre les romains*. Paris: Lidis, 1979.
JOYCE, James. *Exiles*. USA/Canadá: Kindle Edition, jan. 2012.
_____. *Ulysses*. Trad. Caetano W. Galindo. São Paulo: Companhia das Letras, 2012.
_____. *Ulysse*. McGrath, 2008. (Ebook)
_____. *Ulysse*. Nova tradução sob direção de Jacques Aubert. Paris: Gallimard, 2005.
_____. *Exilados*. Trad. Alípio Correia de Franca Neto. São Paulo: Iluminuras, 2003.
JULLIEN, Dominique. *Proust et ses modèles*. Paris: José Corti, 1989.
JURANVILLE, Alain. *Lacan et la philosophie*. Paris: PUF, 1984.
KADDOUR, Hedi. *Waltenberg*. Paris: Gallimard, 2005.
KARAM, Henriete. *Espaço-Tempo e Memória: A Subjetividade em "Le Temps retrouvé", de M. Proust*. Tese (Doutorado em Letras), Universidade Federal do Rio Grande do Sul, Porto Alegre, 2008.
KELLER, Luzius. *Les Avant-textes de l'épisode de la Madeleine dans les cahiers de brouillon de Marcel Proust*. Paris: Jean-Michel Place, 1978.
LABORDE, Léon Emmanuel Simon; BELLEFONDS, Maurice Linant. *Voyage en Orient contenant près de 400 vues de l'Asie Mineure et de la Syrie*. Paris: Giard, 1830.
LACAN, Jacques. *Le Séminaire. Livre VI: Le Désir et son interprétation*. Paris: La Martinière, 2013.
_____. *O Seminário. Livro 19: ... ou Pior*. Rio de Janeiro: Jorge Zahar, 2012.
_____. *O Seminário. Livro 23: O Sinthoma*. Rio de Janeiro: Jorge Zahar, 2007.
_____. *O Seminário. Livro 10: A Angústia*. Rio de Janeiro: Jorge Zahar, 2005.
_____. Introdução à Edição Alemã dos Escritos. *Outros Escritos*. Rio de Janeiro: Jorge Zahar, 2003a.
_____. O Aturdito. *Outros Escritos*. Rio de Janeiro: Jorge Zahar, 2003b.
_____. *Le Séminaire. Livre XXI: Les Non-dupes errent, 1973-1974*. Paris: AFI, 2001.
_____. *Escritos*. Rio de Janeiro: Jorge Zahar, 1998.
_____. *O Seminário. Livro 2: O Eu na Teoria de Freud e na Técnica da Psicanálise*. Rio de Janeiro: Jorge Zahar, 1995.
_____. *O Seminário. Livro 7: A Ética da Psicanálise*. Rio de Janeiro: Jorge Zahar, 1991.
_____. *O Seminário. Livro 11: Os Quatro Conceitos Fundamentais em Psicanálise*. Rio de Janeiro: Jorge Zahar, 1988.
_____. *O Seminário. Livro 3: As Psicoses*. Rio de Janeiro: Jorge Zahar, 1985.
_____. *Escritos*. Paris: Seuil, 1966.
_____. *Le Séminaire. Livre XII: Problèmes cruciaux, 1964-1965*. Disponível em: <http://staferla.free.fr>.
LAPEYRE-DESMAISON, Chantal. Genèse de l'écriture. In: BONNEFIS, Philippe; LYOTARD, Dolorès (Orgs.). *Pascal Quignard, figures d'un lettré: Actes du coloque tenu à Cerisy-la-Salle du 10 au 17 juillet 2004*. Paris: Institut Galilée, 2005.
LERICHE, Françoise. Écrire sous le regard d'autrui: La Dimension génétique dialogale de l'œuvre proustienne. *Genèse des Correspondances*. Textos

reunidos e apresentados por Françoise Leriche e Alain Pagès. Paris: Éditions des Archives Contemporaines, 2012.

____. Vinteuil ou le révélateur de transformations esthétiques dans la Genèse de la "Recherche". *Bulletin d'Informations Proustiennes*, Paris, n. 16, 1985.

LIMA, Márcia Edlene Mauriz. *O Inacabamento do Acabado: A Reescrita de "Teodoro Bicanca", de Renato Castelo Branco*. Vinhedo: Horizonte, 2016.

LINS, Osman. *A Rainha dos Cárceres da Grécia*. São Paulo: Companhia das Letras, 2005.

MADDEN, Frédéric Walter. *History of Jewish and Money in the Old and New Testament*. New York: KTAV, 1967.

MC LOUGHLIN, Mary. Joyce et les sirènes. *Essaim*, n. 9, 2002. Disponível em: <http://www.jcbourdais.net/>.

MEISSALLOUX, Quentin. *Le Nombre et la sirène*. Paris: Fayard, 2011.

MELA, Charles. Placard I, 31 mars 1913. In: PROUST, Marcel. *Du côté de chez Swann, Combray, Premières épreuves corrigées 1913*. Paris: Gallimard, 2013.

MESCHONNIC, Henri. *Traité du rythme*. Paris: Dunod, 1998.

MULLER, Marcel. *Les Voix narratives dans la "Recherche du temps perdu"*. Paris: Librairie Droz, 1983.

MURAKAMI, Haruki. *1Q84*. T. II, julho-setembro. Paris: Belfond, 2011.

____. *1Q84*. Livro I, abril-junho. Tradução Lica Haschimoto. Rio de Janeiro: Objetiva, 2009.

NAKANO, Shizu. Le "Cahier 54": Fil conducteur de la métamorphose d'Albertine. *Bulletin des Études Proustiennes*, Paris, n. 35, 2008.

ORWELL, George, *1984*. Tradução Amélie Audiberti. Paris: Gallimard, 1950.

OSTROWER, Fayga. *A Sensibilidade do Intelecto*. Rio de Janeiro: Campus-Elsevier, 1998.

OURY, Jean. *Création et schitzophrénie*. Paris: Institut Galilée, 1989.

PÂQUE, Jeannine. Proust aux frontières de la légitimité: Ecrire ou publier? In: TRIAIRE, Sylvie; BERTRAND, Jean-Pierre; DENIS, Benoît (Orgs.). *Sociologie de la littérature: La Question de l'illégitime*. Disponível em: <http://books.openedition.org/>.

PARENT, Auguste. *Machaerous*. Paris: Librairie de A. Franck, 1868.

PASSOS, Cleusa Rios Pinheiro. O Fantástico e as Formas do Unheilich: Borges e Seus Duplos. In: PASSOS, Cleusa Rios Pinheiro; ROSENBAUM, Yudith (Orgs.). *Interpretações: Crítica Literária e Psicanálise*. Cotia: Ateliê, 2014.

PERRONE-MOISÉS, Leyla. *Mutações da Literatura no Século XXI*. São Paulo: Companhia das Letras, 2017.

PETITOT, Jean. *Morphologie et esthétique*. Paris: Masonneuve et Larose, 2004.

____. La Généalogie morphologique du structuralisme. *Critique*, Paris, n. 620-621, jan.-fév. 1999. (*Claude Lévi-Strauss*)

____. *Physique du sens*. Paris: CNRS, 1992.

PFÜTZENREUTER, Edson do Prado. *Matéria Digital: Considerações Sobre o Uso de Meios Digitais*. Tese (Doutorado em Comunicação e Semiótica), São Paulo, PUC-SP, 1997.

PHILLIPS, Adam. *La Meilleure des viés*. Paris: L'Olivier, 2013.

____. *Trois capacités negatives*. Paris: L'Olivier, 2009.

PIERROT, Anne Herschberg. Notes sur la mort de la grand-mère. *Bulletin d'Informations Proustiennes*, Paris, n. 36, 2006.

PLINE l'Ancien. *Histoire naturelle V, XVI*. Paris: Ed. J.J. Dubochet, Le Chevalier et Comp., 1848.

POE, Edgar Allan. *A Carta Roubada: Histórias Extraordinárias*. São Paulo: Victor Civita, 1981. Disponível em: <http://fr.scribd.com/>.
PONGE, Francis. *Œuvres complètes*. Paris: Gallimard, 2002. (Coll. Bibliothèque de la Pléiade.)
PRIGOGINE, Ilya. Un Siècle d´espoir. In: STENGERS, Isabelle; BRANS, J.-P.; VINCK, P. *Temps et devenir*. Genève: Fondation S.I. Patiño, 1988.
____. *La Nouvelle alliance : Métamorphose de la science*. Paris: Gallimard, 1986.
PROUST, Marcel. *Cahier 53* (B.N. NAF 16691, 1909). Edição organizada por Nathalie Mauriac Dyer, Pyra Wise e Kazuyoshi Yoshikawa. Turnhout: Bibliothèque Nationale de France/Brepols, 2013. (Coll. Cahiers 1 à 75 de la Bibliothèque Nationale de France.)
____. *Cahier 54*. V. 2. Turnhout: Brepols, 2008.
____. *Cahier 1*. Paris: Gallimard, 2000.
____. *Cahier 46* (B.N. NAF 16686, 1915).
____. *Cahier 71* (B.N.NAF 18321, 1913-1914).
____. *Cahier 57* (B.N. NAF 16697, 1911).
____. *Cahier 25* (B.N. NAF 16665, 1910).
____. *Cahier 58* (B.N. NAF 16698, 1910).
____. *Cahier 51* (B.N. NAF 16691, 1909).
____. *Em Busca do Tempo Perdido, v. 7, O Tempo Redescoberto*. São Paulo: Globo, 2013.
____. *Em Busca do Tempo Perdido, v. 6: A Fugitiva*. São Paulo: Globo, 2012.
____. *Em Busca do Tempo Perdido, v. 5: A Prisioneira*. São Paulo: Globo, 2011.
____. *Em Busca do Tempo Perdido, v. 4: Sodoma e Gomorra*. São Paulo: Globo, 2008.
____. *Em Busca do Tempo Perdido, v. 3: O Caminho de Guermantes*. São Paulo: Globo, 2007.
____. *Em Busca do Tempo Perdido, v. 1: No Caminho de Swann*. São Paulo: Globo, 2006.
____. *Em Busca do Tempo Perdido, v. 2: À Sombra das Raparigas em Flor*. São Paulo: Globo, 2006.
____. *Le Temps retrouvé*. Paris: Gallimard, 1989.
____. *La Prisonnière*. Paris: Gallimard, 1988.
____. *Du côté de chez Swann*. Paris: Gallimard, 1987.
____. *À l'ombre des jeunes filles en fleurs*. Paris: Gallimard, 1987.
____. *Albertine disparue*. Paris: Grasset, 1987. Edição original da última versão revista pelo autor, estabelecida por Nathalie Mauriac e Eienne Wolff.
____. *Correspondance*. T. IX-XVIII. Org. Philip Kolb. Paris: Plon, 1982.
____. *Matinée chez la Princesse de Guermantes, Cahiers du "Temps retrouvé"*. Edição crítica organizada por Henri Bonnet em colaboração com Bernard Brun. Paris: Gallimard, 1982.
____. *Contre Sainte-Beuve*. Edição estabelecida por Clarac. Paris: Gallimard, 1971.
____. *Les Années créatrices. Essais et articles*. Paris: Gallimard, 1971.
____. En Mémoire des églises assassinées. *Contre Sainte-Beuve*. Paris: Gallimard, 1971.
____. *Contre Sainte-Beuve*. Edição estabelecida por Bernard de Fallois. Paris: Gallimard, 1954.
PUGH, Anthony R. *The Growth of "À la recherche du temps perdu": A Chronological Examination of Proust's Manuscripts From 1909 to 1914*. Toronto: University of Toronto Press, 2004.

QUARANTA, Jean-Marc. *Les Expériences privilégiées dans "À la recherche du temps perdu" et ses avant-textes: Eléments de la genèse d'une esthétique*. Tese (Doutorado em Literatura Francesa), Faculté de Lettres, Arts et Sciences Humaines, Université de Marne-la-Vallée, Marne-la-Vallée, 2001.

QUÉMAR, Claudine. Autour de trois avant-textes de l'ouverture de la "Recherche" : Nouvelles approches du "Contre Sainte-Beuve". *Bulletin d'Informations Proustiennes*, Paris, n. 3, 1976.

QUIGNARD, Pascal. *Mourir de penser*. Paris: Grasset, 2014.

____. *L'Origine de la danse*. Paris: Institut Galilée, 2013.

____. *La Barque silencieuse*. Paris: Seuil, 2009.

____. *Sordidissimes*. Paris: Grasset, 2005.

____. *Sur le Jadis*. Paris: Grasset, 2002.

____. *Les Ombres errantes*. Paris: Grasset, 2002.

____. *Le Nom sur le bout de la langue*. Paris: Gallimard, 1993.

RABATE, Jean-Michel. Préface. In: JOYCE, James. *Exils*. Paris: Gallimard, 2012.

____. Pour une cryptogénétique. In: FERRER, Daniel; KIM, Suzane; DERRIDA, Jacques et al. *Genèse de Babel : Joyce et la création*. Paris: CNRS, 1985.

RANCIÈRE, Jacques. *Aisthesis : Scènes du régime esthétique de l'art*. Paris: Institut Galilée, 2011.

RECANATI, François. In: LACAN, Jacques. *Le Séminaire. Livre XIX: ... Ou pire (1971-1972)*. Paris: AFI, 2000.

RENAN, Ernest. *Vie de Jésus*. Paris: Michel Lévy Frères, 1863.

RIBEIRO, Darcy. *O Povo Brasileiro: A Formação e o Sentido do Brasil*. São Paulo: Companhia das Letras, 1995.

RIBEIRO, Lúcia Amaral de Oliveira. *Imagens e Paleta de Cores nos Textos de Flaubert da Viagem ao Oriente*. Tese (Doutorado em Estudos Linguísticos, Literários e Tradutológicos em Francês), São Paulo, FFLCH-USP, 2014.

RICOEUR, Paul. *La Configuration du temps dans le récit de fiction: Temps et récit II*. Paris: Seuil, 1984.

____. *La Métaphore vive*. Paris: Seuil, 1975.

ROBINSON-VALERY, Judith. Le Finale du « Narcisse ». In: LEVAILLANT, Jean; BASTET, Ned (orgs.). *Écriture et génétique textuelle: Valéry à l'œuvre*. Lille: PUL, 1982.

ROLOFF, Volker. François le Champi et le texte retrouvé. *Cahiers Marcel Proust 9: Etudes proustiennes 3*. Paris: Gallimard, 1979.

ROMANELLI, Sergio (org.). *Compêndio de Crítica Genética América*. Vinhedo: Horizonte, 2015.

ROUDINESCO, Elizabeth. *Histoire de la psychanalyse 1*. Paris: Seuil, 1986.

ROVELLI, Carlo. *Sept brèves leçons de physique*. Paris: Odile Jacob, 2015.

SALLES, Cecília Almeida. *Redes da Criação*. Vinhedo: Horizonte, 2006.

SAMOYAULT, Tiphaine. *Roland Barthes*. Paris: Seuil, 2015.

SARAYDAR, Alma C. Un Premier état d'un amour de Swann. *Bulletin d'Informations Proustiennes*, Paris, n. 14, 1983.

SCHMID, Marion. *Processes of Literary Creation: Flaubert and Proust*. Oxford: Legenda, 1998.

SCHNEIDER, Michel. *Maman*. Paris: Gallimard, 1999.

____. *La Tombée du jour*. Paris: Seuil, 1989.

SIMONELLI, Thierry. De Heidegger à Lacan, 2000. Disponível em: <http://www.psychanalyse.lu/>.

SOLER, Colette. *Qu'est-ce qui fait lien?* Paris: Du Champ Lacanien, 2012.

SOUSSOU, Moulay Youssef. *Analyse génétique d'Hérodias de Flaubert: De la lecture à l'ecriture*. Marrakech: Université Cadi Ayyad, 2015.
STENGERS, Isabelle. *L'Invention des sciences modernes*. Paris: Flammarion, 1995.
SWIFT, Jonathan. *Voyages du capitaine Lemuel Gulliver en divers pays eloignez*. La Haye: P. Gosse et J. Neaulme, 1727.
TADIE, Yves. *Proust et le roman*. Paris: NRF, 1971.
THOM, René. Halte au hasard, silence au bruit. *Le Débat*, n. 3, 1980.
VALÉRY, Paul. *Cahiers, I–II–III*. Nicole Ceylerette-Pietri e Judith Robinson-Valéry (Org.). Paris: Gallimard, 1988-1990.
_____. *Cahiers 1894-1914*. T. II. Paris: Gallimard, 1974.
_____. *Œuvres*. Paris: Gallimard, 1957. (Bibl. de la Pléiade.)
VALTAT, Jean-Christophe. *Culture et figures de la relativité : "Le Temps retrouvé", "Finnegans Wake"*. Paris: Honoré Champion, 2004.
VARELA, Francisco J. *Connaître: Les Sciences cognitives, tendances et perspectives*. Paris: Seuil, 1989.
VIVES, Jean-Michel. Pulsion invocante et destins de la voix. *Insistance*, 23 dez. 2008.
WATTHEE-DELMOTTE, Myrian. L'Émergence de la parole poétique: Entretien avec Henry Bauchau. *Sources*, Namur, n. 16, fev. 1996.
WILLEMART, Philippe. *L'Univers de la création littéraire : Dans la chambre noire de l'écriture. Hérodias de Flaubert*. Oxford: Peter Lang, 2017.
_____. Le Mystère du temps creusé au fond d'un être : Pourquoi raturer "Les Intermittences du cœur" et le remplacer par "À la recherche du temps perdu" ? *Marcel Proust aujourd'hui*, n. 13, 2016. (Sensations proustiennes.)
_____. *Psicanálise e Teoria Literária*. São Paulo: Perspectiva, 2014.
_____. *Os Processos de Criação na Escritura, na Arte e na Psicanálise*. São Paulo: Perspectiva, 2009.
_____. *Tratado das Sensações em "A Prisioneira" de Marcel Proust*. Curitiba: Opus, 2008.
_____. *Crítica Genética e Psicanálise*. São Paulo: Perspectiva, 2005.
_____. *Proust, Poeta e Psicanalista*. Cotia: Ateliê, 2000.
_____. *Além da Psicanálise, as Artes e a Literatura*. São Paulo: Nova Alexandria, 1995.
_____. Le Désir du narrateur et l'apparition de Jean-Baptiste dans le manuscrit d' "Hérodias". *L'Inconscient dans l'avant-texte littérature*. Paris: Littérature, 1993.
_____. *Universo da Criação Literária*. São Paulo: Edusp, 1993.
_____. Les Sources de la jouissance et de l'art selon Proust. *Littérature*, n. 89, 1993. (Désir et détours.)
YOSHIDA, Yo. Ce que nous apprennent les épreuves « Du côté de chez Swann" de la collection Bodmer. *Bulletin d'Informations Proustiennes*, Paris, n. 35, 2005.
ZEEMAN, Christopher. Sudden changes of perception. *Logos et théorie des catastrophes, a partir de l'oeuvre de René Thom: Actes du colloque international de 1982*. Genève: Fondation S.I. Patiño, 1988.
ZULAR, Roberto. O Ouvido da Serpente: Algumas Considerações a Partir de Duas Estrofes de "Esboço de uma Serpente", de Paul Valéry. In: PASSOS, Cleusa Rios Pinheiro; ROSENBAUM, Yudith (Orgs). *Interpretações: Crítica Literária e Psicanálise*. Cotia: Ateliê, 2014.

Índice Onomástico

A
Alves, Gabriel 125
Andrade, Mário de 90, 158
Andrade, Oswald 94
Ansermet, François xv, 119, 120, 121, 122, 125, 129, 196
Artaud, Antonin 163, 196

B
Barthes, Roland 95, 96, 99, 101, 102
Bauchau, Henry IX, XIV, XV, XVI, 57, 67, 70, 71, 74, 78, 100, 131, 133, 134, 137, 149, 150, 151, 153, 154, 155, 156, 157, 158, 159, 162, 163, 164, 196
Boons, Marie-Claire 134
Borges, Jorge Luis 16
Broch, Hermann 73
Brun, Bernard 4, 5, 10, 16, 17, 38, 39, 40

C
Caillois, Roger 16
Cheilan, Sandra 25
Clouzot, Henry-Georges 113

D
Damour, Thibault xv, 44, 45, 47, 129, 195

Deleuze, Gilles 190, 195
Doolittle, Hilda 157
Dyer, Nathalie Mauriac 37, 73, 97, 98, 116

E
Edelman, Gerald XIII, XV, 31, 108, 119, 196

F
Ferrer, Daniel 28, 190
Flaubert, Gustave IX, XV, 30, 32, 33, 53, 59, 60, 62, 64, 70, 74, 76, 77, 78, 81, 85, 86, 87, 88, 89, 92, 96, 123, 149, 186
Freud, Sigmund XV, 21, 22, 31, 67, 107, 117, 120, 121, 122, 125, 129, 134, 137, 144, 148, 157, 164, 168, 173, 189
Frye, Northrop 93, 94, 95, 100, 102
Fuchs, Catherine 85

G
Gadamer, Hans-Georg 14, 82
Grésillon, Almuth 70, 85
Guimarães, Josué 124
Guyon, Etienne 106

H
Hamburger, Käte 94, 95, 96, 100

Hay, Louis 14, 95, 96, 97
Heidegger, Martin 54, 56, 57, 78, 127, 173

J
Jaffard, Robert 119
Jago-Antoine, Véronique 150
Josefo, Flávio 61, 64, 87
Joyce, James IX, XVI, 77, 80, 157, 179, 180, 185, 186, 187, 188, 189, 190, 191, 192, 193
Jullien, Dominique 24

K
Karam, Henriete 127
Keller, Luzius 48

L
Lacan, Jacques XI, XII, 7, 54, 67, 69, 77, 80, 100, 107, 120, 122, 134, 148, 158, 167, 168, 169, 170, 171, 172, 173, 174, 176, 177, 180, 181, 184, 185, 189, 193
Lebrave, Jean-Louis 85
Lima, Márcia Edlene Mauriz 77, 90

M
Mc Loughlin, Mary 191, 192, 193
Meissalloux, Quentin 55, 189
Méla, Charles 116
Meschonnic, Henri 114
Muller, Marcel 102
Murakami, Haruki IX, XVI, 131, 153, 156, 157, 158, 159, 160, 162, 163, 164, 196

O
Orwell, George 156, 158
Ostrower, Fayga 155

P
Parent, Auguste 61, 64
Passos, Cleusa Rios Pinheiro 167, 169
Paz, Octavio 16, 172
Perrone-Moisés, Leyla 124
Petitot, Jean 13, 82
Pfützenreuter, Edson do Prado 155
Phillips, Adam 168
Pichon, Edouard 56

Poe, Edgar Allan IX, XVI, 167, 168, 169, 177, 185
Ponge, Francis 28
Prigogine, Ilya 32, 33, 125
Proust, Marcel IX, X, XI, XIII, XV, XVI, 3, 5, 9, 10, 11, 12, 14, 16, 17, 18, 19, 21, 22, 25, 26, 30, 33, 38, 39, 40, 43, 48, 63, 70, 73, 74, 78, 91, 92, 93, 94, 95, 96, 98, 100, 101, 102, 105, 110, 113, 115, 118, 122, 123, 124, 126, 127, 128, 129, 149, 157, 176, 181, 195

Q
Quignard, Pascal 56, 62, 124, 125, 140, 145, 147, 158, 174, 180, 181, 192

R
Rabaté, Jean-Michel 190
Rancière, Jacques 58, 63
Recanati, François 148
Renan, Ernest 123
Ribeiro, Darcy 164
Ricoeur, Paul 57, 93, 94, 95, 96, 100, 102
Rovelli, Carlo 107, 129

S
Salles, Cecília Almeida 75
Samoyault, Tiphaine 95, 96
Schneider, Michel 95
Swift, Jonathan 153

T
Thom, René 13, 14, 19, 82
Tononi, Daniela XV, XVI, 13

V
Valéry, Paul XII, XIV, 16, 69, 124, 125, 126, 149
Varela, Francisco J. 125, 126

W
Watthee-Delmotte, Myriam 151
Willemart, Philippe IX, X, XI, XII, XIV

Z
Zular, Roberto 69, 79, 181

Nota Biobibliográfica

1996 Psicanálise e Pedagogia ou Transmissão e Formação. Conferência proferida no Programa de Pós-Graduação em Educação da Universidade Federal de Pernambuco, em Recife. Publicada na *Revista USP*, São Paulo, 1996, n. 31.
Um Conflito de Memórias: A Memória Singular em Luta Com a Memória Cultural. Leitura de *Escola de Mulheres* de Molière. Publicado na *Revista da ANPOLL*, São Paulo, 1996.

2005 O Eu Não Existe. Conferência proferida no Simpósio Internacional Escrever a Vida: Novas Abordagens de uma Teoria da Autobiografia, na Universidade de São Paulo. Publicada em *Autobiographie: Texte*. Toronto: Paratexte, 2006.
Será que Ainda Podemos Pensar Sem um Romance Como a Recherche e Fora da Psicanálise? Posfácio (trad. de Guilherme Ignácio da Silva). Marcel Proust. *Em Busca do Tempo Perdido. V. 3. O Caminho de Guermantes*. São Paulo: Globo, 2007.
Como Entender os Processos de Criação Vinte Anos Depois? Conferência de abertura no VIII Congresso da APML realizado na Universidade de São Paulo. Publicado em *Manuscrítica*, n. 14.

2007 Esquecer ou Conservar uma Obra? Palestra proferida no Seminário Internacional Memória e Cultura: Amnésia Social e Espetacularização da Memória. Sesc-SP, 27- 28 de setembro.
Por Que Ler Proust Hoje? *Cult*, São Paulo, janeiro. (Edição especial.)
As Ciências da Mente e a Crítica Genética. *Ciências e Cultura* (SBPC), São Paulo, v. 59, n.1, março.
Além da Crítica Literária, a Crítica Genética? Palestra proferida na abertura do Seminário Internacional de Pesquisadores do Processo de

Criação e Poéticas da Criação, em Vitória (ES), e na abertura do Colóquio Internacional: Crítica Textual e Crítica Genética em Diálogo – Texto e Manuscrito Modernos (Séculos XVIII, XIX e XX) na Universidade do Porto (Portugal).

Onde Está o Sujeito na Rasura do Manuscrito? Conferência proferida no Seminário de Formações Clínicas do Campo Lacaniano, em São Paulo.

2008 A Crítica Genética Hoje. *Alea: Estudos Neo-Latinos*, Rio de Janeiro, v. 10.

O Tecer da Arte Com a Psicanálise. *Literatura e Sociedade* (Departamento de Teoria Literária e Literatura Comparada da FFLCH-USP), n. 10.

A Circunstância na Construção de "Em Busca do Tempo Perdido". Palestra proferida no Colóquio Brépols, abril, no Centro de Estudos Proustianos da FFLCH-USP.

2009 L' Autofiction en finit-elle avec l'autobiographie? In: Erman, Michel (org.). Champ du signe. Toulouse: Editions Universitaires du Sud, 2009, v. 1.

A Carta de Poe e o Capacho de Proust. Conferência proferida para o grupo Crítica Literária e Psicanálise da Faculdade de Filosofia, Ciências e Letras da Universidade de São Paulo

Uma Lógica Subjacente à Escritura dos Fólios Proustianos. Intervenção no colóquio franco-brasileiro Où en est le projet Brépols, na Universidade de São Paulo.

Os Processos Cognitivos e a Rasura nos Cadernos 20 e 21. Intervenção no seminário da equipe proustiana no Institut des Textes et Manuscrits Modernes (Item) do Centre National de la Recherche Scientifique (CNRS), Paris, França.

Como Caracterizar uma Literatura Nacional? Conferencia proferida no colóquio Literatura Nacionais: Continuidade ou Fim. Resistências, Mutações & Linhas de Fuga, da Faculdade de Letras da Universidade de Porto.

2010 Como Entender o Tempo Lógico na Roda da Escritura? Palestra proferida na disciplina de pós-graduação Dito e Feito: Questões de Oralidade e Escrita no Brasil, do Departamento de Teoria Literária da Universidade de São Paulo.

A Literatura, Sintoma ou Sinthoma? Conferência proferida no Forum Lacaniano de São Paulo.

O Falado Fluindo na Escritura: Em Busca da Sonoridade na Escritura Proustiana. Intervenção no colóquio internacional Proust Écrit un Roman, em outubro na Universidade de São Paulo.

A Virtualidade dos Rascunhos e a Realidade da Obra: Relações Estranhas Entre o Virtual e a Realidade. Conferência proferida no X Congresso internacional da Associação dos Pesquisadores em Crítica Genética (APCG) na PUC do Rio Grande do Sul, em Porto Alegre.

A Traição da Cronologia ou o Sentido Real do "Só Depois". Intervenção no colóquio Rencontre franco-brésilienne autour de l'édition des Cahiers de Proust, no Item-CNRS, no âmbito do projeto temático Brépols e do convênio Item-Fapesp.

Primeiras Aventuras de um Crítico Percorrendo os Manuscritos de Henry Bauchau. Primeiro relatório da pesquisa sobre os manuscritos do autor

2011 À Procura de um Ritmo no Início de Combray. Intervenção no congresso internacional Proust 2011 na Faculdade de Filosofia, Ciências e Letras da Universidade de São Paulo encerrando o Projeto temático Brépols I com o apoio da Fapesp.
A Memória da Escritura e o Impensado da Língua. Conferência proferida na 3a Jornada de Critica Genética: Memória da Escritura / Memória e Escritura / Memória do Escrito, na PUC-RS, em Porto Alegre.
2012 Dois Modos de Ler o Manuscrito: O Só Depois e o Pensamento Por Detalhes. Desenvolvimento da arguição na tese de doutoramento de Samira Murad elaborado a partir do projeto pós-doutorado da candidata.
Um Nouvel Oedipe chez Henry Bauchau?: Qu'apporte le roman de Bauchau à l'Oedipe contenporain? (Um Novo Édipo em Henry Bauchau?: O Que Traz o Romance de Bauchau ao Édipo Contemporâneo?) Intervenção no Departamento de Francês da Universidade de Edimburgo.
2013 O Que a Escritura Joyciana Pode Trazer à Prática Psicanalítica. Conferência pronunciada no Fórum Lacaniano de São Paulo, em junho, na ocasião do Bloomsday, e publicada em *Lógica e Poética na Experiência Analítica, Livro Zero* (revista de psicanálise do Fórum do Campo Lacaniano), São Paulo, n. 5, 2015.
Por Que Estudar o Manuscrito? Conferência pronunciada na UESPI, em Teresina (Piauí), em agosto, no Curso de Especialização em Crítica Genética e Organização de Arquivos, articulado por Márcia Edlene Mauriz Lima.
2014 A Luta de Jacó Com o Anjo: O Crítico Entre o Gozo e o Texto Móvel do Manuscrito. Conferência de encerramento do II Simpósio de Crítica Genética e Arquivologia na UESPI, em agosto.
O Divino e o Inconsciente em "Édipo na Estrada" de Henry Bauchau. *Manuscrítica,* São Paulo, n. 26.
2015 Criação, Crítica Genética e Autoria. Conferência pronunciada na Universidade de Brasília, em agosto, no II Seminário de Literatura e Cultura: Morte e Retorno do Autor, organizado por João Vianney Cavalcanti Neto.
Os Estranhos Processos de Criação em "Édipo na Estrada" (1990) e em "1Q84" (2009). Conferência pronunciada em Salvador, no XII Congresso Internacional da APCG, em outubro.
Acaso, Pluralidade de Autores e Pensamento às Avessas no Manuscrito 61. Intervenção no Simpósio Póslit-UNB 40 Anos-Memória e Perspectivas (1975-2005/2015), em outubro.
2016 "Em Busca do Tempo Perdido" Não É um Romance (Determinismo e Imprevisibilidade nos Cadernos de Rascunho). Conferência pronunciada na Universidade de Palermo, em abril, e publicada em *Signum Estudos da Linguagem* (Universidade Estadual de Londrina), Londrina, 2017 e em *Sémaphores,* Bordeaux: Presses Universitaires, 2017.
Como Escutar o Manuscrito? Conferência pronunciada no III Simpósio de Crítica Genética e Arquivologia, realizado em agosto, na UESPI.
Por que Substituir "As Intermitências do Coração" Por "Em Busca do Tempo Perdido"? *Sensations proustiennes: Marcel Proust aujourd'hui.* Amsterdam: Rodopi, 2016.
2016 Do Texto Móvel ao Gozo do Leitor, em "A Carta Roubada". Texto redigido em julho para disciplina de pós-graduação ministrada por Cleusa Rios P. Passos.

2017 O Sistema Caótico e o Manuscrito (Texto Móvel, Condições Iniciais e Atrator no Manuscrito). Projeto de Palermo. Conferência pronunciada no XIII Congresso Internacional da APCG, em outubro, na Universidade Federal de Ouro Preto (UFO).

Tempo e Memória. Conferência pronunciada na XVI Jornada Nacional de Literatura, promovida pela Universidade de Passo Fundo (RS), em outubro.

A Falha Como Acerto na Física, no Manuscrito e na Pintura. Conferência pronunciada no VI Encontro Internacional CITCEM Erros Meus, Fortuna Nossa: Da Falha Como Acerto, Faculdade de Letras da Universidade de Porto, novembro.

O Atrator "Em Busca do Tempo Perdido" no Caderno 8. Texto redigido para o projeto de Palermo.

COLEÇÃO ESTUDOS
Últimos Lançamentos

330. *Luxo & Design*
     Giovanni Cutolo

331. *Arte e Política no Brasil*
     André Egg, Artur Freitas e Rosane Kaminski (orgs.)

332. *Teatro Hip-Hop*
     Roberta Estrela D'Alva

333. *O Soldado Nu: Raízes da Dança Butō*
     Éden Peretta

334. *Ética, Responsabilidade e Juízo em Hannah Arendt*
     Bethania Assy

335. *Alegoria em Jogo: A Encenação Como Prática Pedagógica*
     Joaquim Gama

336. *Jorge Andrade: Um Dramaturgo no Espaço Tempo*
     Carlos Antônio Rahal

337. *Nova Economia Política dos Serviços*
     Anita Kon

338. *Arqueologia da Política*
     Paulo Butti de Lima

339. *Campo Feito de Sonhos*
     Sônia Machado de Azevedo

340. *A Presença de Duns Escoto no Pensamento de Edith Stein: A Questão da Individualidade*
     Francesco Alfieri

341. *Os Miseráveis Entram em Cena: Brasil, 1950-1970*
     Marina de Oliveira

342. *Antígona, Intriga e Enigma*
     Kathrin H. Rosenfield

343. *Teatro: A Redescoberta do Estilo e Outros Escritos*
     Michel Saint-Denis

344. *Isto Não É um Ator*
     Melissa Ferreira

345. *Música Errante*
     Rogério Costa

346. *O Terceiro Tempo do Trauma*
     Eugênio Canesin Dal Molin

347. *Machado e Shakespeare: Intertextualidade*
     Adriana da Costa Teles

348. *A Poética do Drama Moderno*
     Jean-Pierre Sarrazac

349. *A Escola Francesa de Geografia*
     Vincent Beurdoulay

350. *Educação, uma Herança Sem Testamento*
     José Sérgio Fonseca de Carvalho

351. *Autoescrituras Performativas*
     Janaina Fontes Leite

352. *O Ciclo do Totalitarismo*
     Ruy Fausto

353. *As Paixões na Narrativa*
     Hermes Leal

354. *A Disposição Para o Assombro*
     Leopold Nosek

355. *Viver nos Tempos da Inquisição*
     Anita Novinsky

356. *É Preciso Salvar os Direitos Humanos*
     José Augusto Lindgren Alves

357. *Foucault e a Linguagem do Espaço*
     Tomás Prado

358. *Uma Poética em Cena: Meierhold, Blok, Maiakóvski*
     Reni Chaves

359. *O Cinema Épico de Manoel de Oliveira*
     Renata Soares Junqueira

360. *Tchékhov e os Palcos Brasileiros*
     Rodrigo Alves do Nascimento

361. *A Sombra de Outubro: A Revolução Russa e o Espectro dos Sovietes*
     Pierre Dartot e Christian Laval

362. *Amor e justiça em Emmanuel Lévinas*
     Nilo Ribeiro Júnior; Diogo Villas Bôas Aguiar; Gregory Rial e Felipe Rodolfo de Carvalho (orgs.)

364. *Viver nos Tempos da Inquisição*
     Anita Waingort Novinski

365. *A Escritura na Era da Indeterminação: Estudos Sobre Crítica Genética, Psicanálise e Literatura*
     Philippe Willemart

Este livro foi impresso na cidade de Cotia,
nas oficinas da Meta Brasil,
para Editora Perspectiva.